KB066764

한의학,

식민지를 앓다

The Modernization of Korean Traditional Medicine during the Colonial Period

by Institute for History of Medicine, Yonsei University

ACANET, Seoul, Korea, 2008

연세의학사총서 1

한의학, 식민지를 앓다

식민지 시기 한의학의 근대화 연구

The Modernization of Korean Traditional Medicine during the Colonial Period

연세대학교 의학사연구소 엮음

아카넷

| 책머리에 |

한국 전통 한의학에게 식민지라는 시공간이 결코 우호적이지 않았다는 사실은 명백하다. 일제가 자기 문명의 우월성을 강조하기 위해 한국의 전통을 미개 혹은 후진으로 폄하하였기 때문이다. 한의학은 가장 대표적인 예였다. 한의학은 주류 의학의 자리를 서양의학에게 물려주는 데서 나아가 자신의 생존을 고민해야 하는 처지에 놓이게 되었다. 당시 한 한의사의 표현을 빌리면 식민지는 한의학에게 "하늘을 쳐다봐도 별 하나 볼 수 없는 캄캄한 밤" 그 자체였다. 한의학에게 식민지는 고통이었고, 한의학은 식민지를 '앓을' 수밖에 없었다.

그러나 한의학은 살아남았다. 식민지가 주는 고통이 사망에 이를 정도로 심각하지 않았거나, 한의학이 그 고통을 이길 만큼 충분히 건강했기 때문이다. 그리고 병치레를 거친 아이처럼 한의학은 식민지를 지나면서 전통 한의학보다 훌쩍 커버렸다. 그 성장 과정을 편하게 '근대화'라고 표현할 수 있지 않을까 한다. 그 과정은 서양의학에 대한 일종의 면역력을 얻어가는 과정이었고, 다른 한편으로 보면 서양의학을 닮아가는 과정이었다. 어느 쪽이었든 한의학은 전통 한의학과는 다른 것으로 변해 있었다.

한의학이 식민지 시기에 겪은 변화, 근대화라고 총칭될 수 있을 그 변화에 대한 관심은 의사학자들만이 가질 것은 아니었다. 식민지 시기의 한의학은 전통과 근대의 대립과 갈등, 나아가 양자의 지양과 종합이라는 한국 근대사의 핵심 양상을 의학적인 측면에서 구체적으로 보여줄 수 있기 때문이었다. 즉 한국 전통사회가 서양적 근대를 어떻게 인식, 수용해갔으며, 나아가 한국적인 근대를 어떻게 형성, 발전시켜나갔는지를 밝혀주는 좋은 재료였다. 이 책 저자들의 전공이 역사학, 의학, 한의학, 간호학을 두루 포괄하고 있는 이유도 이 주제에 대한 광범위한 관심을 반증해준다.

이 책의 저자들이 식민지 시기 한의학을 공부하기 위해 공동연구 모임을 꾸린 것이 2005년 봄이었다. 효율적인 연구 진행을 위해 한국학술진흥재단에 공동연구 지원을 신청하였고, 다행히 과제가 선정되어 1년 동안 연구비를 지원받을 수 있었다. 이 책의 많은 부분은 그 연구의 결과물이다. 연구를 진행하는 과정에서 월례 발표회 형식으로 각자의 초고를 검토받는 자리를 마련하였다. 일본과 대만의 연구자들을 만나 의견을 청취하는 자리도 있었다. 의학사라는 측면에서 한국보다 한걸음 더 디딘 나라들인 만큼 그들의 의견은 자극이 되었다. 각자의 글을 학술지에 발표하는 과정에서 심사를 거쳤고, 익명의 심사자들이 준 의견 역시 각 글의 완성도를 높이는 데 기여하였다.

이 책의 글들이 공동연구의 결과이기는 하지만, 식민지 시기 한의학을 바라보는 저자들의 관점이 완전히 일치했던 것은 아니다. 그 차이는 저자들이 출발한 학문적 기반의 상이성에서 기인하였거나, 한의학의 현재와 미래를 바라보는 관점의 상이성에서 기인하였을 것이다. 다만 짐작하는 것은 그 차이가 본격화된 시기가 식민지 시기가 아니었던가 하는 것이다. 그런 점에서 보면, 이 책 역시 '근대화된 한의학'의 반영이다. 그리고 그 차이가 반드시 나쁘지만은 않을 것이다. 건강한 비판을 낳을 수 있기 때문이다. 이 책에 대한 비평이 이루어진다면, 그 비평 역시 저자들의 견해를 수정, 보완하는 데 큰 도움이 될 것이다.

두껍지 않은 책이지만, 이 책이 출간되는 데 많은 사람의 도움이 있었다. 우선, 귀중한 원고의 게재를 허락해준 저자들이다. 그들은 공동연구 외의 글까지 보내주어 이 책의 내용을 풍부하게 해주었다. 연세대학교 의학사연구소가 아직 본격적으로 출범하지 않은 상황이라, 연세대학교 의사학과의 여러 성원이 책을 만드는 데 수고를 아끼지 않았다. 여인석, 박윤재 교수는 책의 체계를 만들어가는 일을 하였고, 신규환 박사는 출간을 주도하였으며, 홍정완, 정민재, 윤태욱 조교는 교정을 비롯한 각종 부탁을 선뜻 들어주었다. 연세대학교 동은의학박물관은 소장한 유물 사진의 게재를 쾌락해주셨다. 위에서 언급한 모든 분과 기관에 감사의 말씀을 드린다. 상업성을 예측할 수 없는 이 책의 출간을 결심해준 아카넷 출판사 역시 빠질 수 없는 감사의 대상이다.

마지막으로, 이 책이 한국근대의학사 나아가 한국근대사를 이해하는 데 작으나마 도움이 되었으면 하는 바람이 있다.

2008년 6월

연세대학교 의학사연구소

차례

제3부 정체성 형성

제4부 한약과 근대화

그림 및 표 목록

일러두기

이 책에 실린 글들은 아래의 글들을 수정 · 보완한 것이다.

제1장 여인석, 「조선개항 이후 한의의 동태」, 《동방학지》 104(1999. 6).
제2장 박윤재, 「일제의 조선지배와 한의학정책」, 《의사학》 17-1(2008. 6).
제3장 여인석, 「한말과 식민지시기 서양의학의 한의학인식과 수용」, 《의사학》 16-2(2007. 12).
제4장 신규환, 「병존과 절충의 이중주 - 일제 하 한의학의 서양의학 인식과 수용」, 《역사교육》 101(2007. 3).
제5장 이꽃메, 「식민지시기 일반인의 한의학 인식과 의약이용」, 《의사학》 15-2(2006. 12).
제6장 김남일, 「의서의 간행을 중심으로 본 일제시대 한의학의 학술적 경향」, 《의사학》 15-1(2006. 6).
제7장 박윤재, 「1930-1940년대 조헌영의 한의학 인식과 동서절충적 의학론」, 《한국근현대사연구》 40(2007. 3)
제8장 양정필, 「한말-일제 초 근대적 약업 환경과 한약업자의 대응」, 《의사학》 15-2(2006. 12).
제9장 박윤재, 「청심보명단 논쟁에 반영된 통감부의 의약품 정책」, 《역사비평》 67(2004 여름).

도론(導論)

한의학의 근대성과 식민성

여인석

이 책은 근대한의학에 관한 책이다. 여기서 근대한의학이란 표현이 낯설게 여겨질 수도 있을 것이다. 왜냐하면 근대는 곧 서양과 동일시되고 한의학은 과거의 전통적인 의학이라는 인식이 강하기 때문이다. 그래서 서양의학에 '근대'라는 수식어를 붙이는 것은 자연스럽지만 한의학에 '근대'라는 수식어를 붙이는 것은 뭔가 어울리지 않는다고 여겨질 수도 있을 것이다.

그렇다면 '한의학'과 '근대(성)'의 관계를 생각해보기 위해 다음과 같은 질문을 한 번 던져보자. 21세기 강남의 유명 한의원에서 시술하는 한의술과 100여 년 전 이 땅에 온 서양의 선교의사들이 시술하던 서양의술 중 어느 쪽이 더 근대적일까? 서양의학이었다는 사실만으로 과연 100여 년 전 선교의사가 시술한 의술이 오늘날 강남의 한의원에서 흰 가운에 청진기를 앞에 놓고 맥진기로 맥을 짚는 한의사가 시술하는 한의술보다 더 근대적이라고 말할 수 있을까?

'근대'가 서양에서 유래했으며 그런 의미에서 근대와 서양을 어느 정도 등치시킬 수 있는 것은 사실이다. 그러나 근대성의 본질에 대해 좀 더 깊이 생각해본다면 '근대'란 단순히 서양으로부터 유래한 것들을 지칭하는 수식어가 아니라 우리 삶의 많은 부분을 새롭게 규정하는 그 무엇임을 알 수 있다. 따라서 위에서 던진 질문에는 단순히 현재의 한의학이 얼마나 '과학화'되었는가에 대한 물음뿐 아니라 의술이 어떠한 사회적 맥락 속에서 시술될 때 근대적이라고 규정할 수 있는가에 대한 물음도 아울러 담겨 있다고 할 수 있다. 그런데 우리의 근대는 식민지 경험을 떠나서는 존재할 수 없으므로 한의학의 근대성에 대한 질문 또한 식민지 경험을 고려하지 않고는 답할 수 없는 것이다.

여기서 근대성의 의미, 특히 동아시아 사회에서 근대성이 가지는 의미에 대해 살펴보자. 서양이라는 강력한 타자의 등장에 따라 자신을 대자적으로 새롭게 인식하게 된 것은 동아시아의 문명 전반에 걸쳐 일어난 일이었다. 물론 낯선 외래문명과의 조우는 고대부터 존재해왔고 그러한 조우는 자신의 문명을 풍부하게 만드는 기회가 되기도 했다. 그런데 동아시아가 19세기에 서양을 만난 사건은 과거에도 여러 차례 있었던 문명 차원의 조우를 넘어서는 의미를 지닌다. 이러한 차별성은 무엇보다도 당시의 서양이 제국주의적 의도 하에 이러한 만남을 강요했다는 역사적 사실에서 유래하는 바가 크다. 그리고 이제까지 동아시아 사회가 경험하지 못한 서양의 새로운 과학기술문명은 이러한 제국주의적 의도를 실현하는 도구이자 정당화의 근거이기도 했으며 그것이 근대성을 대표하는 것으로 제시되기도 했다.

그러나 근대성을 과학기술에만 한정하는 것은 위험하다. 왜냐하면 서양세계가 근대를 거치며 시험하고 확립해온 새로운 사회구성의 원리와 가치 또한 근대성의 중요한 측면이기 때문이다. 그리고 이러한 원리와 가치는 전통사회의 토대와 구조를 근본부터 부정하게 할 수도 있는 위험한 것이기도 했다.

물론 근대성에는 위에서 언급한 것 외의 다른 측면(예컨대 자본주의)도 존재하겠지만 우선 여기서는 이 정도로 한정해보자. 잘 아는 바와 같이 근대성에 대한 물음은 포스트모더니즘의 유행 속에서도 그간 학계의 주요 화두였고, 근대성에 대한 논의가 불필요해질 때까지 상당 기간 그럴 것이다. 그리고 이와 관련해 제기된 중요한 물음들은 여전히 되풀이해 제기되고 다양한 해답들이 시도될 필요가 있다. 특히 우리의 현실에서 되짚어 보아야 할 물음들은 강요된 근대와 자발적 근대의 차이, 또 모든 근대는 식민지적 근대인가 등일 것이다.

그러나 여기서 이러한 문제를 전면적으로 다루기는 어렵다. 그것은 먼저 이 주제가 결국은 동아시아의 문명과 사회 전체를 포괄하는 방대한 것이기 때문이다. 그리고 두 번째로는 동아시아 혹은 한국의 근대성 일반에 관한 담론적 차원의 접근은 이 주제가 가지는 중요성에도 불구하고 공허한 논의가 될 가능성이 크기 때문이다. 구체적인 현상과 사실에서 출발하지 않은 근대성 논의는 설득력을 가지기 어렵다.

따라서 우리는 한의학이라는 구체적 영역을 통해 근대성의 문제에 접근하고자 한다. 그렇다면 여기서 서양의학이라는 근대성의 중요한 대표자를 제쳐두고 왜 구태여 한의학을 통해 근대성의 문제에 접근하려 하는가라는 질문이 제기될 수 있다. 물론 우리는 서양의학이 도입되고 이 사회의 주류의학으로 자리 잡아가는 과정을 통해, 특히 식민지 의학의 성립과정을 통해 근대성의 중요한 측면에 접근할 수 있다. 그러나 이 과정은 결국 이식의 과정이고 이러한 이식을 비판하든 찬양하든 근대를 일방적 이식의 과정으로 서술할 우려가 있다는 점에서는 큰 차이가 없다.

그렇다고 해서 우리가 한의학에 관심을 가지는 것은 이러한 일방적 이식의 피해자로서 한의학을 부각시키기 위해서가 아니다. 이러한 태도는 한의학을 이식된 서양의학의 그림자나 거울상으로 제시하는 것으로 결국 동어반복에 그치고 생산적 논의를 이끌어내지 못한다. 우리는 외부에서 제기된 도전에 한의학이 적극적으로 대응하며 스스로를 근대화해가는 과정에 초점을 맞추고자 한다. 그리고 이러한 역동성이 근대의 다양한 측면을 더욱 잘 보여줄 것이라고 생각한다.

이 글의 서두에서 언급한 바와 같이 일부에서는 한의학의 근대화, 혹은 근대한의학이란 표현에 거부감을 가질 수도 있을 것이다. 그러나 여기서 말하는 한의학의 근대화란 현재 우리나라의 한의과대학이나 한의학 연구기관에서 이루어지고 있는 자연과학적 방법을 사용한 한의학 연구의 증가나 각종 첨단 진단기구들의 사용이 증가되는 현상만을 지칭하는 것이 아니다. 물론 그러한 측면을 완전히 배제한다고 할 수는 없지만 그보다는 오히려 한의학이 사회적인 측면에서 근대적 틀을 수용해가는 과정을 말한다고 볼 수 있다.

그리고 한의학이 근대적 틀을 수용한다는 점에서 일제강점기는 중요한 의미가 있다. 물론 전통의학을 전체 국가운영의 틀 속에서 새롭게 위치 지으려는 시도가 일제 강점 이전에 전혀 나타나지 않은 것은 아니다. 그러나 대한제국 시기에 나타난 이러한 단초들은 일제의 강점으로 이내 사라졌다. 만약 대한제국이 존속했다면 한의학이 국가 보건의료체제 내에서 어떤 방식으로 자리를 잡고 역할을 했을까를 추정하는 것은 쉬운 일이 아니지만 그러한 단초들을 볼 때 일제강점기 이후에 총독부가 취한 정책에서 보이는 바와 같이 공적인 영역에서 한의학을 완전히 배제하려는 의도를 갖고 있지 않았다는 사실만큼은 분명해 보인다.

어쨌든 한의학이 본격적으로 근대를 경험한 것은 일제강점기를 통해서였으며 이 시기의 경험들이 결국은 현재 한의학이 가지는 모습의 원형을 형성하게 되었다는 점에서 그 의미는 크다. 그렇다면 이 시기에 형성된 한의학의 근대성을 어떻게 보아야 할 것인가? 이를 서양의학의 경우와 비교해 살펴보자.

식민지 시기에 이루어진 서양의학의 근대성, 또는 더욱 정확히 표현해 식민지적 근대성을 말하기는 쉽다. 즉 식민지 당국이 대한의원을 필두로 자혜의원, 도립병원 등 각종 의료기관을 설립하고 서양의학을 기반으로 한

보건의료 체계를 구축해갔으며 이러한 '근대적' 성과들을 식민지배의 정당성을 홍보하는 주요 근거로 활용했기 때문이다. 따라서 이러한 근대성 속에 표현되고 있는 노골적 식민지성을 파악하기는 어려운 일이 아니다.

그에 비한다면 애초부터 공적 영역에서 배제된 한의학이 이 시기에 획득하게 된 근대성의 성격을 규정하는 문제는 간단하지 않다. 한의학이 공적인 영역에서 배제되었다고는 하지만 1913년 반포된 '의생규칙'을 통해 알 수 있는 것처럼 한의학은 제한적인 범위에서라도 그 사회적 존재를 '공식적으로' 인정받았고, 한의사는 면허에 의한 의료인이 되었기 때문이다. 물론 이 면허에는 제한이 적지 않았고 '의생(醫生)'이라는 명칭 자체도 '의사(醫師)'에 비해 아래 단계라는 의미를 가진다는 면에서 한의계에서는 '의생규칙'의 반포를 일제에 의한 한의학 탄압의 대표적 사례로 보는 시각이 일반적이다.

그러나 이 시기 일본에는 전통의료인이 공식적으로 존재하지 않았고, 명치유신과 더불어 이미 일본은 자국의 전통의료를 공적 의료체계 내에서 완전히 배제한 사실을 상기한다면 식민지에서 이루어진 의생면허제도의 실시를 과연 조선의 전통의학에 대한 탄압으로만 볼 수 있는가는 의문이다. 물론 총독부의 의생면허제도 실시는 식민지 조선에서 어쩔 수 없이 취한 조치라는 성격이 강하다. 왜냐하면 일본이 명치유신에 즈음하여 국가의 의료체제를 서양의학으로 일원화하고 전통의료를 배제할 수 있었던 것은 이미 당시 전통의료인을 대체할 수 있는 의료인력이 충분히 있었기 때문이었다. 그러나 당시 조선의 사정은 이와 달랐다. 즉 식민지 조선에는 식민지 운영에 필요한 최소한의 행정적 역할을 수행할 의료인력마저도 부족했다. 따라서 총독부는 의생들을 재교육해 이러한 업무에 투입했다. 그러나 이러한 점을 감안하더라도 '의생규칙'을 통해 전통의료인에 대한 면허제도가 공식적으로 실시된 의미는 충분히 이해되지 않고 있는 듯하다. 의료인에 대한 면허제도는 근대의료의 핵심을 이루고 있으므로 이에 대한 이해 없이는 '의생규칙'의 의미에 대한 정당한 파악이 어렵기 때문이다.

여기서 동서양 의료인의 역사를 장황하게 비교하며 설명할 수 없으므로 중요한 차이만 요약해 말해보겠다. 서양의 의사는 의료시술의 배타적 독점권을 확보하기 위해 오랫동안 노력해왔고 마침내 그러한 독점권을 근대국가에 의해 '면허'라는 형태로 보장받을 수 있었다. 그에 비해 동아시아 전통사회에서 의료시술의 독점권이란 개념은 존재하지 않았고 의료시술은 누구에게나 허용되었다. 단순히 허용의 차원이 아니라 전문적인 의료인이 없는 벽지에서는 일반 지식인들이 의료인의 역할을 하도록 권장받기까지 하였다. 조선 후기에 많이 편찬된 간편 의서들은 바로 이러한 사실을 잘 말해주고 있다. 그리고 중국과 조선에서 이루어진 시험에 의한 의관 선발은 국가가 필요로 하는 고급 기술관료의 선발을 위한 것이지 이 시험에 통과하지 못한 사람이 시술하는 것을 금지하기 위한 것이 전혀 아니었으므로 이를 면허와 유사한 것으로 보아서는 안 된다.

따라서 전통의료 시술자를 동아시아 사회에서는 역사적으로 존재한 바가 없는 '면허제도'에 의해 규정하고, 이 면허의 소지자에 한해 의료 행위를 허용했다는 것은 그 자체로 전통의료가 근대적 체제 내에 편입되었음을 말해주는 중요한 사건이다. 전통의료인에 대한 면허제도를 규정한 '의생규칙'이 반포된 것은 1913년이지만 실제로는 대한제국 시기인 1900년에 전통의료인을 포함한 의료인 일반을 법률적으로 규정하고 이들에 한해 의료행위를 허용하는 '의사규칙'이 반포된 바 있다. 다만 행정력의 뒷받침이 필요한 이 규칙은 쇠락해가는 대한제국에서는 제대로 시행되지 않았고 총독부에 의해 조금 다른 형태로 시행되었던 것이다.

일제강점기에 이루어진 한의학의 근대화를 보여주는 사례를 한두 가지 더 들어보겠다. 그중 하나는 이익단체로서 한의단체가 등장한 것이다. 1911년 최초의 전국적 한의단체인 전선의회(全鮮醫會)가 결성된다. 물론 이 단체는 얼마 후 내부적인 갈등으로 해산되고 한의계는 일정한 구심점이 없이 이해관계를 달리하는 여러 단체가 결성되어 각자의 방식으로 활동하는 양상을 보인다. 그 양상이야 어찌 되었건 이익단체의 결성이란 사실 자체는 이전 시대에 볼 수 없었던 근대적 현상이다.

근대 이전에 조선 사회에서 의료를 시술하던 사람들은 여러 계층과 차원에 걸쳐 있었다. 그 가장 상위에는 의과(醫科) 시험을 통해 내의원, 전의감 등 국가의 중앙의료기구에 들어가 활동하던 의료인들이 있다. 이들은 당시 의료분야에 종사하던 사람들 중 가장 전문적인 지식을 소유한 전문가들이었지만 서양과 같이 자율적 이익단체를 구성하지 않고 관료로서 존재했다. 즉 한 사회의 가장 엘리트 의료인들이 별도의 조직이나 단체를 형성하며 독립적으로 존재한 것이 아니라 국가의 관료 체제 내에 흡수되어 주로 왕실과 소수의 고위 관료를 위해 일했던 것이다. 그 아래에는 민간이나 각 지역에서 활동하던 의원, 의생 등이 존재했다. 또한 이들처럼 의료를 직업으로 삼지 않지만 교양으로 의학지식을 보유하고 유의(儒醫)로서 필요할 때 진료활동을 하던 지식인들도 광범위하게 존재했다. 이처럼 전통시대에 다양한 양상으로 존재하던 의료시술자들이 면허를 통해 단일한 방식으로 규정되고 스스로의 권익을 보호하는 이익단체를 결성한 사실은 한의학 근대화의 또 다른 모습이었다.

이와 관련되어 나타나는 또 다른 현상은 한의학 잡지의 발간이었다. 학술적 글을 비롯하여 개인의 의견을 피력하는 글 등 다양한 내용의 글이 '잡지'라는 새로운 매체에 실리면서 사회적으로 소통 가능한 방식으로 유통되기 시작한 것도 분명 근대적 양상이다. 이 시기에는 《동서의학회월보》나 《동양의약》 같은 대표적 잡지들 외에도 많은 한의학 잡지가 여러 단체와 지역에서 발간되었다. 물론 그중에는 비교적 지속적으로 장기간 발간된 것도 있고 몇 차례 발간 후 이어지지 못한 것들도 있지만 그 종류와 다양성에서 본다면 한의계에서 발간된 잡지들은 같은 시기 의학계에서 발간된 것들을 능가한다. 같은 시기 조선의 의학계 잡지로 대표적인 것은 《조선의학

회잡지》이다. 1911년부터 발간된 이 잡지는 분량만큼은 식민지 조선에서 발간된 학술지 중 가장 많지만, 조선에 진출한 일본인들이 만든 일본인들을 위한 잡지였고 거기에 일부 조선인 의사들의 논문이 실리는 정도였다. 따라서 이를 제외한다면 당시 의학계에서 조선인 의사들이 중심이 되어 만든 잡지로는 1930년대에 간행된 《조선의보》가 유일하다.

이상에서 본 바와 같이 한의학은 일제강점기를 통해 면허제도의 실시, 이익단체의 결성, 잡지의 발간 등 이른바 근대적 틀을 갖추어간다. 그런데 여기서 이러한 일련의 근대화 과정들이 식민지 근대성과 어떤 관계에 있는가를 살펴볼 필요가 있다. 서양의학의 경우는 일본이 전적으로 서양의학에 근거해 보건의료정책을 시행했고, 서양의학에 근거한 다양한 활동(병원 설립, 방역활동 등)들을 식민통치의 정당성을 입증하는 근거로 이용했으므로 식민지 근대성과 밀접한 관계에 있다고 할 수 있다. 다만 여기서 말하는 식민지 근대성은 식민지배가 이 땅의 의학 근대화에 긍정적 기여를 했다는 강한 주장보다는 식민지 시기를 통해 의학의 근대적 측면들이 도입되었다는 정도의 의미로 파악하는 것이 나을 것이다. 그런데 여기서 이 시기에 이루어진 여러 근대적 조치 가운데 어디까지가 식민지적 성격이고 어디까지가 '순수한' 근대적 성격인지를 결정하는 것은 쉬운 일이 아니다. 물론 "모든 근대는 식민지 근대"라는 명제를 받아들인다면 이러한 고민은 손쉽게 해소되겠지만 그렇게 보기 어려운 측면도 존재하는 것이 사실이므로 더 섬세한 접근이 필요하고 따라서 이 물음에 분명하게 답하기는 쉽지 않다.

사실 서양의학에 비한다면 한의학과 식민지 근대성의 관계 문제는 상대적으로 덜 밀접해 보인다. 위에서 언급한 일련의 근대화 과정들 가운데 식민지 정책과 직접 관련이 있는 것은 의생제도의 실시 정도일 터인데 전통의료 시술자에 대한 면허 부여 시도는 이미 대한제국 시기에 이루어졌다. 따라서 '의생규칙'이 의사와 의생을 분리하고 의생에게 일정한 제한을 가한 점에서 식민지적 성격을 찾아볼 수는 있겠지만 이를 식민지 근대성과 연결하기는 쉽지 않다.

그리고 이 시기 한의학이 보이는 근대성이 서양의학에 비해 식민지적 특성과 다소 느슨한 관계에 있다고 하더라도 일부에서 주장하는 것처럼 이를 곧 이 시기 한의학의 '민족적' 성격을 나타내는 증거로 받아들이기는 어렵다. 우선 한의학을 민족의학으로 규정하는 이른바 민족의학 담론은 최근에 등장했다는 점을 상기할 필요가 있고 또 당시의 한의학이 과연 '민족적'이었나를 살펴볼 필요가 있다. 일제강점기의 '민족'이란 수식어는 '반일'이라는 수식어와 동일한데 이 시기의 한의학이 반일적이었다고 보기는 어렵기 때문이다. 특히 1930년대의 한방의학논쟁에서 드러나는 한의학의 상대적 부흥은 일본의 한방의학부흥운동, 전쟁으로 인한 약재 부족을 극복하기 위한 총독부의 한약재 연구 권장, 그리고 동아시아의 전통의학을 대동아공영권의 의학으로 만들려는 '동양의학' 담론 등과 밀접히 연결되어 있다. 물론 정치적인 입장에서 본다면 '민족의학'과 '동양의학'은 대립되는 부분이 있지만 크게 본다면 양자 모두 의학의 지역성과 특수성을 강조한다는 점에서 통하는 부분이 있다. 그런 의미에서 식민지의 한의학은 '근대'를 향한 원심적 운동과 민족 혹은 동양이라는 특수성을 향한 구심적 운동이 결합하여 만들어낸 궤도에 따라 움직였다고 할 수 있을 것이다.

* 이 책은 2005년 한국학술진흥재단의 지원을 받아 수행한 근대한의학에 관한 연구의 결과들을 중심으로 이루어져 있다. 그 외에 여기에 참여한 필자들이 이와 관련해 썼던 다른 글들도 함께 모아 일제강점기의 한의학이 보였던 다양한 모습을 여러 측면에서 입체적으로 보여주고자 하였다. 여기에서 다루고 있는 내용은 이 시기 한의학을 틀 지은 총독부의 한의정책, 한의학계 내부의 이론적 분화 및 발전 과정, 한의학의 서양의학 수용 방식 및 과정, 서양의학의 한의학 인식과 수용 방식, 그리고 1930년대 동서의학 논쟁의 대표적 인물이었던 조헌영의 동서의학론 등이다. 또한 더 구체적인 차원으로 들어가 당시 한약재들이 실제로 시장

에서 유통되던 방식과 규모, 그리고 실제로 당시의 일반인들이 한의학을 소비하는 양상 등도 다루고 있어 당시 한의학의 모습을 다양한 측면에서 파악할 수 있을 것으로 생각된다.

제1부

정책과 대응

1

개항 이후 한의의 동태

여인석

개항은 우리 사회에 많은 변화를 가져왔고 그 점은 의료에서도 예외가 아니었다. 이 글에서는 개항 후 서양의학이 들어오면서 초래된 의료 환경의 변화와 그에 따라 한의들의 위상과 입지에 일어난 변화, 그리고 이처럼 새로운 상황에 직면한 한의들의 활동 모습을 서술하고자 한다.

1. 개항 후 전통의료제도의 변화

1876년 조선은 일본과 병자수호조약을 체결하면서 마침내 개항을 하여 외부 세계에 문호를 열게 된다. 각 개항장에 일인(日人)들이 적지 않게 들어오면서 그들을 위한 서양식 병원이 생겨났고, 알렌을 비롯한 서양의 의료선교사들도 입국하기 시작했다. 그러나 이러한 서양의학의 점차적인 유입이 당장 기존의 전통적인 의료체계에 급격한 변화를 초래한 것은 아니었다. 그러나 전반적으로 서양 문물과 제도가 점차 도입되는 가운데 서양의학 도입의 필요성도 제기되었고, 이에 따라 전통의료제도의 변화도 불가피하게 수반되었다.

먼저 중앙의료제도에서 일어난 첫 번째 변화는 1882년 도성의 빈민들을 구료하던 기관인 활인서(活人署)와 소위 삼의사(三醫司)의 한 축을 이루던 혜민서(惠民署)가 혁파된 일이다. 혁파된 혜민서와 활인서는 전의감에 귀속되었으며 혜민서 관리는 전의감에, 활인서 관리는 예조에 소속시켜 원외랑(員外郎)으로 칭하게 했다.[1] 혜민서와 활인서의 혁파는 불필요한 정부기구의 축소와 개편이라는 차원에서 이루어진 일이며 직접적으로 서양의료의 도입과 관계가 있는 것은 아니었다. 그러나 1885년 4월 10일에 우리나라 최초의 서양식 병원인 광혜원(제중원)이 혜민서와 활인서의 기능을 부활하는 차원에서 설립되었다는 사실은[2] 서양의학의 도입으로 말미암아 초래된 전통의료제도의 변화를 상징적으로 보여준다고 할 수 있다.

주로 대민 의료를 담당하던 혜민서와 활인서가 없어진 반면 왕실의료를 담당하던 전의감과 내의원은 개항 이후에도 명칭을 바꾸어가면서 존속하여 국왕과 왕실에 대한 의료활동을 계속했다. 전통의료와 관련된 제도적 측면에서 일어난 한 가지 큰 변화는 갑오경장으로 과거제도가 폐지되자 의관을 선발하는 의과취재(醫科取才)도 함께 폐지된 점이다.[3] 따라서 갑오경장 이후부터는 더 이상 시험을 통해 의관을 뽑을 수 없게 되었다. 한편 갑오경장 이후에는 내의원의 명칭과 관직명에 일부 변화가 있었다. 갑오경장 이후에 내의원은 전의사(典醫司)로 이름이 바뀌었고,[4] 광무년간부터는 태의원(太醫院)으로 바뀌었다.[5] 그리고 순종 때부터는 시종원(侍從院)으로 바

1) 《日省錄》(1882. 12. 29).

2) 《高宗實錄》(1885. 2. 29).

3) 李成茂, 「과별 연도별 합격자(의과)」, 『朝鮮時代雜科合格者總攬』(정신문화연구원, 1990), 96~145쪽.

4) 《官報》 제43호(1895. 5. 20).

뀌었다.[6] 이러한 명칭과 직제의 변화는 왕실의료를 축소하는 과정에서 발생한 일이다. 일본의 침략이 노골화되면서 국권을 침탈당하고 왕실 또한 쇠퇴해 내의원의 기능도 약화되었다. 한편 이 무렵에는 알렌을 비롯한 서양의사들이 우리나라에 들어오면서 전의(典醫)로 임명되어 활동하기도 했으나,[7] 조선시대 내내 기본적으로 이루어져오던 왕실의료의 틀은 지속되었으며 왕실의료는 전통적인 한의학을 위주로 이루어졌다.

2. 대한제국기의 국가 보건의료와 한의들의 활동

제중원의 설립을 통해 제한적으로 서양의학을 받아들인 조선 정부는 제중원의 운영권이 1894년 미국 북장로교 선교부로 이관됨에 따라 서양의학을 받아들이던 직접적인 창구를 상실하게 된다. 그러나 조선 정부는 근대적인 보건의료제도를 갖추고 우두사업, 방역사업 등 국가적인 중요성을 가지는 커다란 정책들을 실시하는 것을 미룰 수 없는 상황이었다. 따라서 기존의 한의들을 활용하여 이러한 사업을 진행시켜나갔다. 실제로 종두의로 활동한 사람 가운데는 한의들이 적지 않았으며, 이들은 군의로도 활동했고 방역사업도 담당하는 등 갑오경장 이후 새롭게 추진되는 국가의 보건의료 정책에서 큰 역할을 담당했다. 물론 조선 정부는 궁극적으로는 서양의학을 가르치는 의학교를 설치하여 의료인력을 양성하고 이들을 활용할 계획도 세웠으나, 의학교를 통한 의료인력의 양성이 본궤도에 오르기도 전에 일제의 침략으로 인해 이러한 의도는 좌절되고 만다.

5) 《高宗實錄》(1897. 1. 3).

6) 《純宗實錄》(1907. 11. 27).

7) 알렌 외에도 알렌 이후에 제중원을 맡아 운영한 에비슨, 독일인 분쉬 등이 전의로 활동했다.

1) 대민의료활동의 부활과 전통의학

전통적으로 대민구료활동을 담당하던 활인서와 혜민서가 폐지되고 이 자리를 서양의사들이 진료하는 제중원이 대신하게 됨에 따라 전통의학에 의해 일반 민중들을 진료하는 정부기관은 없는 상태가 된다. 더구나 제중원의 운영권이 1894년 미국 북장로교 선교부로 완전히 이관된 후에 조선 정부는 대민의료기관을 하나도 갖지 못하는 상태가 된다. 이러한 가운데 뜻있는 여러 사람이 의지할 데 없는 사람들을 구료하기 위해 1896년 말 서문 안에 한방병원인 사립 혜중국(惠衆局)을 설립하였다. 혜중국에서 진료는 한우(韓宇)와 김병관(金炳觀)이 맡았다.[8] 혜중국은 설립 후 약 1년 반 동안 빈민 24,000명, 군인 2,000명, 죄수 200명을 치료하는 성과를 보였다.[9] 이후 혜중국에서는 1899년 3월 한 달 동안 441명을 진료하였고,[10] 정부가 다시 대민구료기관인 광제원을 설립하고 난 후에도 계속해서 한 달에 300~400명의 환자를 진료하였다.[11] 혜중국이 1898년 봄부터 재정난에 봉착하자 위생국에서는 그해 7월부터 매월 30원씩 보조금을 지급하기도 하였다.[12]

한편 1894년 제중원을 미 북장로교 선교부로 이관한 후 대민구료기관이 없던 조선 정부는 다시 대민구료기관을 설립할 필요를 느끼게 된다. 그러나 여러 가지 상황이 여의치 않아 사립 구료기관인 혜중국을 지원하는 것으로 그치다가 1899년에는 직접 구료병원을 운영할 구체적 계획을 세우고 이를 실행에 옮긴다. 그 계획은 1899년 4월 4일자 내부대신이 의정부에 올

8) 《독립신문》(1896. 12. 12).
9) 《독립신문》(1898. 6. 16).
10) 《황성신문》(1899. 4. 5).
11) 《황성신문》(1899. 8. 4; 9. 5).
12) 《데국신문》(1898. 8. 18).

린 「병원관제에 관한 청의서」[13]에 먼저 나타나며, 이는 1899년 4월 24일 칙령 제14호 '병원관제'로 공포된다.[14] '병원관제'에 따르면 병원에 근무하는 의사는 15인 이하로 대방의(大方醫, 한방내과의) 2인, 종두의 10인, 외과의 1인, 소아의 1인, 침의 1인 등이었다. 그런데 이 중 종두의가 전체의 3분의 2를 차지하는 것으로 보아 종두 업무에 큰 비중을 두었던 것으로 보인다. 실제로 의사로 선발된 사람은 모두 한의들이었고 이들은 대부분 전의를 겸하고 있었다. 그렇지만 이 규정에서는 의사의 임명을 한의사에 국한한 것은 아니었다. '병원규칙'의 제7조에 "의사는 의학졸업ᄒᆞᆫ 인원으로 선용ᄒᆞ야 …"라는 구절이 있는 것으로 보아, '병원관제'보다 조금 전에 반포된 '의학교관제'에 따라 장차 설치될 의학교를 졸업한 의사들을 이 병원에 쓸 계획을 갖고 있었음을 알 수 있다. 그러나 다음 해에 광제원으로 명칭이 바뀐 내부병원에서 서양의학을 공부한 의사를 뽑은 것은 일제가 광제원을 장악한 1905년 이후에 일어난 일이다.

'병원관제'를 공포한 다음에 임명된 의사들이 모두 한의사일 수밖에 없었던 이유는 자명하다. 이 시기에는 아직 서양의학을 공부한 우리나라 사람이 국내에는 없었기 때문이다.[15] 그렇다면 왜 외국인 의사들을 쓰지 않았을까? 그것은 외국인 의사의 힘을 빌려서 한 제중원 운영이 조선 정부의 입장에서는 실패한 것으로 여겨졌기 때문이다. 또 한편으로는 근대적 기술인력이 부족한 조선에서 주로 외국인 기술자들에게 의존하여 일을 하는 가운데 적지 않은 문제점들이 생겨났기 때문이기도 하다. 즉 외국인을 고용하고도 제대로 일을 시키지 못해 비싼 임금만 지급한다거나, 실력도 없는

13) 「병원관제에 관한 청의서」, 『각부청의서』(1899. 4. 4).

14) 《官報》(1899. 4. 26).

15) 물론 당시에 우리나라 최초의 의사인 서재필이 국내에서 활동을 하고 있었으나 그는 이미 미국인으로 귀화한 상태였고, 더구나 국내에서는 의사가 아니라 사회운동가로 활동하였다. 또 나중에 의학교 교관을 지낸 김익남과 안상호는 이 무렵 일본에서 의학 공부를 하고 있었다.

사람을 고용하여 돈을 낭비하는 일 등이 이미 적지 않게 일어났기 때문에[16] 무조건 외국인 인력을 고용하는 것에 대한 반감도 적지 않게 존재했다. 그리고 우리에게 전혀 없는 기술이라면 모르지만 의학의 경우에는 이미 장구한 시간에 걸쳐 사용해온 우리 고유의 의술이 있기 때문에 구태여 그러한 곤란을 감수하면서 외국인을 고용할 필요가 없다는 생각도 있었던 것으로 생각된다. 그러나 이 병원에 외국인을 고용하는 것을 원칙적으로 배제한 것은 아니었다. '병원관제'에 따르면 의사로는 기본적으로 우리나라 사람을 쓰는 것으로 생각했으나, "의사나 제약사의 업무급약품매약을 관사할"[17] 기사(技師)로는 외국인을 고용할 수 있게 별도의 규정을 두고 있기 때문이다. 병원의 설립과 함께 의사로는 사정상 전의 출신의 한의사들을 임명했으나 실제로 관제가 규정하고 있는 병원의 업무는 환자의 진료만이 아니라 종두, 각종 동물과 가축의 병독을 검사하는 일, 제약업무, 제약법과 화약법(化藥法)을 가르치는 일 등 서양의학의 지식을 필요로 하는 것이었다. 따라서 여기에서 근무한 한의사들은 어느 정도 기본적인 서양의학의 지식을 갖추었을 것으로 생각된다. 그리고 당시에는 내부병원의 의사만이 아니라 위생국장, 종두의, 군의 등 다른 분야에도 한의들이 진출하여 활동하였는데 이는 당시 대한제국의 위생 사무를 서양의술을 약간 이해하는 전의 출신의 한의사들이 주도했음을 말해준다.[18]

내부병원과 광제원의 진료는 주로 투약을 중심으로 이루어졌으며 여기에 침술 치료가 더해졌다. 비록 광제원에서는 한의사들만이 치료를 했으나 이들은 한약만을 투약한 것은 아니며 양약도 함께 투약하였다.[19] 통계에 따르면 1899년 6월에서 12월 사이에 진료한 총 8,197명 중 양약을 투약한

16) 《뎨국신문》(1899. 4. 5).
17) 《官報》(1899. 4. 26).
18) 신동원, 『한국근대보건의료사』(한울, 1997), 281쪽.
19) 《황성신문》(1899. 6. 13).

사람이 4,755명으로 한약을 투약한 사람 3,436명보다 오히려 많은 것을 알 수 있다.[20] 한편 1905년 을사보호조약 체결 이후 일제는 광제원의 운영에도 간섭하기 시작하여 광제원 관제를 전반적으로 개정하는데 이때 한약을 투여하는 한약소와 양약을 투여하는 양약소가 분리되며 한약소에는 4명, 양약소에는 3명의 의사가 배정되도록 규정하였다.[21] 그런데 이때에도 양약소에서는 한약소와 마찬가지로 한의사가 양약 투약을 담당하였다. 이보다 1년 후인 1906년에 작성된 「광제원 확장 경상비」[22]에 따르면 그해의 한약 구매비용으로는 396원, 양약 구매비용으로는 306원이 책정되어 있다. 이처럼 광제원의 한의사들이 한약보다는 오히려 양약을 투여하는 경우가 많았고, 약품 구매비용에서도 양약이 차지하는 비중이 이토록 컸던 원인으로는 몇 가지를 추측해볼 수 있다.

첫째, 이는 약재의 가격과도 관계가 있는 것으로 보인다. 지금도 그러하지만 당시에도 한약재는 양약에 비해 더욱 비싸게 거래되었다. 이는 초기에 우리나라에 온 선교의사가 조선인들이 한약은 15~20달러를 주고 지어 먹으면서 양약 값으로 2센트 내는 것은 아깝게 생각하는 경향이 있다고 불평한 기록[23]을 통해서도 알 수 있다. 둘째, 특정 질환에 대해 분명한 효과를 보이는 양약에 대해서는 수요가 분명히 많았을 것이기 때문에 이를 많이 사용하였을 것이다. 예컨대 당시 우리나라에 많던 학질에 대한 치료제인 키니네(금계랍)는 학질에 대한 특효약으로 수요가 많았다. 마지막으로 한의사들조차도 조제 과정이 번거로운 한약보다는 당시에 이미 간편하게 복용할 수 있는 형태로 나온 양약의 투여를 더 선호했기 때문일 것으로 추측된다. 특히 광제원에서 주로 치료한 환자는 일반 환자보다는 감옥서(監

20) 《황성신문》(1899. 9. 20)
21) 《官報》(1905. 8. 1).
22) 《奏本》 232호(규장각 17704).
23) *Annual Report of Missionary Society of the Methodist Episcopal Church for 1886*, 269~270쪽.

獄署)의 환자, 빈민 등 따로 돌보아주는 사람이 없는 환자들이었으므로 그들에게 탕제와 같이 손이 많이 가는 한약의 투여보다는 간편한 양약의 투여가 더욱 바람직할 것으로 생각되었을 것이다.[24]

2) 군의와 전통의료 인력

개항을 한 조선은 서양의 문물을 받아들여 부국강병을 꾀하였다. 그리고 조선이 받아들이려고 한 서양의 문물 가운데는 서양의학도 중요한 부분을 차지했다. 조선이 서양의술을 받아들이는 것에 많은 관심을 가진 데는 물론 임상적 효과가 뛰어난 새로운 의술을 받아들여 기존의 한의학으로 치료하지 못하는 백성들의 질병을 치료하고자 하는 의도도 있었으나, 그에 못지않게 서양의술을 부국강병의 한 방편으로 활용하려는 의도도 컸다. 이러한 의도는 넓은 의미에서 의술을 통해 전체 국민의 건강을 증진시킴으로써 나라를 부강하게 만드는 데 기여하는 것으로 실현될 수도 있지만, 보다 직접적으로는 서양의학을 공부한 의사를 양성하여 이들을 군대 내의 병력 관

24) 일부에서는 광제원에서 한의들이 양약을 투여한 것을 두고 동서양의학의 협진이라는 표현을 쓰기도 하는데 이는 다소 과장된 것으로 보인다. 물론 당시 대한제국에서 우리 전통의 것을 바탕으로 서양의 문물을 받아들이려는 입장을 취하고 있었던 것은 사실이다. 그렇지만 협진은 의사와 한의사가 함께 같은 환자를 보는 진료행위를 말하는데, 이때 광제원에는 한의사만 있었기 때문에 협진이라는 표현은 적절하지 않다. 한의사와 의사가 광제원에 함께 있게 되는 것은 일제가 광제원의 운영권을 장악하는 1906년 이후인데 이때 일제는 일본인 의사들을 배치하며 의도적으로 한의들을 내쫓는 정책을 폈다. 이러한 상황에서 일본인 의사와 한국인 한의사 사이에 우호적인 협진이 이루어졌다고 보기는 어렵다. 오늘날 우리나라의 약국에서 쌍화탕이나 우황청심환과 같이 완제품 형태의 한약을 팔거나 심지어 한약을 조제하는 것을 보고 동서의학 협진이라는 표현을 쓰지 않는 것도 같은 이유이다. 한편 당시의 일반적인 인식은 서양의학은 외과술에 뛰어나고 한의학은 내과에 좋다는 것이었다. 따라서 투약을 위주로 치료활동이 이루어진 광제원의 한의들에게는 양약을 쓰는 것이 특별히 서양의술을 시술하는 것으로 여겨지기보다는 또 다른 종류의 효과 있는 약을 쓴다는 정도의 의미로만 받아들여졌다고 보는 것이 타당할 것으로 생각된다.

리를 담당할 군의로 활용하는 것으로 실현될 수도 있었다. 실제 조선 정부는 이 후자에 대한 필요가 더욱 시급했고, 따라서 거기에 둔 비중이 더욱 크고 강했던 것으로 보인다. 제중원 1차년도 보고서에서 알렌이 의학생들을 교육시킨 후 이들이 새로 취항하는 한국 군함의 군의로 파견될 수 있으면 좋겠다고 희망하고 있기 때문이다.[25] 이는 보기에 따라서는 알렌 개인의 희망사항으로 보일 수도 있겠지만, 사실은 조선 정부의 바람이라고 보아도 무방할 것이다. 그것은 제중원의 운영을 포기한 조선 정부가 후에 따로 의학교를 설립한 다음, 그 졸업생을 대부분 군의로 활용한 사실에서도 알 수 있다.[26]

대한제국 정부는 전반적인 국가의료정책에서 특별히 서양의학을 선호하고 한의학을 배제하지는 않았으며 오히려 나름대로 서양의학과 한의학을 공존시키려고 노력한 흔적이 보인다. 그렇지만 특별히 서양의학을 선호한 부문이 있는데 그것이 바로 군의의 선발이다. 갑오개혁 당시 정부에서는 군부에 의무국을 설치하고자 하여 일본에 군의를 요청한 적이 있는데, 1896년에 일어난 아관파천으로 정국의 주도권이 친러파와 러시아 쪽으로 넘어가자 일본군 군의의 초빙은 취소되고 대신 러시아군 군의가 들어왔다.[27] 이렇게 해서 들어온 러시아 군의는 체트삔쓰키로 그는 1897년 4월에 초빙되어 약 1년간 시위대와 무관학교의 군의로 근무했다. 러시아 군의는 다른 20여 명의 러시아 사관과 함께 초빙되었는데 이들은 신식군대의 훈련을 담당할 예정이었다. 이들이 오고 난 다음 1897년 6월에 조선인 군의도 임명되었다. 이들은 모두 한의 출신으로 이기원, 최두현, 배기수, 허헌, 곽종구, 정석영 등이었다.[28] 이후 군의는 각 군의 필수적인 요원으로 자리 잡

25) H. N. Allen, *First Annual Report of the Korean Government Hospital*(1886), 5쪽.

26) 배규숙, 「대한제국기 관립의학교에 관한 연구」(이화여자대학교 대학원 석사학위 논문, 1990), 54~61쪽.

27) 「奏本 第94號」, 『奏本 1』(보경문화사, 1995), 240~241쪽.

고 활동했으나 당시에는 서양의학을 공부한 우리나라 사람이 없어서 한의사가 주로 군의로 일했다.

그러다가 1904년 9월에 대대적인 군제 개편이 있으면서 군의 의료인력 구성에 큰 변화가 초래된다. 새 관제에 따라 이전에 형식적으로만 있던 군의국이 제대로 된 면모를 갖추고 초대 군의무국장으로 의학교 교관인 김익남(金益南)이 임명되었으며,[29] 군의무국에 근무할 의관들도 의학교 졸업생들로 임명되었다.[30] 의학교 졸업생들이 거의 예외 없이 군의로 임명된 것을 보면 조선 정부가 의학교를 설립한 의도를 잘 알 수 있다. 조선 정부가 의학교 출신들을 당시 정부에서 운영하던 광제원과 같은 대민의료기관에 보내지 않고 일차적으로 군의로 활용한 것은 그에 대한 요구가 컸기 때문으로 볼 수 있다. 사실 이미 군대가 서양식 군대 체제로 전환된 상태였고, 병기도 서양식 총포를 갖추고 훈련도 서양식 군사학에 따라 이루어지고 있는 상황이었기 때문에 군의 인력도 서양의학을 공부한 사람으로 충원하려고 한 것은 어찌 보면 당연한 귀결이라 할 수 있다. 그러나 군의 인력 선발에서 서양의료인력에 대한 정부의 선호와 우대는 기존의 한의 출신 군의들로부터 반발을 샀다. 1904년에 있었던 군제 개편에 따라 설치된 군의무국에 근무할 의관으로 의학교 졸업생 10명이 모두 주임관급(主任官級) 의관으로 임명되었다.[31] 이처럼 의학교를 갓 졸업한 사람들이 주임관급으로 임명된 데 대해, 종래에 군대에서 판임관급(判任官級)으로 오래 근무해온 한의 출신의 군의들이 큰 불만을 표출하였다.[32] 당시의 사정을 《대한매일신보》는 다음과 같이 전해주고 있다.

---

28) 《官報》(1897. 6. 19).
29) 《대한매일신보》(1904. 10. 5).
30) 《대한매일신보》(1904. 10. 8).
31) 《대한매일신보》(1904. 10. 5).
32) 신동원, 『한국근대보건의료사』(한울, 1997), 201쪽.

의무국 군의는 의학교 졸업생으로 바로 주임관을 서임하는데 본 의관 등은 6~7년간에 천여 명 군인을 위행하거늘 주임관으로 변통치 아니하니 극히 억울하고 또 하사들의 말이 자기와 동등이라 하여 수작할 즈음에 언어하기에 어려움이 많으니 의무국 군의와 똑같은 예로 주임으로 올려달라.[33]

3) 종두의와 한의

종두사업을 국가적인 보건사업 과제로 인식한 조선 정부는 이를 수행하기 위해 여러 가지 제도적 장치를 갖추어갔다. 그런데 국가적인 규모로 종두사업을 실시하는 데 가장 큰 문제는 실제로 종두 시술을 할 수 있는 인력을 확보하는 일이었다. 따라서 정부는 1895년 종두 접종할 인력을 양성하기 위해 종두의 양성소를 설립할 계획을 가지고 '종두의양성소 규칙'을 반포하였다.[34] 이 규정에 따르면 종두의 양성소는 내부에서 관할하는 1개월 과정의 기관이 될 것이었다. 그리고 이듬해인 1896년 예산에 종두의 양성소의 예산 1,368원이 반영되었다.[35] 그러나 종두의 양성소는 이때 설립되지 못하였을 뿐 아니라 원래의 의도와는 달리 민간에서 운영을 담당하게 되었다. 실제로 종두의 양성소를 운영한 사람은 일본인 의사 후루시로 바이케이(古城梅溪)였다. 그는 1886년에 우리나라에 와서 일본 공사관 의관으로 근무하다가 1891년 일본 공사관을 사직하고 찬화의원(贊化醫院)을 여는 한편, 여기에서 1897년부터 사립으로 종두의 양성소를 운영하였다.[36] 여기서 양성된 종두의들에 대해 정부는 종두의 자격을 부여하였다.[37] 이

33) 《대한매일신보》(1904. 10. 8).
34) 《官報》(1895. 11. 9).
35) 《官報》(1896. 1. 20).
36) 三木榮, 『朝鮮醫學史及疾病史』(思文閣出版, 1991), 272쪽.
37) 《官報》(1897. 7. 10).

종두의 양성소는 1897년에서 1899년까지 총 3회에 걸쳐 80명의 종두의를 배출하였다.[38] 이곳에서 배출된 종두의들이 어떤 배경을 가진 사람들이었나를 알려주는 자료는 거의 없다. 그러나 아무런 의학적 배경이 없는 사람보다는 약간이라도 (한)의학적 배경이 있는 사람이 종두의가 되려고 지원했을 것이라고 추론하는 것이 큰 무리는 없을 것으로 보인다. 아마도 그중에는 인두술의 경험이 있는 사람도 있었을 것이다. 그리고 이들 종두의들이 한의학적 지식을 갖고 있었거나 이전에 한의로 활동했음을 짐작게 해주는 자료들도 있다.[39] 이러한 사실로 미루어볼 때 종두의로 활동한 한의들도 적지 않았을 것으로 생각된다.

3. 한의학 교육기관과 한의사단체의 등장

조선시대 동안 한의인력은 자생적으로 생겨나든가, 필요한 인력을 국가에서 직접 양성하거나 시험을 통해 선발하는 방식으로 충원되었다. 그러나 개항 이후 서양의 문물과 함께 서양의학도 본격적으로 도입되기 시작하고 정부에서도 점차 서양의학을 우대하기 시작하였다. 그래서 한의인력을 양성하는 기관이나 선발하는 제도는 없앤 반면, 서양의학을 가르치는 의학교를 직접 설치하는 등의 조치를 취하였다. 그렇다고 해서 정부에서 일방적으로 서양의학을 우대하는 정책을 펴거나 전통의학을 탄압하는 정책을 편 것은 아니며 나름대로 서양의학과 전통의학이 공존할 수 있는 방식으로 우리나라 의료정책을 짜나가려 노력하였다. 그러나 1905년 을사보호조약 이후

38) 이꽃메, 「한국의 우두법 도입과 실시에 관한 연구」(서울대학교 보건대학원 석사논문, 1993), 58쪽.

39) 《매일신문》(1898. 12. 15; 1899. 3. 23).

조선이 일제의 반식민지 상태가 되면서 이러한 정책의지를 제대로 실현할 수 있는 힘을 상실하게 되었고, 그 결과 각 방면에서 일본의 개입과 전횡이 노골화되기 시작했다. 이는 보건의료제도와 정책에서도 마찬가지였다.

1905년 을사보호조약이 체결되자 일제는 명치유신 이후 일본에서 그렇게 한 것처럼 전통의학을 공적인 영역에서 점차 축출하고 모든 보건의료정책을 서양의학 위주로 재편하기 시작했다. 이러한 정책이 처음으로 표면화된 것은 그동안 한의사들에 의해 운영되던 광제원에 일본인 의사들을 배치하면서부터였다. 사사키(佐佐木四方)[40]에 이어 우치다(內田徒志) 등의 일본인 의사들이 연달아 광제원에 임명되었고, 이들이 임명되면서 투약소 중심의 기존 체제도 진료과 중심의 병원 체제로 바뀌어갔다. 이와 함께 한의들의 축출도 시작되었다. 일인들은 갑자기 한의들을 불러 서양의학에 관한 시험을 보고 낙제를 빌미로 이들을 면직하였다. 1906년 3월에는 한의 3명과 종두의 2명이 이렇게 감원당하였다.[41] 이어서 같은 해 12월에도 한의사 2명을 포함하여 총 3명의 한국인 직원을 면직하였다.[42]

이처럼 의과시험의 폐지로 한의들이 공직에 등용될 수 있는 제도가 없어진 상태에서 공적인 영역에서 한의들이 점차 축출당하는 일까지 발생하자 한의계는 위기의식을 느끼고 관립 의학교와 마찬가지로 서구적 형식의 학교를 세워 한의인력을 양성하고 한의단체를 조직할 필요성을 절감하게 된다. 한의학을 가르치는 의학교를 세워야 한다는 주장은 이미 을사보호조약 이전에 제기되었다. 1904년 4월 16일 전 시종 겸 전의로 광제원 원장이던 장용준(張容駿)과 광제원 의사이며 군의관이던 김병관(金炳觀)은 기존의 의학교가 우리와 풍토가 다른 서양에서 생겨난 의술만 가르쳐 우리의 뿌리를

40) 《대한매일신보》(1905. 12. 29).
41) 《황성신문》(1906. 3. 8).
42) 《황성신문》(1906. 12. 22).

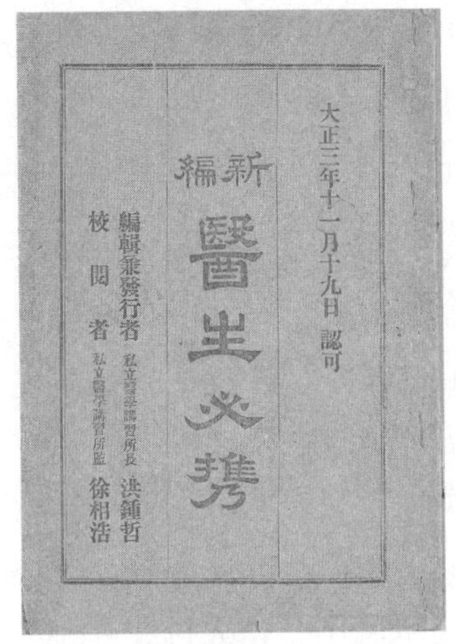

〈그림 1〉『의생필휴』(1914)
사립의학교 강습소장인 홍종철은 전통의학의 부흥과 한의들의 학술적·사회적 지위 격상을 위해 1909년 창립한 대한의사총합소에 참여하였으며, 조선의생회 회장을 지냈다. 1913년 '의생규칙'의 제정에 따라 의생이라는 면허를 부여받게 되자, 그는 '의사규칙', '의생규칙' 등 각종 법령과 의생이 활용하는 각종 서식을 모은 책자를 발간하였는데, 그것이 『의생필휴』이다.

경시하는 경향이 있으므로 내과에 장점이 있는 동의학과 외과가 특징인 서의학을 함께 가르치는 의학교를 만들자는 내용의 청원문을 학부에 제출하였다.[43] 그리고 이 학교의 이름을 대한의학교(大韓醫學校)로 할 것을 제안했다. 그러나 이 청원은 러일전쟁을 비롯한 당시의 혼란한 상황으로 인하여 제대로 수용되지 못하였다.

이후 1906년 5월 31일 이응세, 강필주, 조동호 등이 발기하여 동포들을 모두 구제한다는 의미의 이름을 담은 동제학교(同濟學校)를 설립하였다.[44] 이 학교는 의학만을 가르치는 학교가 아니라 국한문, 산술, 외국어 등을 공부할 학생들도 모집해 가르쳤다. 교장은 대한의학교 설립을 청원한 바 있는 전 광제원 의사 장용준이 맡았다. 이 학교는 어떤 의미에서 그가 이전에 설립을 청원했던 대한의학교가 실현된 것으로 볼 수 있다. 처음에 이 학교는 정부에서 예산을 지급하여 운영하였으나 1년이 지난 후 사정이 어려워

43) 《황성신문》(1904. 4. 18).
44) 《대한매일신보》(1906. 7. 1).

져 탁지부에서 운영경비를 지급할 수 없게 되었다. 그러자 전통의학에 호의적이던 고종에게 주청하여 도움을 청하였고, 이에 고종이 사적으로 경비를 지원하여 이후 약 3년간 학교가 유지될 수 있었다.[45)]

1909년 10월 21일에는 최초의 한의사 단체인 대한의사총합소(大韓醫士總合所)가 조직되었는데[46)] 총재에는 왕족인 영선군(永宣君) 이준용(李埈鎔)을, 부총재에는 전 학부대신(學部大臣) 이재곤(李載崑)을 추대하는 등 명망가들을 영입하여 단체를 구성하였다. 그리고 대한의사총합소에서는 같은 해 12월 21일부터 의학강습소를 개설하여[47)] 동의학(東醫學)의 부흥을 꾀하는 한편, 다음 해인 1910년 2월 26일부터는 대한의사총합소 진료제약부를 설치하여 일반 동포의 병을 치료하였고, 가난하고 의탁할 데 없는 사람이나 고아는 무료로 치료를 해주었다. 1910년 2월 27일자 《황성신문》에 난 광고에 의하면 일반 환자들에게도 진료비는 받지 않고 약값만 받았으며, 왕진 시에만 진료비 1환을 받았다.[48)] 대한의사총합소는 단순히 동의학의 강습이나 진료사업에만 머문 것이 아니라 위생사업에도 관여하였다. 대한의사총합소에서는 1910년 5월 9일 정영택(鄭永澤), 유병필(劉秉珌) 등이 조직한 위생회의 사업경비를 담당하기로 하였다.[49)] 그래서 전염병에 걸린 병자들을 격리수용할 수 있도록 성 밖에 피병원(避病院)을 설치하고, 치료를 위해서는 환자들에게 한약을 복용시키고 소독은 양약으로 하며, 환자가 온돌방에서 입원하게 하는 등 한국인의 관습에 맞는 피병원을 운영하기 위해 정부측과 접촉하여 지원을 호소했으나 정부에서는 기존에 있는 순화병원의 사업에 이러한 내용을 반영하겠다는 반응만을 보였다.[50)] 또 같은 해 8월

45) 김두종, 『한국의학사』(탐구당, 1981), 519쪽.
46) 《대한매일신보》(1909. 10. 22).
47) 《황성신문》(1909. 12. 21).
48) 《황성신문》(1910. 2. 27).
49) 《황성신문》(1910. 5. 11).

1일에 열린 임원회에서는 돈을 모아 교사(校舍)를 매입하여 본격적으로 동서양의 의학을 가르치는 학교를 만들기로 결정했으나, 이러한 모든 계획들은 8월 29일 한국이 일본에 병합되어 무산되고 대한의사총합소 자체도 그 해 11월에 폐지되고 만다.

4. 일제하의 한의학

1) 총독부의 한의정책

우리나라를 합병한 일제는 식민지 조선에서 의료인력을 관리하기 위해 1913년 11월 15일자로[51) '의사규칙',[52) '치과의사규칙',[53) '의생규칙'[54) 등을 조선총독부령으로 반포하고 1914년 1월 1일부터 이 규칙을 시행하였다. 그리고 이 규칙에 따라 한의사들에게 의생면허를 부여하기 시작했다. 여기에 따라 20세 이상의 사람으로 '의생규칙' 시행 이전에 2년 이상 한의로 활동한 경력이 있는 사람에게서 신청을 받아 경무총감의 이름으로 의생면허를 부여하였다. 이 규칙이 시행되자 면허를 신청하여 의생면허를 받은 사람이 약 5,000명에 이르렀다.[55)

원래 일제의 정책은 명치유신 후 일본에서 그렇게 한 것과 마찬가지로 전통의학을 배제하고 서양의학만 인정하려는 것이었다. 그러나 식민지 조선에서는 기존에 배출되어 활동하는 의사인력이 워낙 적었기 때문에[56) 한

50) 《황성신문》(1910. 7. 5).
51) 《조선총독부관보》 제389호(1913. 11. 15).
52) '조선총독부령' 제100호.
53) '조선총독부령' 제101호.
54) '조선총독부령' 제102호.
55) 白石保成, 『朝鮮衛生要義』(1918), 47쪽.

의들의 존재를 인정하지 않을 수 없었으므로 이들에게 의생면허를 부여하여 양성화한 것이다. 이러한 방침은 당시 조선 총독이던 데라우치 마사타케(寺內正毅, 1852~1919)가 지석영이 회장으로 있던 전국적 의생 단체인 전선의회(全鮮醫會)가 주최한 의생대회에서 훈시한 말에도 잘 나타난다. 그는 '의생규칙'을 정하여 한의들에게 의생자격을 부여한 것이 과도기의 응급수단일 뿐임을 분명히 말하였다.[57] 그것은 기존에 활동하고 있는 한의들에 대해서는 현재의 의업을 계속할 수 있도록 허가한 것이었으나, 공식적인 인력재생산 기관이 없는 한의계의 사정상 기존에 면허를 부여받은 의생들이 나이가 많아지면서 그 수가 줄면 자연스럽게 도태되도록 유도하겠다는 의사의 표현이었다. 그러나 이후 새롭게 의생면허를 취득하는 것이 불가능하지는 않았다. '의생규칙'의 부칙에 장차 새롭게 의생면허를 취득할 사람에 대해서는 3년 이상 의생에게 배웠다는 경력증명서를 제출할 경우 심사하여 5년 이내의 한시적인 면허를 부여하며 그 기간이 끝나면 갱신할 수 있도록 했다. 그리고 여기에 더해 각 도에서 관장하는 의생시험을 보도록 했다. 1939년에 출판된 『의생시험문제해답집』이 이미 여섯 번째 판을 거듭하고 있는 것을 보면 이러한 방법을 통해서 새롭게 의생면허를 취득하는 사람들이 있었음을 알 수 있다.[58] 그러나 어찌 되었건 이러한 제도의 시행을 통해 의생의 수가 처음보다 감소한 것은 사실이었다. '의생규칙'이 시행되고 약 15년이 지난 1928년에 총독부에 등록된 전국 의생의 수는 4,699명으로 15년 전 규칙 시행 당시 면허를 받은 수보다 약 1,000명이 줄었고,[59] 이보다 10년이 지난 1939년경에는 3,739명으로 그 수가 대폭 줄었다.[60] 제

56) '의사규칙'이 반포된 1913년 현재 조선에서 배출된 서양의사의 총수는 150여 명에 지나지 않았다.

57) 《東醫報鑑》 1-1(1916), 3쪽.

58) 『의생시험문제해답집』(행림서원, 1939).

59) 『朝鮮衛生要覽』(1929), 39쪽.

60) 《東洋醫藥》 1-1(1939), 10쪽.

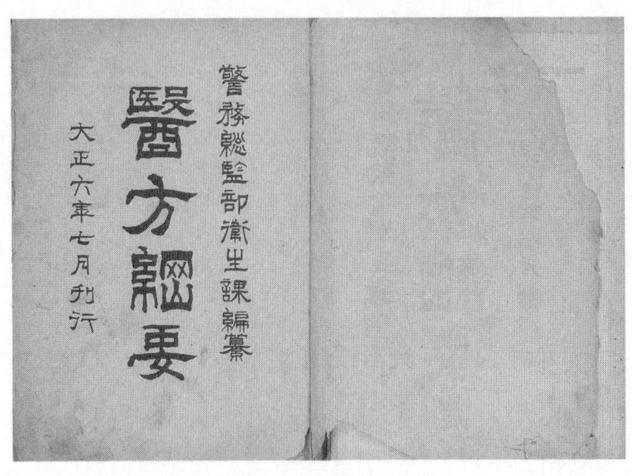

〈그림 2〉『의방강요』(1917)

조선총독부는 1917년 한의들에게 서양의학을 교육하기 위한 표준 지침서인 『의방강요』를 발간하였다. 이 책에는 서양의학의 기본적인 해부 · 생리학과 진단법, 전염병에 대한 내용과 함께 특히 서양약재에 대한 내용이 상세하게 실려 있다.

도적으로는 신규 면허를 취득하는 것이 불가능하지 않았으나 실제로 새로 의생면허를 취득하는 사람은 대개 한지(限地) 의생으로 시골의 궁벽한 지역에서 활동하도록 조치되었으므로[61] 면허를 취득하려는 욕구가 그리 크지는 않았던 것으로 보인다.

총독부는 원칙적으로 전통의학을 서양의학으로 완전히 대체하려는 생각을 갖고 있었으나 그러한 조치를 강제적으로 시행하지는 않았다. 거기에는 먼저 당시 국내에서 배출되는 의사인력으로는 도저히 현실적으로 필요한 최소한의 의료수요도 충족할 수 없다는 판단이 가장 큰 요인으로 작용했다. 따라서 총독부는 한의의 존재를 인정했을 뿐 아니라 나아가서는 이들을 공적인 위생업무 수행에도 활용했다. 의생들은 의사와 마찬가지로 건강진단서와 사망진단서를 발급할 수 있었으며, 이를 위해서는 한의들에게 기

61) 姜赫, 「東洋醫藥復興策管見」, 《東洋醫藥》 1-1(1939), 28쪽.

본적인 서양의학 지식과 위생관련 지식을 교육시킬 필요가 있었다. 교육내용은 서양의학의 생리학과 위생학 개요, 일반 전염병과 풍토병의 예방, 소독약의 종류와 응용, '의생규칙' 및 약품 취급과 전염병 예방에 관한 법규, 종두술과 구급법, 그리고 침술 시술 시 생길 수 있는 부작용에 대한 주의사항 등이었다.[62] 한의들에 대한 서양의학 교육은 '의생강습회'란 명칭으로 각 지역 경찰서장의 책임 하에 각 도의 자혜의원장(慈惠醫院長)이 협의하여 관내의 의생들을 모아 이루어졌으며 경찰, 공의, 촉탁의 등이 강사로 나섰다. 그리고 지역마다 교육내용에 편차가 생기는 것을 막고 교육내용을 통일시키기 위해 경무총감부에서 『의방강요(醫方綱要)』[63]라는 책을 발간하여 이를 각 지역에 배포하고 이 책의 내용에 준하여 교육이 이루어지도록 했다. 이 책에는 서양의학의 기본적인 해부 · 생리학과 진단법, 전염병에 대한 내용과 함께 특히 서양약재에 대한 내용이 상세하게 실려 있다. 이 책의 서문에서는 한의들이 점차 양약을 많이 쓰고 있는 현실에서 그들이 양약에 대한 정확한 지식 없이 투약해서 생겨나는 부작용을 막기 위해서 서양약재에 대한 사항을 자세히 다룬 것이지 한의들의 양약 투약을 권장하기 위해서 실은 것은 아니라고 밝히고 있다.[64] 나중에는 경무총감부에서 만든 『의방강요』 외에도 유사한 내용을 실은 의생 강습용 교재들이 여러 종류 출판되었다.[65]

한의학에 대한 총독부의 정책은 1930년대 후반부 들어 큰 변화를 겪게 된다. 한의학에 대한 태도의 변화에는 일본에서 한의학에 대한 일본 정부의 태도가 더욱 유연하고 호의적으로 변화된 사실도 어느 정도 작용했겠지

62) 白石保成, 『朝鮮衛生要義』(1918), 50쪽.

63) 朝鮮總督府警務總監部衛生課, 『醫方綱要』(1917).

64) 朝鮮總督府警務總監部衛生課, 「緒言」, 『醫方綱要』(1917), 1쪽.

65) 金商億, 『自習用 醫方要輯』(光文堂, 1939). 崔永在, 『新醫學要鑑』(행림서원, 1941). 특히 최영재의 책은 1941년 당시 이미 개정 15판을 찍을 정도로 널리 읽힌 책이다.

만, 그보다는 다른 요인이 더욱 크게 작용하였다. 우선 내적으로는 의생제도가 실시된 지 25년이 지났으나 서양의학으로 모든 의료수요를 감당하기에는 여전히 의사 인력의 수가 절대적으로 부족한 상태였고, 따라서 한의학에 대한 수요도 여전히 줄지 않았다. 물론 통계를 보면 의생들의 수가 의생제도를 시행하던 당시보다 많이 줄어든 것은 사실이지만 적지 않은 사람들이 의생보다 면허 취득이 용이한 약종상이 되어 한의와 다를 바 없는 진료활동을 했다.[66] 이러한 상황에서 2차 대전의 발발은 이른바 '동양의학의 부흥'을 위한 외적 요인을 제공해주었다. 1930년대 후반의 이러한 변화된 분위기를 잘 반영해주는 것이 '동양의약협회(東洋醫藥協會)'의 결성과 그 기관지인 《동양의약(東洋醫藥)》의 창간이다. 동양의약협회는 1920년대에 활동하다가 실패한 동서의학연구회의 뒤를 이어 결성된 단체이다. 그런데 그 이름에 '약(藥)'이 들어간 것에서 알 수 있는 것처럼 이 단체는 한의사보다는 한약을 취급하는 약종상들이 중심이 되어 만들어졌다. 여기서 한 가지 주목해야 할 것은 '동양의학'이라는 말의 등장이다. 원래 우리의 전통의학을 지칭하는 데는 '동의학(東醫學)', '한의학(漢醫學)' 혹은 '한방의학(漢方醫學)'이라는 말을 사용했으며 '동양의학'이라는 말을 사용하지는 않았다. '동양'은 서양에 대한 상대적인 개념으로 사용하는 막연한 개념의 말이긴 하지만, 2차 대전이 발발한 1930년대 후반 이후 일본이 '동양'이라는 말을 사용했을 때 그것은 한국, 만주 등 일본의 직접적인 영향권에 있는 아시아 나라들을 지칭하는 한정된 의미를 지닌다. 즉 미국과 영국을 비롯하여 일본과 적대적인 관계에 있는 서양 국가들의 침략에 맞서 일본제국의 판도 내에 있는 아시아 국가들은 힘을 합해 싸워야 한다는 의미를 내포하는 것이다. 그리고 그것은 의학 분야에서 이른바 '동양의학'의 부흥으로 나타났다. 동양의약협회의 창립 취지서에 실린 다음과 같은 구절은 이 시기 한의

66) 《東洋醫藥》 1-1(1939), 29쪽.

약계의 분위기를 잘 나타내어주고 있다.

그뿐 아니라 시대는 이미 지나사변(支那事變)을 계기로 동아자주(東亞自主)의 정신에 입각한 신질서건설의 역사적 단계에 들어가 학문, 도덕, 사상, 문예 등 제반 문화영역에 걸쳐 일반적 부흥운동이 활발히 전개되려는 형세에 있고, 따라서 의약계에 있어서도 일본, 만주, 중국 삼국을 통하여 동양고유의약의 부흥운동이 촉성되었다.

우리는 이러한 시운에 감(鑑)하여 비상시국에 처한 총후국민(銃後國民)으로서 민중보건과 의약보국을 위하야 의료기관의 개선확충, 동양의약의 과학적 부흥을 기(期)하고자 이제 「동양의약협회」의 창립을 발기하는 바이다.[67]

물론 일제가 이 시기에 와서 동양의학, 특히 한약재에 관심을 가지게 된 데는 앞서 말한 대동아공영권을 주장하는 이데올로기적 측면 외에 전쟁으로 인해 서양으로부터 필요한 약품을 구입하기 어렵게 된 현실적인 상황도 큰 요인으로 작용했다. 그래서 총독부는 1937년부터 한약조사위원회를 설치하여 5개년 계속사업으로 한약국방 제정에 착수하고[68] 개성에 약초연구소를 설치하여 한약 연구를 했으며, 또 경성제국대학 의학부의 스기하라(衫原德行)는 우리나라에서 생산되는 한약재를 상당히 연구하여, 한약에 관한 강좌를 정식으로 경성제대 의학부에 개설하기까지 하였다.[69] 그 외에도 총독부는 의생강습회를 강화하고 약령시를 증설하며 약초 재배를 장려하였고[70] 1939년 11월 7일부터 12일에 걸쳐 '독서보급운동(讀書普及運動)'

67) 《東洋醫藥》 1-1(1939), 10쪽.
68) 이렇게 조사된 내용은 《東洋醫藥》에 연재되었다. 川口利一, 「朝鮮漢藥局方」, 《東洋醫藥》 1-2, 53~60쪽; 1-3, 52~56쪽; 1-4, 27~34쪽; 1-5, 49~57쪽; 1-6, 54~59쪽(1939).
69) 《東洋醫藥》 1-3(1939), 69쪽.
70) 玄鎬燮, 「漢方醫學의 再檢討」, 《東洋醫藥》 1-6(1939), 17쪽.

기념 행사의 하나로 총독부 도서관에서 한국, 일본, 중국의 고의서 전시회를 열기도 하는 등[71] 동양의학 부흥에 앞장서는 모습을 보여주었다. 또한 1939년 4월 16일 부민관 강당에서 열린 동양의약협회(東洋醫藥協會)의 창립총회에는 니시키(西龜三圭) 총독부 위생과장[72]과 덴간(天岸敏介) 경기도 위생과장[73]이 와서 축사를 했는데 그 내용은 모두 동양의약의 연구를 장려하는 것으로, 이전에 전선의회(全鮮醫會)의 창립총회에서 데라우치(寺內) 총독이 했던 다소 위협적인 내용의 훈시[74]나 경무총장 타치바나(立花)의 형식적인 축사[75]와는 분위기가 사뭇 다른 것이었다.

한의학에 대한 일제의 이러한 정책 변화는 의생면허시험 문제의 출제경향에도 반영되었다. 초창기부터 실시된 의생시험 문제는 주로 해부, 생리, 위생과 각종 전염병에 관한 내용 등 기본적인 서양의학 지식을 묻는 내용만 출제되었고 정작 한의학에 관한 내용은 거의 출제되지 않았다. 그나마 한의학에 관해 출제된 내용은 한약재 가운데 독성이 강하거나 미량으로도 강한 효과를 내므로 주의해서 사용해야 하는 파두(巴豆), 반하(半夏), 부자(附子) 등 약재들의 용도와 사용 시 적절한 용량 등에 관한 내용, 그리고 흔히 쓰는 한약재에 관한 내용 정도뿐이었다.[76] 그러다가 1930년대 후반에 오면 출제경향에도 많은 변화가 생겨서 우선 분량 면에서도 한의학적 내용을 묻는 문제가 절반을 넘어섰고, 내용 면에서도 한약재의 용도를 묻는 것에 국한되지 않고 한의학적 개념을 묻는 문제들로 다양화되었다.

그러나 이처럼 일제가 주도하여 이루어지는 '동양의학' 부흥운동에 대해 비판적인 견해가 제시되기도 했다. 그 견해는 일본을 중심으로 이루어지는

71) 《東洋醫藥》 1-6(1939), 28쪽.
72) 西龜三圭, 「東洋醫藥復興의 時局的 意義」, 《東洋醫藥》 1-1(1939), 17~18쪽.
73) 天岸敏介, 「東洋醫藥의 新生命」, 《東洋醫藥》 1-1(1939), 19쪽.
74) 「寺內總督閣下訓示」, 《東醫報鑑》 1-1(1916), 3쪽.
75) 「立花警務總長祝辭」, 《東醫報鑑》 1-1(1916), 4쪽.
76) 「醫生試驗問題解答集」(杏林書院, 1939).

동양의학연구는 주로 서양의학자들이 주도하고 있는데 그 연구의 범위가 한의학 전반이 아니라 한약에만 집중되고 있다는 것이었다. "서의(西醫)로서 한방을 연구하여 사학을 서의학영역(西醫學領域)에 예속시켜 한방의 장소를 양방에 보단하며 양약에 대용품을 한약에서 발견하여 불비한 양약을 완성하자는 것이다"[77]라는 주장에서 알 수 있듯이, 이는 한의학을 그 자체로 받아들이지 않고 필요한 부분만 발췌하여 받아들이는 경향에 대한 반발이었다. 이와 함께 『상한론(傷寒論)』을 위주로 하는 일본 한의학의 흐름이 유입되는 것에 대한 거부감도 있었다.

2) 일제하 한의들의 활동

서양의학이 우리나라에 들어온 이후 한의들은 이 새로운 의학이 점차 주도권을 장악해가는 과정을 목격하게 되었다. 특히 우리나라를 합병한 후부터 일제가 서양의학 일변도의 정책을 펴면서 이러한 과정은 급속히 진행되었다. 서양의학이 이처럼 급속하게 주도권을 장악하는 것을 보면서 한의들은 위기의식을 느끼게 되었고, 서양의학에 대항하여 자신의 영역을 지키기 위해서는 이제까지와는 다른 존재방식을 요구받게 되었다. 그리고 이러한 위기의식은 우선 현재와 같은 상황을 초래한 원인에 대한 탐구와 반성으로 연결되었다. 한의들 스스로가 생각하는 한의학의 쇠퇴 원인은 다음의 몇 가지로 정리된다.

먼저 한의학은 발전하는 자연과학에 근거를 둔 서양의학처럼 시대의 변화를 따라가지 못하고 있다는 점을 반성했다. 즉 "시대의 급격한 변천과 발전에 추수치 못하야 부지불식간에 락오(落伍)가 되고 자연도태의 이론 그대로 쇠퇴와 몰락에 빈(瀕)하였다 할 것이다"[78]는 현실인식이 그 내용이

77) 玄鎬燮, 「漢方醫學의 再檢討」, 《東洋醫藥》 1-6(1939), 17쪽.

〈그림 3〉 의학강습소 교재
1909년 한의사단체가 설립한 대한의사총합소는 한의학의 부흥을 위해 의학강습소를 개설하고 교재를 발간하였다.

다. 이미 자연과학을 기초로 한 과학기술문명의 위력을 몸으로 느끼고 사는 시대에 접어든 이상 자연과학을 기초로 한 서양의학의 성과들을 부정하기 힘든 상황이었고, 특히 전염병이 중요한 보건문제가 되던 당시에 세균의 발견이라는 서양의학의 성과는 큰 것이었다. 그리고 일제의 방역정책과 맞물려 세균학의 기본적인 지식은 한의들도 숙지하지 않으면 안 되었다.

그러나 이 부분에서 한의들 모두의 의견이 일치하는 것은 아니었다. 물론 원론적인 측면에서 자연과학의 발전이라는 도도한 조류를 부인하거나 그 중요성을 무시하는 것은 아니었다. 그렇다고 해서 한의학의 상대적인 몰락이 단순히 서양과학의 성과를 제때 수용하지 못해서 일어난 현상이라고만 보지 않는 이들도 적지 않았다. 한편에서는 오히려 자연과학에 근거한 서양의학의 약점과 한계를 날카롭게 지적하고 한의학의 우수성을 주장

78) 姜赫, 「發刊에 臨하야— 東洋醫藥復興策管見」, 《東洋醫藥》 1-1(1939), 27쪽.

하기도 했다. 특히 조헌영(趙憲永)은 당시 한의계에서 이러한 입장을 대변하는 대표적 논객이자 이론가로 활동했다.[79] 사실 일제시대 동안 한의들의 수는 여전히 의사들의 수보다 많았으며, 스스로도 대다수 국민들이 전통적인 한의학을 더욱 편하고 친숙하게 느낀다고 생각하고 있었다. 또한 많은 한의들이 내과적 질환에서는 한의학이 서양의학에 뒤질 것이 없으며 오히려 우월하다고 확신하고 있었다.[80]

둘째 원인은 당국의 서양의학 중심의 정책이었다. 의생들은 이는 한의학 쇠퇴의 가장 큰 원인의 하나라고 공감하고 있었는데 특히 의생제도의 실시와 운용에 불만이 집중되었다. 먼저 기존에 면허를 받은 의생에 대해서는 개업지를 도시로 이전하는 것을 허락하지 않는 점, 도시에서는 결코 새로운 면허를 부여하지 않는 점, 그리고 한시로 발급한 면허를 갱신할 때에는 더 시골로 가는 것을 조건으로 면허를 연장해주는 등 점차 의생들의 활동범위를 도시에서 시골로 내몰아가는 점에 대해 한의들은 큰 불만을 나타내었다. 그 외에도 의생강습회를 열어 서양의학 지식을 가르치므로 의사는 교육자, 한의는 피교육자의 입장에 서게 하는 조치, 또 당국이 의생들에게 더 높은 수준의 한의학 지식을 갖추게 유도하는 데에는 관심이 없고 서양의학 지식만을 가르치는 점에 대해서도 불만이 적지 않았다.[81]

이러한 외적인 요인 외에도 스스로가 인정하는 한의계 내부의 문제도 많았다. 우선 일부 한약업자들의 부도덕한 상행위나 과대광고[82]도 문제였고, 또 한의임을 자처하는 이들 가운데 제대로 한의학 공부를 한 사람이 많지 않은 점도 문제였다. 즉 한의학 지식의 정도를 엄정히 평가하여 면허를 부

79) 조헌영은 1930년대에 《조선일보》와 《동아일보》 등에 한의학에 관한 글을 활발히 기고하였으며, 한의학을 옹호하는 입장에서 논쟁을 벌이기도 했다.

80) 玄鎬燮, 「東洋醫藥協會의 使命」, 《東洋醫藥》 1-1(1939), 32쪽.

81) 조헌영, 「한방의학의 위기를 앞두고」, 《신동아》(1935. 10), 135~145쪽.

82) 姜赫, 「發刊에 臨하야— 東洋醫藥復興策管見」, 《東洋醫藥》 1-1, 27~28쪽.

여하는 제도가 없는 상태에서는 같은 한의라 하더라도 그 질에서는 차이가 많을 수밖에 없는 형편이었다.

그런데 무엇보다도 한의학이 서양의학에 비해 취약한 모습으로 나타나는 중요한 측면은 학문활동이 이루어지는 사회적 방식과 의술이 사회적으로 펼쳐지는 제도적 장치에 관한 것이었다. 먼저 의료인력의 양성에서 서양의학은 한의학과는 전혀 다른 모습을 보여주었다. 이전 시대에 한의가 되는 데에는 정해진 교육이나 특별한 절차를 밟을 필요가 없었다. 누구나 의서를 읽고 의학지식을 어느 정도 갖추면 향리에서 의료행위를 할 수 있었다. 물론 국가 시험을 거쳐 의관이 될 수도 있었지만 그것은 관리가 되기 위한 절차였지 의사로서의 자격을 갖추기 위한 과정은 아니었다.

이와는 달리 이 땅에 들어온 서양의학은 우선 학교를 설립하여 전문적인 교육을 시키고 이를 통해 의료인력을 양성했다. 그리고 그 과정을 마친 사람에게만 의사 자격을 부여했다. 그리고 학습의 과정도 한의학과는 많이 달랐다. 한의학 학습은 이른바 경전에 해당하는 의서들을 공부하는 것으로 이루어진다. 그러나 스승에 따라 전혀 다른 의학적 입장을 취하게 되는 것이 한의학의 현실이었다. 그것은 한의학 체계 내에 통일된 이론이 없기 때문에 발생하는 일이었다. 그에 비해 서양의학의 경우에는 교과서를 통해 통일된 의학이론을 가르쳤다. 뒤에서 언급될 한의단체의 분열양상은 학문적 입장부터가 다른 여러 사람이 한의학단체라는 한 이름으로 모이기가 쉽지 않았음을 말해주고 있다.

그리고 서양식 병원의 존재 또한 전통적인 의료환경에서는 존재하지 않는 것이었다. 특히 일본이 식민지 권력의 우월성을 과시하기 위해 건립한 총독부의원의 위용은 일반인들뿐 아니라 특히 한의들까지 주눅 들게 하기에 충분한 것이었다. 더구나 총독부의원을 건립하고 난 후 각 지방에 자혜의원이나 도립병원이 점차 세워지면서, 일반 가옥에서 약방을 차리거나 진료활동을 하는 한의들과는 그 외형이 더욱 뚜렷하게 대비되었다.

따라서 서양의학과 동등한 입장에서 의료활동을 하기 위해서는 적어도 이러한 외형적인 면에서 서양의학과 비슷한 체제를 갖추는 일이 필요했다. 이를 위해서는 단순히 강습소의 형태가 아니라 정식으로 관의 인가를 받은 한의학전문학교와, 서양식 종합병원에 상응하는 한방병원을 설립하는 일이 시급했다. 특히 서양의학의 경우를 보더라도 병원이 먼저 설립되고 난 후에 학교가 생기는 것이 순서이므로 우선 한방치료병원을 설립해야 한다는 주장이 상당한 설득력을 얻었다.[83] 그런데 위에서 언급한 한의학교육기관의 설립과 한방병원의 설립은 한의계의 결집된 노력을 필요로 하는 것이고 그래서 이를 실현시키려면 한의단체의 설립은 반드시 필요한 일이었다. 그러나 한의계의 역량을 결집할 단체의 결성은 쉽사리 이루어지지 않았다. 물론 이미 이러한 시도는 1900년대부터 시작되었고, 1915년에는 지석영을 회장으로 하는 최초의 전국적 규모의 한의단체인 전선의회(全鮮醫會)가 결성되었다. 그러나 이 단체는 결성된 지 4개월이 지나지 않아 내부 갈등으로 분열해 반목하다가 이듬해에 해산했었다. 전선의회 다음으로 설립된 한의단체는 동서의학연구회(東西醫學硏究會)로, 1917년에 만들어져[84] 1921년에 총독부의 승인을 받았다.[85] 이 단체는 1924년 현재 전국에 50여 개의 지회를 두고 있었는데, 북간도에도 지회가 있을 정도로 그 규모가 전국적이었다.[86] 동서의학연구회는 1923년 12월에 《동서의학연구회월보(東西醫

83) 吳政杜, 「漢醫學의 價値를 論하야──漢方治療病院의 設立을 提唱함」, 《東洋醫藥》 1-4(1939), 3쪽.

84) 金性琪, 「本會의 前途는」, 《東西醫學硏究會月報》 2-1월호(1934), 8쪽.
이 단체가 동서의학연구회로 명명된 것은 1917년이었으나, 내부에서는 자신들을 이전의 한의단체와 구별되는 별도의 단체로 보지 않고, 최초의 한의단체 大韓醫士總合所를 잇는 한의계의 대표단체로 인식했다.

85) 동서의학연구회에 대해서는 다음의 논문을 참조할 것. 기창덕, 「開明期의 東醫와 東醫學講習所」, 《의사학》 2-2(1993), 192~193쪽.

86) 金性琪, 「總會를 經하고」, 《東西醫學硏究會月報》 4(1924), 2~3쪽.

學研究會月報》의 창간호를 발간하였다. 이 잡지는 그 명칭에서 나타나는 바와 같이 매월 발간을 목표로 하였으나 실제로는 그렇게 간행되지 못했다. 동서의학연구회 역시 내부 갈등과 관의 간섭으로 인해 소기의 목적을 달성하지 못했다.

이후 1930년대 말에는 한약업자들이 중심이 되어 결성한 동양의약협회(東洋醫藥協會)가 회보도 발간하는 등 활발히 활동했다. 동양의약협회는 특히 바로 앞서 존재한 동서의학연구회의 실패를 염두에 두고 나름대로 그 원인을 진단하여 "그 당시 인사들이 너무 허장성세에만 주력하고 실제적으로 그 내부 조직에 있어서 그 회(會) 자체의 기초를 확립하지 못하였음이 즉 그 실패를 초래한 중요요인"[87]이라고 결론을 내렸다.[88] 그리고 그와 같은 전철을 밟지 않고 더욱 항구적인 조직을 갖추기 위해 동양의약협회를 사단법인화하자는 움직임도 있었으나[89] 성공하지 못했다.[90]

이처럼 일제시대에 결성된 한의단체들이 모두 실패한 원인은 다음의 몇 가지로 생각해볼 수 있다. 첫째로 한의계는 이전에 그러한 유형의 조직을 결성한 경험이 없었던 점을 들 수 있다. 전통적으로 의료 활동은 개인적인 차원에서 이루어져왔기 때문에 한의들은 조직 결성의 필요성을 느끼지 못했다. 또한 민간에서는 유의(儒醫)적인 인식이 아직도 적지 않게 남아 있는 상황에서 한의단체를 전문인 단체, 혹은 이익집단으로 받아들이기가 쉽지는 않았을 것이다. 물론 시대가 변해 스스로의 권익을 위해 조직을 만들 필

87) 姜赫, 「本協會의 財團法人組織을 提唱함」, 《東洋醫藥》 1-2(1939), 3쪽.

88) 東西醫學研究會가 해체된 후 東洋醫藥協會가 생긴 것은 아니며 東洋醫藥協會가 결성된 후에도 東西醫學研究會는 활동을 계속했다.

89) 姜赫, 「本協會의 財團法人組織을 提唱함」, 《東洋醫藥》 1-2, 2~8쪽.

90) 동서의학협회가 주로 활동하던 1920년대의 한의학계의 분위기와 1930년대의 분위기에는 차이가 있다. 1920년대의 한의계는 주로 서양의학을 배우자는 다소 수세적인 분위기가 널리 퍼져 있는 느낌을 주는 반면, 1930년대에는 한의학 논쟁을 거치면서 한의학에 대한 자긍심이나 자부심을 강조하는 분위기가 강해졌다.

요가 대두되기는 했으나 모두가 그 필요에 대해 같은 정도로 동의했다고 보기는 어렵다. 두 번째로 당시의 '한의계'는 공통성이 결여된 상당히 이질적인 집단들로 구성되어 있었다는 점을 들 수 있다. 앞서 언급한 대로 한의들 내에서도 스승에 따라 학문적 입장이 다르거나 서로 대립하는 분파들이 이미 상당수 존재하는 상태였다. 뿐만 아니라 이처럼 교육적 배경, 학문적 배경이 서로 다른 한의들이 공존하는 상황에 더하여 한약종상, 침구사, 혹은 이른바 유사의료업자들까지 가세해서 한의라는 직종의 경계가 모호한 상태였다. 이와 같이 그 구성원들의 배경이 복잡한 상태에서는 서로 간에 이해관계가 충돌하는 부분이 나타날 수밖에 없으므로 통일된 조직의 모습을 갖추기가 어려웠다. 의사들의 경우는 정형화된 과정의 의학교육과 의사로의 사회화 과정에서 공통되는 경험을 많이 하므로 단체의 일원으로서의 결속감이 쉽사리 형성되는 반면, 당시의 한의계에는 다양한 배경을 가진 구성원들에게 그러한 결속감을 줄 수 있는 공통경험이 부재했다. 세 번째 원인은 구심점의 부재이다. 서양의학의 경우 관립병원에는 총독부라는 구심점이, 선교병원에는 선교부라는 구심점이 있어 의료활동의 기본 방향을 제시하고 필요할 경우에는 재정 지원도 아끼지 않았으나 한의계에는 그러한 구심점이 없었다.

3) 일제하 한의학의 민족성

한의학은 우리나라의 전통의학으로 우리 민족의 역사와 함께 발전해왔으며 우리 민족 문화의 중요한 한 부분을 이룬다. 그러나 개항과 함께 시작된 서양의학의 도입은 이러한 입지에 큰 변화를 가져왔다. 특히 일제가 우리나라를 강점하고 서양의학 위주의 정책을 펴면서 이러한 위상의 변화는 더욱 극명하게 나타났다. 일제는 총독부병원을 위시해서 각 도에 자혜의원을 세워나가며 식민지 의료체제를 구축해갔다.

그러나 이러한 정책이 조선인의 건강 증진을 위한 것이라는 총독부의 선전과는 달리 조선의 일반 민중에게 서양의학은 그리 용이하게 접근할 수 있는 대상이 아니었다. 우선 일제가 세운 병원에서 비용 면에서 큰 부담을 느끼지 않고 치료받을 수 있는 사람은 많지 않았다. 총독부의원을 위시하여 일제가 세운 병원은 일차적으로는 조선에 거주하는 일본인을 위한 것이었으므로 경제적으로 여유가 있는 일부 친일계층들 외에는 이들 병원을 이용하기가 쉽지 않았다. 물론 선전을 위해 일제는 일정 비율을 배당하여 시료환자를 진료하였으나 전체 환자에 비교해볼 때 시료환자가 차지하는 비율은 10% 내외에 불과했다.[91]

우리나라 사람들이 일제의 병원을 기피한 것이 비용 때문만은 아니었다. 우선 식민지배자인 일본인 의사들에게 치료를 받는 것에 대한 심리적인 거부감도 적지 않았을 것이다. 또한 의사소통의 문제도 있었을 것이며, 낯선 서양식 병원 환경도 조선인 환자들을 불편하게 만들었다. 서양식 병원체제와 치료관행에 대해 조선인들이 느끼는 심리적 불편함은 1920년대 초반에 전개된 사립 피병원 설립 운동에서 새로 설립될 병원에서는 양약과 한약을 병용하게 한 것이라든가, 병실을 온돌방으로 한 사실을 통해 잘 알 수 있다.[92] 한편 접근성의 측면에서 보았을 때 같은 서양식 병원이라 하더라도 일제가 세운 병원보다는 선교사들이 세운 선교병원을 이용하는 것이 상대적으로 용이했던 것이 사실이다.

그러나 어찌 되었건 조선인의 입장에서 서양의학은 낯선 외래의 의학인 것은 분명했고, 병원체제나 의료관행도 낯설기는 마찬가지였다. 따라서 일반 민중들은 우리 전래의 한의학을 편안하게 여겼고, 한의들 역시 이 사

91) 신동원, 「日帝의 保健醫療정책 및 한국인의 健康상태에 관한 연구」(서울대학교 보건대학원 석사논문, 1986), 153쪽.

92) 일제하의 사립 피병원 설립운동에 대해서는 다음의 논문을 참조하라.
朴潤栽 · 申東煥, 「日帝下 私立 避病院 設立運動 研究」, 《醫史學》 7-1(1998), 37~45쪽.

실을 잘 인식하고 있었다. 이러한 의미에서 한의학은 분명히 '민족적' 성격의 의학이었다. 그러나 여기서 '민족적'이란 말은 일제의 식민지라는 특수한 상황에서 이 말이 가지는 함의를 모두 담고 있지는 않다. 일제하의 상황에서 '민족적'이란 말은 우리 민족 고유의 것이라는 의미만이 아니라 '반일적' 혹은 '항일적'이라는 의미도 아울러 가진다. 그런데 일제시대의 한의학이 우리 고유의 의학전통을 계승한다는 측면에서 민족적이었던 것은 사실이지만, 그렇다고 해서 당시의 한의계가 항일적이거나 반일적인 모습을 보여준 것은 아니었다. 오히려 중심에서 소외당한 한의단체들은 권력층과의 연계를 통해 이러한 상황을 개선해보고자 하는 시도를 한 것으로 보인다. 이러한 모습은 일제 초기부터 나타나는데 1915년에 결성된 전선의회(全鮮醫會)는 일본과 가까운 관계에 있는 지석영을 회장으로 추대하고, 이완용을 총재로 내세워 창립총회를 열었다. 이완용은 식사(式辭)에서 "조선민족을 적자같이 애무하시는 지인지자(至仁至慈)하오신 천황폐하의 성의를 봉례(奉禮)하시는 데라우치(寺內) 총독 각하가 특별히 금일 조선민족의 편리와 종사제위(從事諸位)의 사정을 진염(軫念)하야 의생(醫生)의 명의(名義)를 관허공인(官許公認)하야 운운"[93]하며 그의 친일적인 면모를 유감없이 보여주었다. 또한 전선의회의 회지인 《동의보감(東醫報鑑)》의 첫머리에는 「본보(本報)의 광영(光榮)」이라는 제목 하에 "총독 각하게오셔 삼백원금을 기부하시고 아의업계(我醫業界)의 책임이 유중함을 시려하사 아회(我會)에 광림하사 훈시하심을 승하옵고, 경무총장 각하께서 회석에 광림하사 발달을 기도하라신 축사를 승하온지라"[94]라는 글을 실어 총독과 경무총장이 와서 축사를 해준 것을 지극히 자랑스럽게 기록하고 있으며, 또 여기에 이어서 자작(子爵) 김성근(金聲根), 후작(侯爵) 이해승(李海昇),

93) 「總裁李完用伯式辭」, 《東醫報鑑》 1-1(1916), 5~6쪽.
94) 《東醫報鑑》 1-1(1916), 3~4쪽.

남작(男爵) 이근상(李根湘), 남작(男爵) 성기운(成岐運) 등 친일귀족들의 축시를 싣고 있다.

이러한 모습을 보인 것은 일제 후반기인 1939년에 만들어진 동양의약협회(東洋醫藥協會)도 마찬가지인데 동양의약협회는 역시 친일귀족인 자작(子爵) 윤덕영(尹德榮)을 총재로 내세운다. 그리고 이 시기의 한의학은 한민족 고유전통으로서의 민족의학이 아니라 일본제국의 판도 내에서 통용되는 대동아공영권의 의학, 즉 동양의학이 된다.

일제하에 한의단체가 보이는 이러한 이중적 모습은 단순히 한의단체에만 국한되는 현상이 아니다. 특별히 항일단체가 아닌 이상 합법적으로 활동하는 모든 단체들은 그 조직의 유지를 위해 정도의 차이는 있을망정 거의 대부분 친일적 속성을 다소간 띠지 않을 수 없었던 것이 당시의 현실이다. 특히 한의단체와 같이 상대적으로 소외감을 느끼던 이익집단일수록 권력으로부터 인정받고자 하는 욕구가 더욱 컸을 것이라고 볼 수 있다.

5. 맺음말

조선의 개항 이후 우리의 전통의학은 서양의학의 도전을 받게 되었고, 그에 따라 한의들의 입지와 위상에도 적지 않은 변화가 초래되었다. 서양의학이 부분적으로 도입되고 시술되던 구한말에는 그러한 변화가 크지 않았고, 그 변화도 주로 국가의료기관에 종사하던 한의들의 경우에 한정되었다. 그러나 일본이 우리나라를 강점한 후 의생제도를 실시하면서 한의들은 자신의 위상과 입지를 자각하게 되었다. 어떤 의미에서는 한의의 궁극적 소멸을 목표로 시행된 의생제도가 오히려 한의들의 자기정체성을 일깨우는 계기가 되었다고도 볼 수 있다. 식민지 상황이라는 새로운 정치환경과 서양의학이 주도권을 장악한 의료환경에서 한의들은 적응을 모색했다. 한의에 비우호적인 권력과 경험 부족, 그리고 내부 결속력의 결핍으로 초래된 분열과 반목 등은 일제강점기 내내 한의계의 문제로 남았다. 그러나 이러한 좌절과 실패의 경험은 다음 시대를 위한 밑거름이 된다.

2

일제의 한의학정책

박윤재

1. 머리말

1926년 조선총독부의 기관지 《매일신보(每日申報)》는 30년 후 서울의 모습을 다음과 같이 예상하였다.

> 한방의싱으로 말하면 오늘날 갓치 의학이 발달된 州에 여젼히 영업을 하게 된다는 것은 이것이 일죵 경셩의 미개한 것을 표증하는 것이다. … 지금으로 삼십년 후이면 일반이 신하지 안흘뿐만 안이라 한의를 양셩하는 긔관이 업슨 즉 분명이 자멸될 것이요.[1)]

이 글은 서양의학 발전이 이루어진 1920년대 중반인 당시까지 여전히 한의사들이 활동하는 '미개한' 상황을 개탄하면서, 30년이 지나면 한의학은 조

1) 「삼십년 후의 대경성」, 《每日申報》(1926. 1. 16).

선에서 사라질 것이라는 전망을 이야기하고 있다. 한의사들을 육성하는 교육기관이 부재할 뿐 아니라 조선인들이 더 이상 한의학을 신뢰하지 않을 것이기 때문이었다. 이것이 한의학을 바라보는 일제의 대표적인 관점이었다.[2)]

1910년 공식적인 식민지배 이후 한의학은 일제에 의해 조선의 후진성을 대표하는 상징의 하나로 거론되었다. 일제가 한의사들을 위생행정 등에 활용하면서도 '의생(醫生)'이라는 격하된 지위를 부여한 이유가 거기에 있었다. 자신의 우수성을 각인시키고자 하는 통치의 관점과 한의학을 이용할 수밖에 없었던 실용의 관점이 절충된 결과였다. 서양의학과 비교할 때 한의학은 '의사(醫師)'라는 정식 지위를 받을 수 없는 의학이었다.[3)] 하지만 한의학이 자멸할 것이라는 위의 예상은 30년은커녕 바로 3년 후도 맞히지 못했다. 1931년 만주사변이 발발하면서 한의학은 한약 장려라는 일제의 정책에 힘입어 부흥의 시대를 맞이하게 된 것이다.[4)]

이 글은 식민지 36년 동안 일제가 조선에서 시행한 한의학 정책의 내용을 살펴보는 것을 목적으로 한다. 한의학은 조선의 전통을 상징한다는 점에서, 그 전통이 식민지라는 근대에 의해 변형되었다는 점에서, 나아가 현대 한국의 주요 의료로 활용되고 있다는 점에서, 한국근현대사의 변화와 발전을 설명할 수 있는 주요 주제가 될 수 있다. 그래서 지금껏 일제의 한의학 정책에 대해 일정한 연구가 이루어졌다. 이 연구들에 따르면 1910~20년대 일제는 조선 지배의 정당성을 확보하기 위해 한의학을 방기해오다가, 1930년대 이후 전시체제가 강화되면서 부족한 인적, 물적 자원의 보충을 위해 한의학을 장려하기 시작하였다. 하지만 1930년대 이전에도 한약이나 한의

2) 이 글에서는 '한의학'을 포괄적인 의미로 사용하고자 한다. 즉 이 글에서 '한의학'은 이론뿐 아니라 한의사, 한약 등을 모두 포괄한다.

3) 박윤재, 『한국 근대의학의 기원』(혜안, 2005), 314~322쪽.

4) 신동원, 「조선총독부의 한의학 정책: 1930년대 이후의 변화를 중심으로」, 《醫史學》 12-2(2003), 114~123쪽.

사들에 대한 활용은 이루어지고 있었다는 점에서 볼 때 1930년대 이후 일제가 시행한 한의학 정책의 전반적인 성격은 크게 변하지 않았다.[5]

이 글은 일제의 한의학 정책이 1930년대 일정한 변화를 거치지만 그 기조에는 변동이 없었다는 기존의 연구에 동의한다. 다만 1930년대에 한의학에 대한 관심이 한의학이 아닌 한약의 활용에 집중되었고, 그 한약 역시 '과학화', 즉 서양의학의 검증을 거친 것이었음을 강조하고자 한다. 한약은 서양의학의 검증을 거치면서 전통적 한약이 아니라 화학 성분으로 분류되고 있었다. 요컨대 이 글에서는 서양의학에 입각한 의학체계 구축이라는 일제의 의료정책이 '서양의학의 검증을 거친 한의학'이라는 내용을 통해 식민지 전 시기를 통해 현실화되고 있었음을 밝히고자 한다.

2. 한의학의 소극적 활용, 1910~20년대

일제는 1876년 조선과 국교를 재개한 이후 자신의 영향력을 확대하는 주요 수단으로 서양의학을 이용하고 있었다. 기존 한의학보다 서양의학은 외과술 등에서 우월한 치료 효과를 보이고 있었고, 그 의학을 시술하는 일본은 자연스럽게 문명이 우월한 국가로 인식될 수 있었다. 서양의학은 과학기술이 아닌 이데올로기였다.[6] 이 과정에서 한의학은 조선의 '미개함'과

5) 여인석, 「조선개항 이후 한의의 동태」, 《동방학지》 104(1999); 신동원, 「1910년대 일제의 보건의료 정책—한의학 정책을 중심으로」, 《韓國文化》 30(2002); 신동원, 「조선총독부의 한의학 정책: 1930년대 이후의 변화를 중심으로」, 《醫史學》 12-2(2003); 박윤재, 앞의 책; 愼蒼健, 「경성제국대학에 있어서 한약연구의 성립」, 《사회와 역사》 76(2007).

6) 식민 침탈과 지배를 수행하는 과정에서 전통의학을 부정하고 자신의 의학이 우월하다는 것을 강조하는 모습은 제국주의 국가의 일반적 특징이었다. Andrew Cunningham · Bridie Andrews, "Introduction," *Western Medicine as Contested Knowledge*(Manchester and New York: Manchester University, 1997), 2~3쪽.

'후진성'을 대표하는 상징으로 이용되었다.

1910년 식민지배가 공식화된 후에도 한의학을 무시하는 일제의 기조에는 변함이 없었다. 한의사들은 불신의 대상이었다. 그들의 실력을 고려할 때 서양의학의 주요 구성 요소인 양약의 사용은 억제되어야 했다. 한의사들은 단순히 "한약을 조합(調合)"하여 환자에게 투약할 뿐이므로 극독약은 물론 보통 약일지라도 양약을 사용할 수 없도록 해야 한다는 것이 의료를 총괄하는 경찰의 판단이었다.[7] 그 대신 새롭고 선진적인 의학인 서양의학이 공급될 필요가 있었다.

그러나 서양의사들이 부족한 현실 때문에 일제는 한의학을 일방적으로 무시할 수 없었다. 1914년 현재 서양의학을 습득한 의사 수는 641명에 불과했고, 이 숫자로 1,500만에 이르는 조선 인구의 의료수요를 충족할 수는 없었다.[8] 그 간극을 메우려면 서양의학 교육기관이 설립되어야 했지만, 재정이 문제였다. 1913년 '의생규칙'의 반포는 한의학을 무시하면서도 폐기할 수는 없었던 일제가 선택한 타협책이었다고 할 수 있다.[9] 이 규칙의 반포로 한의사들은 공식적인 의료인으로 인정되었지만, 그 지위는 의사보다 낮은 의생이었다. 1921년에는 의사와 달리 활동지역 제한을 받기까지 하였다.[10] 일종의 한지의생(限地醫生)이 탄생한 것이다. 일제는 조선인들이 한의사의 진료를 좋아하기 때문에 한의학을 용인할 수밖에 없다고 주장했지만, 본질적으로는 "재정의 관계"라는 것이 정확한 지적이었다.[11] 재정의

7) 「漢藥ノ取締ニ關スル件」, 《警務彙報》 28(1912), 467쪽.

8) 박윤재, 앞의 책, 317~318쪽.

9) 신동원, 「1910년대 일제의 보건의료 정책 — 한의학 정책을 중심으로」, 《韓國文化》 30, 364쪽; '의생규칙'은 이후 일정한 변화를 겪는다. 1919년 8월 면허신청 대상이 '경무총장'에서 '조선총독'으로 바뀌었고, 1925년 2월에는 면허신청 대상이 '조선총독'에서 '주소지를 관할하는 도지사'로 변경되었다.

10) '醫生規則 改正', 《朝鮮總督府官報》(1921. 12. 3).

11) 『朝鮮衛生要覽』(朝鮮總督府, 1929), 37~38쪽.

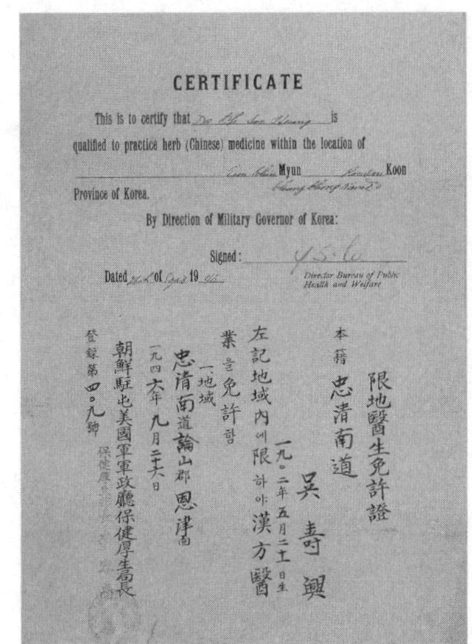
CERTIFICATE

This is to certify that ______ is qualified to practice herb (Chinese) medicine within the location of ______ Myun ______ Koon Province of Korea.

By Direction of Military Governor of Korea:

Signed: ______
Director Bureau of Public Health and Welfare

Dated ______ of ______ 19__

限地醫生免許證

本籍 忠清南道

吳壽興

一九〇二年五月二十日生

左記地域內에限하야漢方醫業을免許함

一、地域 忠清南道論山郡恩津面

一九四六年九月二十六日

朝鮮駐屯美國軍軍政廳保健厚生局長

登錄第四〇九號

〈그림 4〉 한지의생 면허증

1921년 조선총독부는 의료인력의 지역 편중을 해소하기 위해 의생들의 활동지역을 제한했다. 일종의 한지의생면허의 시작이었다. 이 제도는 1986년까지 지속되었다. 사진은 해방 후 미 군정청이 발행한 한지의생 면허증이다.

문제가 해결되지 않는 한 한의사 활용은 불가피했다.[12)]

특히 의생이나 약종상들이 사용하는 한약은 일제가 활용하고자 한 한의학의 중심에 있었다. 한의학을 무시하면서도 조선인들의 진료를 위해 한약을 사용할 수밖에 없는 게 현실이었다. '의생규칙'이 마련되기 전에도 일제는 일정한 범위 내에서 한약의 사용을 인정하고 있었다. 약품 업무를 담당하던 경찰은 한약의 이용과 관련하여 매약 출원이나 약종상 허가를 통해 한약 취급인들이 영업을 할 수 있도록 하고 있었다.[13)] 다만 인명에 치명적

12) 의료행정을 책임지고 있던 총독부 경무국장 역시 의생이 "조선의 의료기관으로 극히 중요한 지위를 점"하고 있다는 점을 인정하고 있었다〔三矢宮松, 「축사」, 《東西醫學》(續刊) 1(1926), 11쪽〕. 1920년대에는 "의료기관 분포의 평형"을 위해 의생의 "도회에 이전 개업은 부득이한 경우"를 제외하고는 허락하지 않는다는 방침이 정해지기도 했다〔「의생규칙에 관한 요지」, 《東西醫學研究會月報》 2월호(1924), 47쪽〕. 하지만 의생의 도시 선호 현상은 쉽게 사라지지 않았다. 1930년대에도 여전히 의생의 "다수가 도회지에 집중하고 촌락은 여전히 의료기관이 결핍한 상태"라는 지적이 나오고 있었다〔『朝鮮警察概要』(朝鮮總督府 警務局, 1935), 108쪽〕.

13) 「漢藥ノ取締ニ關スル件」, 《警務彙報》 28(1912), 467쪽.

위해를 가할 수 있는 극독약 사용에 대한 경계는 계속되었다. "만일 경험이 업는 독약"을 함부로 사용할 경우 검거하여 허가를 취소한다는 방침이 마련되어 있었다.[14]

조선인 진료라는 기존의 활동 외에 식민지배 아래서 의생들이 담당해야 했던 중요 영역은 전염병 방역이었다. 경찰서에서는 의생들을 위한 강습회를 정기적으로 개최했는데, 과목 중 방역에 특히 중점을 두었다. 의생들은 "위생에 주의ᄒᆞ야 전염병이 유행치 안토록 노력ᄒᆞ되 가급적 소관 경헌(警憲)들과 연락 협동ᄒᆞ야 전염병 환자가 발생치 안토록" 하여야 했다.[15] 경찰과 협조 아래 방역에 참여하는 것이 의생의 주요 의무로 지목된 것이다. 의생들도 변화된 환경에 적응하려는 노력을 보였다. 의생들의 단체로 출범한 동서의학연구회는 창립을 선포하면서 의생은 9종 전염병 예방법과 소독법을 상세히 습득하여 의생이 된 책임을 다할 것을 요구하였다.[16] 방역은 한의사들이 생존하기 위해 체득해야 했던 첫 번째 요목이었다.

비록 한의학을 인정하고 의료현장에서 활용하고 있었지만, 일제는 한의학을 여전히 조선의 미개와 후진을 상징하는 소재로 이용하였다. "유치한 의생만이 있었던 구조선"이라는 총독의 표현은 한의학에 대한 일제의 인식을 단적으로 알려준다.[17] 의생은 고루한 조선의 이미지를 대표하였다. "최신의학의 지식 경험이 결핍된 의생"에게 생명을 맡길 수밖에 없는 상황을 개탄하기도 하였다.[18] 일제는 그 상황을 개선하기 위해 서양식 의료기

14) 「악(惡)의생의 해독과 당국자의 결심」, 《每日申報》(1914. 11. 15). 한약의 경우 극독약일지라도 약국방에 없기에 양약과 같이 취급하도록 강제할 수 없었다〔「漢藥取締ニ關スル件」, 《警務彙報》 116(1916), 46쪽〕.

15) 「휘보」, 《의약월보》 2-14 · 15(1916), 136쪽.

16) 「동서의학연구회 취지서」, 《東西醫學硏究會月報》 1(1923), 29쪽.

17) 「正に是れ一轉機の秋」, 『朝鮮總督諭告 · 訓示集成』 3(東京: 綠蔭書房, 2001), 270쪽.

18) 「道立醫院長竝慈惠醫院長事務打合會に於ける總督訓示」, 『朝鮮總督諭告 · 訓示集成』 3(東京: 綠蔭書房, 2001), 185쪽.

관인 자혜의원을 증설하고, 공의를 배치하였다.[19] 서양의학의 성과도 과시되었다. "종래 의사를 싫어하여 도망갔던 그들이 진료를 위해 와서 예방주사를 맞게 되었다"는 것이다.[20] 서양의학은 식민지 조선에 지속적으로 퍼져나가고 있었다.

서양의학이 점차 확산되는 상황은 의생들로 하여금 불안한 미래를 예측하게 하였다. 의생규칙을 반포한 장본인인 총독 데라우치 마사타케(寺內正毅)는 의생에 대한 공인이 과도기적임을 분명히 하고 있었다. "과도시대의 응급수단"이라는 것이었다. 나아가 의학이 점차 발전하고 있는 상황을 지적하면서 만일 의생들이 "구법(舊法)을 묵수ᄒᆞ고 신지식을 구(求)치 아니ᄒᆞ면", 즉 서양의학이라는 새로운 지식을 습득하지 않으면 의료소비자들에게 외면받을 수밖에 없다고 경고하였다.[21] 의생들 역시 한의학의 소멸이 현실화될 수 있음을 감지하고 있었다. 일제의 서양의학 장려 정책이 지속될 경우 "필경 동의는 종차(從此)로 쇠퇴하야 수천년 이치(理治)의술이 자멸"할 수도 있다는 것이었다.[22]

불안정한 미래가 의생들에게는 일제가 장려하는 서양의학을 조속히 습득해야 한다는 압력으로 다가왔다. 동서의학연구회는 의생들에게 서양의학을 보급하는 것을 목적으로 설립되었음을 천명하였다.[23] 서양의학의 수용은 한의학의 생존을 위해 불가피했다. "구(舊)에만 교착(膠着)하야 변훌 줄 부지(不知)하는 자(者)가 도태"될 것은 분명했다.[24] 나아가 동서의학의 결합을 통해 새로운 의학을 만들어가자는 주장도 제기되었다. "동의의 이치지학(理治之學) 즉 의리(醫理)를 기본하고 서양의 기치지학(氣治之學) 즉

19) 「朝鮮統治の一轉機」, 『朝鮮總督諭告 · 訓示集成』 2(東京: 綠蔭書房, 2001), 351~352쪽.
20) 「赤池警務局長口演」, 『朝鮮總督諭告 · 訓示集成』 3(東京: 綠蔭書房, 2001), 368쪽.
21) 「寺內總督閣下 訓示」, 《東醫報鑑》 1(1916), 3쪽.
22) 윤영태(尹永泰), 「동의의 장래」, 《東西醫學》(續刊) 1(1926), 7쪽.
23) 「한방의계의 혁신」, 《每日申報》(1921. 12. 15).
24) 「조선의학계와 한방의생」, 《每日申報》(1921. 11. 7).

의술의 신방(新方)을 가미하야 연구"한다면, "동서의학의 가위 완전한 신과학적 의술이 발명"되리라는 기대였다.[25] 의생들은 자신의 생존을 위해 서양의학이 강조되는 식민지 의료상황을 수용할 수밖에 없었다.[26]

3. 한의학의 적극적 활용, 1930~40년대

1) 만주사변과 한약 장려

한의학에 대한 일제의 정책은 1930년대에 접어들면서 변화의 조짐을 보였다. 구체적으로 한약 장려가 이루어졌다. 배경이 된 것은 1931년 만주사변 이후 중국과 관계 악화로 인해 발생한 한약재 수급의 불안정이었다. 주로 중국, 만주에서 수입하던 한약재의 수입 경로가 축소되기 시작한 것이다. 일제는 이미 1차 대전 과정에서 약품의 수입이 두절된 경험을 가지고 있었다.[27] 대안은 조선에서 재배하는 것이었다. 수입하던 한약 중에 조선에서 재배할 수 있는 것이 상당히 있다는 점이 지적되었다. 한약 재배는 약품의 원료 대체라는 효과만 있는 것이 아니었다.[28] 농촌 미화, 부업으로 인한 농민 수입 증가 등 1931년 총독으로 부임한 우가키 가즈시게(宇垣一成)가 추진하는 농촌진흥정책의 목표 달성에도 도움을 줄 수 있었다.[29] 구체

25) 윤영태(尹永泰), 앞의 글, 7쪽.

26) 辛圭煥, 「竝存과 折衷의 二重奏: 日帝下 韓醫學의 西洋醫學 認識과 受容」, 《歷史教育》 101(2007), 240~247쪽.

27) 吉木彌三, 「朝鮮産漢藥の狀況」, 《朝鮮及滿洲》 147(1919), 70쪽.

28) 「道警察部長會議に於ける警務局長演示」, 『朝鮮總督諭告 · 訓示集成』 5(東京: 綠蔭書房, 2001), 599쪽.

29) 1930년대 일제는 농업지대인 만주와 보조를 맞추기 위해 조선에 공업화를 추진하는 동시에 농촌을 안정시키려는 정책을 추진했다. 농촌의 경제적 '갱생'과 농가의 자급자족은 정책의 주요 내용이었다. 역사학연구소, 『함께 보는 한국근현대사』(서해문집, 2004), 200쪽.

적인 약초 재배의 방법도 공지되었다.

(일) 관상용으로 적합한 약초를 선택하여 관청, 학교, 경찰서 등에 재배시키고
(이) 자가용에 적합한 약초를 선택하여 의료기관이 부족한 벽지에 재배시키고
(삼) 농가 부업에 적합한 약초를 선택하여 부락에 재배시킨다.[30]

관청을 중심으로 약초를 재배하되, 농촌지역에서는 약초를 통한 의료 공급 확대, 수익 증대 등을 도모하자는 내용이었다. 한약의 유효성분이 확인되는 등 치료 효과가 입증되면서 한약에 대한 수요가 더욱 증가하는 경향을 보이고 있다는 분석도 나오고 있었다.[31] 한약에 대한 연구가 이루어지면서 활용의 빈도와 범위가 넓어지고 있다는 평가였다. 나아가 한약이 "양약보다도 이상으로 우량"하다는 주장까지 나왔다.[32] 한의학의 후진성만이 강조되던 1910~20년대의 상황과는 다른 모습이 전개되고 있었다.

그러나 한약에 대한 관심이 1930년대에 갑자기 돌출된 것은 아니다. 한약에 관심을 갖고 연구하는 일은 이미 식민지배 직후인 1910년대부터 조선총독부 산림과, 경무총감부 등을 통해 이루어지고 있었다.[33] 하지만 일제가 여전히 한약에 대해 불신하고 있었던 것도 사실이다. "환약이란 그 속에 엇더한 것"을 넣었는지 도저히 알 수 없었고, "교활한 매약상들의 고약한 짓"이 아주 많이 자행되고 있었다.[34] 문제가 되었던 것은 한약의 유효성분이 불분명하고, 함량이 불완전하며, 용법이 복잡하다는 것 등이었다. 성분이나 함량, 사용법 등이 확인되고 개량된다면 더 적극적으로 활용할

30) 「휘보 — 약초재배상황」, 《조선》 12(1933), 134쪽.
31) 「한약초를 재배함에 적당한 조선풍토」, 《每日申報》(1933. 3. 4).
32) 「십삼만원의 경비들어 개성에 한약연구소」, 《每日申報》(1936. 8. 26).
33) 愼蒼健, 앞의 글, 108~119쪽.
34) 「무책임한 매약(賣藥)」, 《每日申報》(1927. 8. 27).

수 있었다. 한약에 포함된 성분이 무엇인지 밝히고, 유효 성분을 축출하거나 유독 성분을 제거하며, 용량을 확정하고, 개략적인 사용법을 정하기 위한 연구가 필요했다.[35] 1931년 만주사변의 발발과 약재 부족은 그 연구의 필요성을 더욱 고양시키고 있었다.

한약 장려는 다양한 방법으로 이루어졌다. 1933년에는 함경남도 위생과 주최로 재배와 판매를 목적으로 하는 약초 한약전람회가 열렸으며,[36] 1936년 6월에는 경기도 개성에 일종의 '약용식물연구소'로서 약초원이 개장하였다.[37] 1937년에는 경성약학전문학교에서 정기적으로 개최하던 약학전람회에 한약부가 신설되었다.[38] 경찰과 같은 위생기관이 아닌 교육기관에서도 한약에 대한 관심이 높아지고 있음을 보여주는 사례였다.

한약 재배가 장려되면서 한의학에 대한 재평가도 이루어졌다. 1932년 함경북도 위생과장의 발언은 그 변화를 알려준다.

> 종래는 의생강습을 전혀 도의원에 위탁하야 양의술을 교수한 것인데 그 결과가 양호치 못한 듯하다. 즉 한방의는 한방의로서의 독특한 묘미를 가지고 잇는 것인데 그것을 망각하고 함부로 양의를 모방하라는 까닭에 그 치료가 철저치 못할 뿐아니라 도로혀 폐해가 잇는듯하다. 그럼으로 금년에는 진료법만은 양식 기술을 가르치고 치료는 전혀 한약으로 하는 방법을 교수할 방침 (중략)[39]

이 말은 종래 의생강습회에서 일방적으로 서양의학만 교수함으로써 오히려 한의학의 효율적인 활용이 이루어지지 않았음을 지적하면서, 한약 치

35) 吉木彌三, 앞의 글, 69~70쪽.
36) 「함남위생과 주최 약초 한약전람회」, 《每日申報》(1933. 9. 4).
37) 「開城に藥都建設」, 《京城日報》(1935. 3. 28); 「개성 약초원 개장」, 《朝鮮中央日報》(1936. 6. 7).
38) 「재판화학부와 한약부신설」, 《每日申報》(1937. 6. 12).
39) 「한방의는 한방의로서」, 《每日申報》(1932. 5. 28).

료를 위한 교육을 병행할 것임을 시사하고 있다. 실제로 함경북도 나남의원에서는 의생을 강사로 초빙하여 순수 한의학 교육을 실시하기도 하였다.[40] 종래 서양의학 위주로 진행되던 의생교육에 한의학이 부가되는 모습을 넘어 한의학만을 교육하는 강습회가 개최된 것이다.

중앙 차원에서도 한의학을 활용하기 시작했다. 서양식 의료기관에 한방관련 부서가 설치되었다. 전염병 전문 의료기관인 순화원에서였다.[41] 순화원은 '의생규칙'의 반포 직후 의생들에게 서양의학의 대표적 진료기관으로 소개되어 참관이 이루어진 병원이었다.[42] 일제가 경성제국대학 부속 의원과 함께 조선에 수용된 서양의학을 상징하는 의료기관으로 선정한 바 있는 순화원에 한방부가 설치되었다는 사실은 한의학의 변화된 위상을 알려주는 것이었다.

1937년 중일전쟁의 발발은 한의학에 더욱 적극적인 의미가 부여되는 계기였다. 전쟁의 확대로 인해 약품의 품귀 현상이 더욱 빈발할 수밖에 없는 게 현실이었다.[43] 대안은 한약이었다. 일제는 "동양의약에 관한 조사연구와 원료증산과 그 응용의 보급이 극히 중요한 것을 통감"하고 있었다.[44] 1930년대 전반에는 농가소득의 증대를 위해 농촌진흥운동의 일환으로 한약 장려가 이루어졌다면, 1937년 이후에는 의료의 자급자족이라는 목적이 부각되는 상황이 전개되고 있었다.

나아가 일제는 전쟁의 명분으로 '신동아질서'를 제창하고 있었다. 새로운 동아시아 질서란 19세기 말부터 진행된 근대화에 대한 일종의 반작용으로 제출된 주장이다. 기존의 근대화가 서양문명의 수용을 주요 내용으로

40) 「위생강습회」, 《東亞日報》(1933. 8. 17); 「전조선 초유계획인 한방의학강습회」, 《每日申報》(1932. 11. 8).
41) 「전염병원 순화원에 한방의약부 신설」, 《每日申報》(1930. 5. 30).
42) 「한방의약의 개신」, 《每日申報》(1914. 6. 24).
43) 「警察部長會議の訓示」, 『朝鮮總督諭告·訓示集成』 6(東京: 綠蔭書房, 2001), 255쪽.
44) 西龜三圭, 「동양의약부흥의 시국적 의의」, 《東洋醫藥》 1-1(1939), 18쪽.

하였다면, 1930년대 중반을 넘어서면서부터는 "동양인이 동양 모드"로 하는 새로운 방식의 발전이 필요했다. 그 발전된 미래란 "선배가 흡수소화한 서양문화를 경(經)으로 재래 동양문화를 위(緯)로 하여 짠 신동양문화"로 형성되어야 했다.[45] 신동아질서의 형성에서 조선은 중요한 역할을 담당하고 있었다. "물질과 정신 양 방면에서 병참기지"였기 때문이다.[46] 한의학은 한약이라는 물질적 면에서나 동양문화라는 정신적 면에서나, 동서양이 절충된 형식의 새로운 문명이 제창되는 과정에서 주요한 요소로 각광받을 수 있었다.

1910~20년대에 걸쳐 방기되어온 한의학을 부흥시키기 위해 의생들 역시 일제가 선전하는 새로운 국제질서를 이용하였다. 1939년 설립된 동양의약협회의 경우 "시대는 이미 지나사변을 계기로 동아 자주의 정신에 입각한 신질서건설의 역사적 단계에 입(入)"하였다고 평가하면서 자신의 설립 목적으로 "일만지(日滿支) 삼국을 통하야 동양 고유의약의 부흥운동"을 촉성하는 것을 제시하였다.[47] 동양의 고유 의학인 한의학을 부흥시켜 동아시아의 새로운 질서 형성에 중요한 역할을 담당하겠다는 의지의 표현이었다.

그러나 중일전쟁 이후 한의학에 대한 관심 역시 한약에 집중되었다. 특히 이 시기에는 교육기관이 연구를 본격적으로 시작하였다. 1938년 10월 6일에는 경성제국대학 부설 약초원 연구실이 개성에 낙성되었다.[48] 약초원

45) 杉原德行, 「漢方醫學想念に就て」, 『大陸文化硏究』(東京: 岩波書店, 1940), 390쪽; 경성제국대학 총장이 천황에게 "성대는 대륙의 연구에 큰 사명을 쥔 관계로 대륙문화연구 특히 한방의학류 연구를 하고 있"다고 보고한 것은 중국에 대한 본격적인 침략이 시작되고 그 명분으로 신동아질서가 제창되는 당시 상황을 알려주는 모습이다. 동양에 대한 강조는 서양과 다른 체질론의 강조로 이어지기도 했다. 경성제국대학 총장은 "한방의약으로 말하면 동양인 체질에는 잘 맞는 것"이라며 체질론을 언급하였다. 「성대의 한방약 연구」, 《每日申報》(1941. 6. 22).

46) 杉原德行, 「漢方醫學の科學的檢討」, 《朝鮮及滿洲》 374(1939), 43쪽.

47) 「동양의약협회 창립취지서」, 《東洋醫藥》 1-1(1939), 11쪽.

48) 「약초원 낙성」, 《東亞日報》(1938. 10. 8).

의 주요 설립 목적은 "한방의약의 신비성을 과학적으로 분석하고 실험하는 등 그 본질을 연구"하는 것이었다.[49] 특히 "인삼의 과학적 연구"는 가장 중요한 목적이었다.[50] 조선의 특산물인 인삼을 포함한 한약의 성분이나 용법을 과학적 견지에서 검토하는 문제가 본격적으로 대두된 것이다.

한약의 위상이 변화했음은 1939년 경기도가 주최한 폐결핵예방전람회에 한약이 전시되었다는 사실에서 알 수 있다.[51] 식민지배 이래 전염병 방역은 서양의학의 주도권이 가장 분명하게 확보된 영역이었다. 의생들은 방역사업에 참가하기 위해 서양의학을 습득해야 했다. 하지만 한약이 전염병 치료제로 거론되기 시작한 것이다. 결핵의 경우는 특수했다고 할 수 있다. 극단적으로 표현하면, 서양의학도 결핵에 대해서는 "거의 속수무책"이었기 때문이다.[52] 하지만 한약의 효과가 식민권력에 의해 공인받기 시작한 것도 사실이다. 총독은 한약이 조선에서 "치료상 다대한 공헌을 하고 있다"는 칭찬까지 했다.[53] 한약에 대한 인식은 1910~20년대와는 전혀 다른 차원으로 변화되어 있었다.

2) 한약의 과학화

'시대의 각광'을 받고 있다는 표현이 나올 정도로 1930년대 이후 한약에 대한 인식은 높아졌고,[54] 의생들은 방역을 포함한 의료의 각 영역에서 활용되었다. 하지만 그 각광은 한의학 전반이 아니라 한약에 집중되었다. 나

49) 「城大藥草硏究所 開城에 設置」, 《東亞日報》(1937. 10. 16).
50) 「城大の藥草園」, 《京城日報》(1936. 12. 24).
51) 신길구(申佶求), 「회고일년」, 《東洋醫藥》 1-6(1939), 2쪽.
52) 趙憲泳, 「肺病의 漢方治療法」, 《新東亞》 5-12(1935), 214쪽.
53) 「七月二十一日の定例局長會議」, 『朝鮮總督諭告 · 訓示集成』 6(東京: 綠蔭書房, 2001), 45쪽.
54) 「한약에 시대의 각광」, 《每日申報》(1941. 12. 4).

아가 그 한약은 전통 한의학에서 사용하던 한약이 아니라 과학화라는 검증을 거친 새로운 한약이었다.

과학화가 필요한 이유는 한의학이 과학이 아니었기 때문이다.[55] 한의학은 "의학의 직접적 지식이라기보다 다년의 경험을 그대로 하는 것"이었다. 한약에 대한 긍정적 인식이 확산되고 있었지만 한의학이 경험의 축적에 불과하다는 생각은 지속되고 있었다. 현실적으로 한약을 단속할 근거도 부족하였다. 경찰의 입장에서 볼 때 한약은 "종류가 다양하고 아직 통일된 약률(藥律)이 없"기 때문에 단속에 상당한 어려움을 야기하고 있었다.[56] 특히 한약 중에는 극독약이 많기에 위험한 상황이 연출될 수 있었다.[57] 한약 단속이라는 현실적 요구 역시 한약에 대한 과학적 분석을 요구하고 있었다.

나아가 그동안 밝혀지지 않은 새로운 효능을 과학적 연구를 통해 발견할 수 있다는 기대도 있었다. 경험적으로 사용되던 한약의 효과는 놀랄 만한 것이었다.[58] 하지만 한약은 동물실험 등을 거쳐 그 성분과 효용이 밝혀져야 했다.[59] 조선총독부 위생과장은 "과학적 통일기관에 의하야 약학적, 의학적, 식물학적 등 다방면적 연구와 그 종합적 연구"가 진행된다면 한약에도 "서양의약에 지지 안는 효과가 다수 잇을 것을 발견"하리라는 기대를 표시하였다.[60] 과학적 연구가 진행된다면 더 많은 치료효과를 기대할 수

55) 「한약재의 재검토」, 《每日申報》(1939. 2. 10).

56) 『各道警察部長會議意見希望事項』(朝鮮總督府, 1937), 83~84쪽.

57) 「당국에 전문가 두고」, 《每日申報》(1936. 7. 15).

58) 「한방약의 신비연구」, 《每日申報》(1941. 1. 4).

59) 「한약개발 5년계획」, 《每日申報》(1938. 2. 23). 구체적으로 이루어져야 할 분석의 내용까지 제시되었다. 1. 보통 의생이 사용하는 한약의 종류, 2. 명칭의 통일, 3. 시장판매품의 원식물(原植物)의 조사, 4. 외관과 현미경에 의한 성상(性狀)의 구명, 5. 실성반응(實性反應), 6. 성분조사, 7. 위조물 협잡물 수분 휘발유분 엑키스분 유효성분의 시험, 8. 용법과 용량, 9. 동물실험에 의한 효능 실험, 10. 재료 채취 제조법, 11. 포장과 저장법, 12. 생산지와 생산액 조사였다.

60) 西龜三圭, 앞의 글, 18쪽.

있다는 것이었다. 의생들도 일제의 요구에 동의했다. 동양의약협회는 자신의 창립의 목적 중 하나로 한약의 과학적 연구를 지목하였다.[61] 1910~20년대 서양의학의 수용이 그랬던 것처럼, 한약의 과학화 역시 의생들에게는 거부할 수 없는 요구였다.

한약에 대한 과학적 연구는 1937년 한약조사위원회 구성, 한약 약국방 제정으로 구체화되었다. 한약조사위원회는 약재의 재료 조사, 현미경 조사, 성능 성분 효능 용법의 시험규격 제정 등을 목적으로 설립되었다.[62] 한약 약국방을 제정하는 과정에서 의생과 약종상에게 필요한 한약을 보고하게 하고, 많이 사용되는 순서로 조사를 하기도 하였다. 참고 자료로 적극 활용된 서적은 중국의 이시진(李時珍)이 편찬한 『본초강목(本草綱目)』과 세종 때 발간된 『향약집성방(鄕藥集成方)』이었다. 특히 『향약집성방』에 대한 평가가 높아 조사위원회 내에서는 새로이 제정되는 약국방의 명칭을 '향약약국방(鄕藥藥局方)'으로 하자는 의견이 있을 정도였다.[63]

한약 약국방 제정의 효과는 분명했다. 약국방이 제정될 경우 한약의 제조, 처방, 배급이 체계화될 수 있었고, 약국방에 게재된 한약들은 일본약국방과 같은 효능과 품질을 갖춘 것으로 인정받을 수 있었다.[64] 종래 표준화, 체계화가 이루어지지 않아 제조와 유통에서 많은 문제점을 야기하고 있다고 비판받던 한약이 서양 약품과 동일한 대우를 받을 수 있는 방법은 약국방의 제정이었다. 한약 과학화의 핵심은 한약 약국방 제정에 있었다.[65]

61) 「한약을 재인식」, 《每日申報》(1939. 1. 15).
62) 「오개년 계속사업으로 한약 약국방을 제정」, 《每日申報》(1937. 5. 30); 「漢藥調査會議」, 《東亞日報》(1937. 9. 16).
63) 「한약도 약국방 제정」, 《每日申報》(1938. 10. 12); 「한약재에 과학의 메스」, 《東亞日報》(1938. 10. 19).
64) 「구십칠종이 완전」, 《每日申報》(1939. 9. 25).
65) 「한약에 시대의 각광」, 《每日申報》(1943. 6. 3). 한약조사위원회는 5년에 걸쳐 식물성, 동물성, 광물성 한약을 조사할 예정이었다. 계획에 따라 1938년에는 식물성 84종, 1939년에는 91종이 검토되었다. 하지만 전쟁의 확대로 인해 동물성, 광물성 한약에 대한 검토는 충분히 이

그러나 과학화를 거친 한약이 전통 한의학에서 사용되던 한약 그 자체였다고 보기는 어렵다. "현대과학의 시험관"을 거친 한약의 "순전한 엑기스"였기 때문이다.[66] 한약 약국방에 기재되는 내용은 이름, 모양, 시험 반응, 시험 결과, 저장법, 용량 등이었다. 특히 한약 약국방에 게재되기 위해서는 시험을 거치는데, 그 시험은 특별한 경우를 제외하고는 일본약국방의 규정을 따르도록 되어 있었다. 이미 서양의학으로 일원화된 일본의 시험방식을 채용한 것이다. 그 시험을 거친 한약은 수분(水分), 회분(灰分), 산불용성(酸不溶性) 회분, 엑기스분 등으로 나누어졌다.[67] 한약 그 자체가 아닌 화학적 성분으로 분류된 것이다.

만일 한약을 성분으로 분류할 수 있다면 그 성분으로 새로운 약을 제조할 수 있었다. 예를 들면 한의사들이 급성 질환에 자주 사용하는 섬소(蟾酥)의 경우, 유효 성분만을 추출하여 칼슘 주사로 사용하는 식이었다. 한약의 활용을 위해 약리학 연구자가 필요한 이유도 성분 분석이 필요하기 때문이었다.[68] 일제가 원한 것은 "양약의 원료로서 화학적 분석"을 한다는 표현처럼 서양의학의 검증을 거친 한약이었고, 구체적으로는 한약의 성분이었다.[69] 전통 한의학에 기원을 두고 있지만 한의학의 체계를 벗어난 새로운 한약이었다. 한약 약국방의 제정은 한약의 체계적 이용을 위해 필요한 절차였다고 할 수 있다. 하지만 그 과정에서 한약은 서양의학의 기준에 따라 정리되었고, 그 결과 장기적으로 볼 때 한의학은 서양의학에 이르는 길에 더욱 깊숙이 들어서게 되었다고 할 수 있다.

그러나 한의학 자체를 평가하며 연구할 필요가 있다는 주장도 일부 일본

루어지지 않았다〔신동원, 「조선총독부의 한의학 정책: 1930년대 이후의 변화를 중심으로」, 《醫史學》 12-2, 119쪽〕.

66) 「한약재에 새분석」, 《每日申報》(1941. 1. 23).

67) 川口利一, 「朝鮮漢藥局方(一)」, 《東洋醫藥》 1-2(1939), 54~56쪽.

68) 「한방약의 신비연구」, 《每日申報》(1941. 1. 4).

69) 「반도산 한약재 85종」, 《每日申報》(1939. 2. 10).

의학자에 의해 제기되었다.[70] 그 주장은 한의학이 단순한 경험의학이 아님을 강조하였다. "한방의학은 인류의 긴 세월에 걸친 귀중한 경험을 기초로 하고 철학적 입론을 더한 것"이었다.[71] 한의학에는 경험을 넘어서는 이론적 기반이 있음을 강조한 것이다. 이 주장은 한약 약국방 제정으로 상징되는 한약 연구가 한의학 연구는 아님을 분명히 했다. "한약연구는 한방의학 연구의 일부분"일 뿐이었다. 한의학에는 한약을 제외하고도 특수한 진단법이 있고, 침구술이라는 치료술이 있으며, 고유한 의학상념에 입각한 독자적인 질병 분류가 있었다. 따라서 한약만이 아닌 한의학 자체를 연구하는 연구기관이 필요했다.[72] 한약에 한정하지 말고 한의학 전반에 대해 연구를 진행하자는 주장이었다.

한의학 자체를 연구, 육성하자는 주장은 의생들 속에서도 제기되었다. 그들은 한의학이 단순한 경험의학이 아니며, 수천 년 축적된 경험을 우주의 보편적인 법칙으로 승화시키고 그 법칙을 인체의 생리현상에 연역적으로 적용하여 만든 의학이라고 주장하고 있었다.[73] 그들은 일제가 주도하는 한약 장려가 한마디로 정리하면 "한의학은 버리고 한약만을 취하자"는 것이라며 비판적인 입장을 취했다.[74] 이는 한의학의 가치를 인정하고 의료제도의 개선을 통해 의생을 육성할 것을 요구하는 주장이었다.[75] 의생들은 한약이 아닌 한의학을 장려할 것을 일제에 요구하고 있었다. 한의학은 실용적인 측면뿐 아니라 이론적인 기반을 갖춘 학문이었고, 한약은 한의학을

70) 愼蒼健, 앞의 글, 121~124쪽.

71) 衫原德行, 「漢方醫學想念に就て」, 『大陸文化硏究』(東京: 岩波書店, 1940), 392쪽. 衫原德行은 상한론을 한의학의 정수로 간주하였다〔衫原德行, 「朝鮮に於ける漢方醫學と傷寒論」, 《朝鮮》 9(1939)〕.

72) 杉原德行, 「漢方醫學の科學的檢討」, 《朝鮮及滿洲》 374(1939), 42쪽.

73) 朴潤栽, 「1930-1940년대 조헌영의 한의학 인식과 동서절충적 의학론」, 《한국근현대사연구》 40(2007), 123쪽.

74) 趙憲泳, 「洋醫學徒의 한방의학관」, 《東洋醫藥》 1-3(1939), 23쪽.

75) 김명여(金明汝), 「의료제도개선안에 대하여」, 《東洋醫藥》 1-5(1939), 2쪽.

떠나서는 존재할 수 없었다.

그러나 한의학의 이론적 가치를 강조하는 주장들이 전통 한의학의 부활로 직접 연결되지는 않았다. 그들의 주장에는 서양의학의 시선이 전제되어 있었다. 특히 일본 의학자의 경우 한의학의 이론을 평가하는 기준은 서양의학이었다. 예를 들면, 한의학에서 맥의 분류가 서양의학에서 볼 때 과연 마땅한지, 한의학의 맥 분류 중 서양의학에서 아직 논의하지 않은 사항이 있는지 등을 살펴보아야 했다. 서양의학에 입각한 검증이 정당하다면, "한방의학은 바로 서양의학을 닦은 청년학도"에 의해 계승되어야 했다. 서양의학을 습득한 청년 의사가 1~2년 한의학을 배우고 연구해야 했던 것이다.[76] 한의학에 대한 평가가 전통 한의학의 부활로 해석될 수는 없었다.

의생들 역시 마찬가지였다. 그들은 한의학이 기초를 가지고 학술 이론의 체계를 구성한 것은 분명하다는 자신감을 가지고 있었다. 따라서 한의학을 교수하는 전문 의학교육기관 설립은 그들에게 정당한 일이었다. 하지만 조직적인 차원에서 이들은 과학화가 주창되는 당시의 시대적 상황을 수용하고 있었다. 이들이 부흥시키려는 의학은 전통 한의학이 될 수 없었다. "현대에 적합한 신동양의학"이었다.[77] 식민지배 이후부터 진행된 서양의학의 위세를 의생들이 거역하기는 힘들었다.

전쟁이 확대되면서 인적, 물적 자원의 고갈은 더욱 가속화되었고, 그 간극을 메우기 위해 의생의 양성 역시 지속되었다. 일제는 이미 중일전쟁 이전부터 의료정책의 하나로 의생의 증원을 고려하고 있었다.[78] 1937년 4월에는 경기도 위생과에서 1년을 수업기간으로 하는 의생강습회를 만들어 의생 양성에 본격적으로 나섰다.[79] 이 강습소의 특징은 서양의학과 한의학

76) 杉原德行, 「漢方醫學の科學的檢討」, 《朝鮮及滿洲》 374, 42~43쪽.

77) 현호섭(玄鎬燮), 「동양의약협회의 사명」, 《東洋醫藥》 1-1(1939), 33쪽; 현호섭(玄鎬燮), 「한방의약계의 전도」, 《東洋醫藥》 1-1(1939), 45쪽.

78) 「공의를 대증원」, 《每日申報》(1936. 7. 8).

〈그림 5〉 충북보건협회 제2회 의생강습회 기념사진

1930년대 조선총독부는 의료인력 부족 문제를 해결하기 위해 의생을 양성하고자 하였다. 충청북도는 위생과의 주도로 의사와 의생으로 구성된 보건협회를 설립하였고, 보건협회는 서양의학과 한의학을 동시에 교육하는 의생강습회를 조직하였다.

을 동시에 교수한다는 데 있었다. 그동안 의생들의 학습 과목은 서양의학 위주였는데, 한의학이 동시에 교수되기 시작한 것이다. 특히 도립으로 강습소가 설립되었다는 점은 의생 교육기관을 총독부가 공식적으로 인정하였다는 의미였다.[80] 1942년에는 부족한 의료인력을 보충하기 위해 충청남도에서 한약종상을 의생으로 육성하는 정책을 시행하기도 하였다. 충청남도에서 15년 이상을 영업한 한약종상 중에서 40세 이상인 자로서 관할 경

79) 「경기도에 의생강습소」, 《漢方醫藥》 12(1937), 69쪽.

80) 신동원, 「조선총독부의 한의학 정책: 1930년대 이후의 변화를 중심으로」, 《醫史學》 12-2, 122쪽.

찰서장의 추천을 받은 자를 대상으로 하였다.[81] 의생은 부족해지는 의료인력을 보충할 수 있는 주요 자원이었다.

그러나 의생의 활용은 제한적으로 이루어졌다. 의료기관의 확충을 위해 일제가 우선 고려한 것은 분명히 서양의사였다. 예를 들면, "공의를 증치하여 벽추지(僻陬地)의 의료기관의 증설을 기(期)"해야 했다.[82] 의생에 대한 불신 역시 지속되었다. 조선총독부는 일본 제국의회에 보낸 보고에서 의생들은 "많은 부분에서 의학에 관한 지식이 결핍되어 있어 의사의 보급과 함께 그 수가 점차 감소하고 있다"는 표현을 반복했다.[83] 다만 "진정한 과학적 의료의 날이 먼 현재 조선에서" 불가피하게 "적절한 지도 아래" 의생들을 활용할 뿐이었다.[84] 하지만 그 활용 역시 조선에 국한되었다. 1942년 반포된 의료관계자 징용령에 따르면 징용의 대상은 의사, 치과의사, 약제사, 간호부 등 서양식 의료인력이었다.[85] 일본제국의 차원에서 의생의 활용은 이루어지지 않았다.

4. 맺음말

일제는 조선을 침략, 지배하는 과정에서 자신의 선진성을 선전하는 수단으로 서양의학을 이용하였다. 하지만 조선에서 활용할 수 있는 서양식 의료인력은 부족하였다. 1913년 의생규칙은 그 부족을 메우기 위해 반포된

81) 「제오회 의학강습회 개최」, 《漢方醫藥》 44(1942), 43쪽.

82) 「半島民衆ノ體位ノ向上ニ及生活ノ改善ニ關スル件」, 『朝鮮總督府時局對策調査會諮問答申案試案』(朝鮮總督府, 1938), 123쪽.

83) 「1943년 제84회 제국의회 설명자료」, 『朝鮮總督府 帝國議會說明資料』 8(東京: 不二出版, 1994), 164쪽.

84) 「朝鮮に於ける醫師と醫生」, 《朝鮮行政》 2(1942), 109쪽.

85) 「醫療關係者 徵用令」, 《朝鮮總督府官報》(1942. 10. 15).

법령이었다. 한의사가 의료인력으로 공식화됨으로써 일제는 그들을 전염병 방역 등 주요 위생행정에 동원할 수 있었다. 의생들 역시 서양의학 지식의 습득을 통해 식민지 환경에 적응하고자 하였다. 하지만 일제가 가진 한의학에 대한 불신은 1920년대까지 지속되었다.

변화는 1931년 만주사변에서 찾아왔다. 중국과 관계가 악화되면서 한약 수급이 불안정해지자 농촌진흥운동의 일환으로 한약의 장려가 이루어진 것이다. 한약의 활용을 위한 일제의 노력은 1937년 한약조사위원회 구성과 한약 약국방 제정 시도로 구체화되었다. 한약을 표준화, 체계화하여 서양 약품과 같이 관리, 활용하겠다는 것이 목적이었다. 하지만 일제가 활용하고자 한 한약은 한의학 원리에 입각해 활용되는 전통적인 한약이 아니었다. 서양의학의 검증을 거쳐 수분, 회분, 산불용성 회분, 엑기스분 등으로 나누어진 한약 성분이었다. 한의학 그 자체를 연구하자는 주장이 제기되기도 했지만, 그 주장 역시 한의학을 서양의학의 이론과 원리에 입각해서 검토하자는 것이었다. 전쟁이 확대되면서 의생을 활용하려는 노력도 지속되었으나, 궁극적으로 일제가 활용하고자 한 대상은 서양식 의료인력이었다. 한의학에 대한 불신은 식민지 시기 동안 지속된 것이다.

식민지 시기 동안 일제는 부족한 의료인력을 명분으로 삼아 한의학을 이용하였다. 1930년대 접어들면서 한약을 적극적으로 장려하는 정책을 채택하기도 했지만 그 변화가 한의학의 장려였다고 보기는 어렵다. 일제가 활용하고자 한 한약은 서양의학의 시각에서 정리된 한약이었기 때문이다. 전체적으로 볼 때, 한의학은 식민지 시기 동안 일제에 의해 활용되었을 뿐 장려되지는 않았다고 할 수 있다.

제2부

인식과 수용

3

서양의학의 한의학 인식과 수용

여인석

1. 머리말

새로운 문명의 유입은 기존의 문명과 긴장 관계를 형성하는 것이 일반적이다. 의학의 경우도 예외는 아니다. 19세기 말 서양의학이 본격적으로 도입되면서 조선 사회뿐 아니라 기존의 전통의학은 서양의학이라는 새로운 의학과 조우하게 된다. 서양의학이라는 새로운 상대를 만난 전통의학은 즉자적 존재 상태에서 벗어나 상대와의 관계 속에서 자신의 정체성을 새롭게 정립하는 대자적 상태로 이행하게 된다. 존재방식의 이러한 변화는 적지 않은 긴장과 갈등을 수반하는 과정이었다.

대자성의 획득은 단순히 서양의학의 출현만으로 이루어지는 것은 아니다. 그것은 한의학이 서양의학을 바라보는 시선과 서양의학이 한의학을 바라보는 시선, 그리고 이들이 속한 사회가 한의학을 바라보는 시선들이 교차하는 가운데 이루어지는 복합적인 과정이다. 이 글에서는 일제 시기 서양의학이 한의학을 바라보는 관점이 어떠했는가를 살펴보고, 이것이 이 시기 한의학의 근대적 정체성 형성에 어떤 영향을 미쳤는가를 알아보고자 한다. 이러한 과정을 밝히는 것은 식민지 시기 한의학의 근대화 과정을 이해하는 데 필요한 작업이 될 것이다. 서양의학이 바라본 한의학의 모습이 다시금 한의계로 투사되었고, 이렇게 투사된 모습에 한의계가 긍정적으로든 부정적으로든 반응하였는데, 이러한 과정이 한의학이 새로운 정체성을 형성하는 데 중요한 계기로 작용하였기 때문이다.

이를 위해서는 먼저 한말과 식민지 시기 의사들이 한의학에 대해 어떤 태도를 보였는지 살펴볼 필요가 있다. 의사들이 바라보는 한의학의 모습이 단일하지는 않았다. 서양의학을 공부한 의사들이 한의학에 대해 취하는 태도는 각자의 배경과 관심사에 따라 크게 두 가지로 나누어진다. 첫째는 한의학에 대해 비판적인 태도를 취하며, 한의학을 타파해야 할 구습의 하나로 보고 그 효용성을 전면적으로 부정하는 입장이다. 둘째는 한의학을 자발적으로 공부하고 그 가운데 취할 바를 가려 취하는 태도이다. 한말과 식민지 시기에 국내에서 활동한 의사들은 대부분 한의학에 대해 부정적인 견해를 가졌지만 일부는 한의학에 대해 적극적인 관심을 가진 경우도 있었다. 그런데 그 관심의 방향은 기존의 전통적인 한의학 이해와는 달리 서양의학의 입장이 많이 반영된 것이었다. 이 글에서는 서양의학에서 한의학을 바라보는 입장들과 그 배경들을 살펴보고 이를 통해 그러한 시선들이 궁극적으로는 한의학의 근대적 정체성 형성에 어떻게 영향을 미쳤는가를 알아보고자 한다.

2. 한말 지식인들의 동서의학관

서양의학이 도입되기 전에 한의학은 당연히 조선시대의 주류의학이었다. 그런데 조선 후기 일부 지식인들이 한역서학서를 통해 서양의 학문을 접하면서 한의학에 대한 비판적인 의견이 나타나기 시작한다. 이익은 『성호사설(星湖僿說)』의 「서국의(西國醫)」에서 『주제군징(主制群徵)』에 설명된 서양의학 이론을 소개한 다음, 이러한 학설이 중국 의가들의 이론에 비해 아주 자세하여 무시할 수 없지만 서양의학에서 사용하는 개념이나 용어가 중국의학과는 너무도 달라 이해하기 어렵다고 실토한다.[1] 한의학과 서양의학에 대한 이익의 조심스러운 비교는 정약용에 오면 한의학에 대한 전면적인 비판으로 바뀐다. 정약용은 『의령』에서 한의학의 토대인 음양오행론을 근본적으로 비판하였다. 또 그는 「근시론」에서 원시와 근시의 원인을 음양의 부족에서 찾던 기존의 한의학을 비판하고 근대 물리학 이론으로 이를 설명하였다. 최한기의 비판도 이에 못지않았다. 최한기는 특히 홉슨의 서양의학서를 접한 후에 저술한 『신기천험』에서 서양의학과 비교하며 한의학을 비판한다.

> 서의(西醫)는 해부를 함으로 몸의 이치를 밝히고 인체의 경락과 각 부위를 분명히 밝혔다. 부위가 분명하지 않으면 병의 원인을 밝힐 수 없고 병의 원인을 밝힐 수 없으면 치료 방법 역시 알 수 없다. 〔그러나〕 부위가 분명하면 병의 원인을 추측해낼 수 있고 병의 원인을 정확히 알게 되면 치료방법이 모두 효과를 보게 된다. 여기에 비교해보면 중국의 의서는 부위가 분명하지 않고 모호한데 오행은 여기에 혼미를 더한다.[2]

최한기는 또한 정약용과 마찬가지로 음양오행설도 비판한다.

> 혹 방술에 미혹되어 빠진 사람은 장부를 가지고 오행에 분속시켜 그에 따라

1) 이익, 「西國醫」, 『星湖僿說類選』.
2) 최한기, 「序」, 『身機踐驗』(서울: 여강출판사, 『명남루전집 1』, 1990), 319쪽.

약을 쓰되, 상생상극을 붙여서 부족한 것은 보충하고 지나친 것은 억제하여 항상 장부로 하여금 화평하게 하면 연령을 더하여 수명을 더하는 데 이르게 된다고 한다. 이는 신농의 여술로 후세에 의혹을 끼치는 것이니, 이러고서야 어찌 병을 치료하는 근원을 정밀하게 살필 수가 있으랴?[3]

그렇지만 정약용이나 최한기가 한의학에 대해 취한 태도를 조선 후기, 특히 한말의 지식인들이 한의학에 대해 가진 일반적인 견해로 보기는 어렵다. 물론 서양문물의 적극 도입을 주장한 개화파의 언설이나 당시의 언론에서 서양의학의 장점과 한의학의 부족한 점을 대비시킨 내용을 찾아보기는 어렵지 않다.[4] 그러나 이러한 담론들이 서양문물 수용에 적극적인 개화파에 의해 주로 생산되었고, 또한 이러한 의견이 표현된 신문이라는 매체에는 개화파 혹은 개화에 적극적인 인사들이 주로 관여했다는 사실을 고려할 때 이러한 신문에서 표현된 의견을 당시 지식인 사회의 보편적인 의견으로 일반화하기는 어렵다고 하겠다.

오히려 당시 다수를 차지하던 전통적 지식인들은 동서의학을 상호 배타적인 관계로 보기보다는 상호보완적인 관계로 본 듯하다. 즉 서양의학과 한의학의 관계에 대해 그들은 당시 서양문물 수용의 일반적 태도이던 동도서기적 태도를 견지한 것이다. 우리는 그 대표적인 사례를 민영소(閔泳韶, 1852~1917)에서 찾아볼 수 있다. 민영소는 자신이 학부대신으로 있던 1902년에 학부에서 출판된 의학교 교재 『병리통론(病理通論)』 서문에서 동서의학을 나름대로 평가하고 비교한 내용을 서술하고 있다. 먼저 그는 한의학을 긍정적으로 평가하는데, 황제 이후 장중경(張仲景)과 이동원(李東垣)을 거치며 수천 년 이어져온 한의학이 끼친 음덕이 컸다고 말한다. 그리고 그

3) 최한기, 『국역 기측체의 I』(서울: 민족문화문고간행회, 1985), 110쪽.
4) 박윤재, 『한국근대의학의 기원』(서울: 혜안, 2005), 101~108쪽.

는 동양의 의학이 '리(理)'에 근본을 두고 있고 그 이치가 오묘하여 아주 우수한 사람이 아니고는 이를 제대로 배워 베풀기가 어렵다고 보았다.[5] 한의학의 장점을 높이 평가하는 한편 그는 서양의학의 장점도 인정한다. 그에 따르면 서양의학은 동양의학과는 다른 방법으로 인체의 신비를 탐구해 배를 가르고 상처를 치료하는 데 이르렀다. 그렇지만 이러한 특성에서 볼 수 있는 바와 같이 '리(理)'를 위주로 하는 동양의학과는 달리 서양의학은 눈에 보이는 형태를 중시하는 특징을 지니고 있다. 그는 서양의학이 겉으로 드러나는 가시적 형태를 중시하기 때문에 보통 사람도 서양의학을 쉽게 배울 수 있다고 생각했다.[6] 이러한 비교는 어느 한쪽의 우월성을 주장하는 것이 아니라 양자의 차이와 특징을 부각하는 것이었다.

또 병의 치료 방법과 관련해서도 그는 흥미로운 비교를 하고 있다. 병을 그 소굴에 숨어 있는 도적에 비유한다면 동양의학은 도적을 말로써 회유하고 유인하여 투항시키는 것인 반면 서양의학은 날카로운 무기를 들고 그 소굴에 직접 쳐들어가 성과 관문을 부수고 그 우두머리를 잡는 것으로 볼 수 있다는 것이다. 그는 한의학과 서양의학이 느리고 빠름에서, 그리고 어렵고 쉬움에서 차이가 난다고 보았다. 그리고 한의학은 내과, 서양의학은 외과를 장점으로 한다고 전제하고 장차 명철한 자가 나와 이 양자를 짐작절충(斟酌折衷)하여 아우르는 새로운 책을 써줄 것을 바라면서 그 서문을 마치고 있다.[7]

민영소의 이러한 태도는 단지 한 개인의 의견이라기보다는 대한제국이 보이던 동서절충적 의학관을 표현하는 것이라고 볼 수 있다. 대한제국은

5) "東洋之醫其術多主乎理而理之微茫難以準的則非上哲莫可能矣", 「序」, 『病理通論』(학부 편집국, 광무 6년).

6) "泰西之醫其術多主乎形而形之顯露易以摸捉則雖庸人亦或可以循習矣", 「序」, 『病理通論』.

7) " 有一明哲者出將東之內科與西之外科斟酌折衷合爲一書則其有益於生人也益遠矣乎", 「序」, 『病理通論』.

1899년 서양의학을 가르치는 의학교를 설립하는 한편 내부 소속의 병원을 설립한다.[8] 이듬해인 1900년 광제원으로 이름을 바꾼 이 기관은 서양의학을 시술하는 병원이 아니라 폐지된 혜민서와 활인서의 뒤를 이은 전통적 대민구료기관이 부활한 것이었다. 이 기관의 명칭을 처음에는 근대적 의료기관임을 의미하는 '(내부)병원'으로 정했다가, 이듬해에 널리 백성을 구제한다는 의미로 전통적 구료기관임을 강하게 시사하는 '광제원(廣濟院)'으로 바꾼 것에서도 이러한 의도가 잘 나타난다. 더구나 광제원에서 근무하는 의사들은 모두 한의였고 양의는 한 사람도 없었다. 대한제국 정부는 서양의학을 가르치는 의학교와 한의들에 의해 운영되는 전통적 구료기관을 동시에 만들어 운영하였고, 실행되지는 않았으나 처음 구상단계에서는 의학교를 동서양의학을 함께 가르치는 기관으로 만들려고도 하였다.[9]

민영소가 한의학과 서양의학의 관계에 대한 대한제국기 지식인들의 동서절충적 태도를 잘 보여준다면 지석영은 서양의학에 좀 더 다가간 전통적 지식인이 한의학에 대해 취한 태도를 보여준다. 사실 지석영은 복잡한 성격의 인물이다. 그는 우두법을 도입한 인물로 알려져 있으나 관료로 입신하여 의학교 교장을 역임한 행정가였다. 그 자신 서양의학 교육을 제대로 받은 사람은 아니었으나 그의 경력에서 나타나듯이 그는 서양의학에 더 가까운 인물이었다. 그런데 한일합방 이후 지석영은 지금의 한의사에 해당하는 의생면허를 받고 의생단체의 장을 지내는 등 갑자기 한의계에 몸을 담고 서양의학과는 거리를 두게 된다. 이러한 태도 변화의 원인이 무엇이었는지 분명하게 말하기는 어렵다. 다만 일부 자료를 통해 한의학에 대한 그의 생각을 추측해볼 수는 있다.

1907년 의학교가 일제에 의해 대한의원으로 통폐합되기 직전 탁지부에

8) 「病院官制」, 《官報》(1899. 4. 26).
9) 박윤재, 앞의 책, 122쪽.

서 출판된 해부학 교과서에는 지석영의 서문이 실려 있다. 여기서 그는 의학을 배우는 사람이 부위를 알지 못하면 병의 원인을 알 수 없고, 병의 원인이 분명하지 않으면 치료하는 방법도 분명치 않다고 말하면서 해부학의 중요성을 강조한다. 그리고 우리나라 의학이 그동안 오로지 중국의 고서들만을 숭상해왔다고 한탄하고 있다.[10] 그러나 이러한 비판적 언급을 액면 그대로 받아들이기는 조심스럽다. 그것은 비판의 강도도 그다지 세지 않고 또 의학교 교장으로서 쓴 해부학 교과서의 서문이라는 특성도 간과할 수 없기 때문이다. 어쨌든 의학교 교장 시절 지석영이 한의학에 대해 보인 다소 부정적인 태도는 한일합방 이후 그가 의생면허를 받고 의생단체에 관여하면서 달라진다. 그는 최초의 한의단체 전선의회(全鮮醫會)에서 발행한 《동의보감(東醫報鑑)》이란 잡지에 2회에 걸쳐 「조선의학의 유래와 발전」이란 글을 실었다. 이 글은 단군으로부터 시작되는 전통의학의 역사를 고려시대까지 약술한 것으로, 이 글 곳곳에서는 조선의 전통의학 전통에 대한 자부심이 드러나고 있다. 특히 원나라 세조가 고려에 의관을 요청하여 설경성(薛景成)이 파견된 사실에 대해서는 "고려에 차청구(此請求)가 유(有)함은 아반도강산(我半島江山)에 의학이 정명(精明)하여 천하에 관(冠)하다 함이 과언이 아니라"[11]며 지극히 자랑스러워하고 있다.

한일합방을 전후로 지석영이 한의학에 대해 보인 이러한 태도 변화를 어떻게 받아들여야 할까? 정말 한의학에 대한 그의 태도에 변화가 일어났기 때문일까, 아니면 상황에 따라 그의 생각이 다른 방식으로 표현된 것일까? 필자는 후자의 경우라고 생각한다. 전통적 지식인이던 지석영은 비록 우두법이라는 서양의술의 도입에 공헌하고 그것을 계기로 의학교의 교장까지 지냈지만, 동시대의 다른 지식인들과 마찬가지로 의학에 대해서는 동서절

10) 유병필 역, 「序」, 『해부학』〔탁지부 인쇄국, 광무 11년(1907)〕.

11) 지석영, 「朝鮮醫學의 由來와 發展」, 《東醫報鑑》(1916. 1. 35).

충적인 입장을 지닌 것으로 보인다. 이는 지석영 자신의 입장이었을 뿐 아니라 의료에 대한 당시 조선 정부의 입장이기도 했다.[12] 그러나 1905년 이후 일제가 의료분야에서 서양의학을 우선시하는 정책을 본격적으로 시행하자 민족적인 이유에 더하여 정식 서양의학 교육을 받지 않은 지석영의 입지는 점차 좁아졌을 것으로 여겨진다. 결국 지석영은 의학교가 대한의원으로 통합되면서 서양의학기관을 떠나게 되고 한일합방 이후에는 의생면허를 취득하여 한의계에서 활동하게 되었을 것이다. 사실 지석영은 자신이 동서의학에 대해 절충적 태도를 취하고 있었음을 스스로 밝히고 있다. 지석영은 뒤에 언급할 장기무가 역술한 『동서의학신론(東西醫學新論)』의 서문에서 자신이 의학교에 재직할 때에 동서의학을 절충조화시킬 생각을 갖고 있었으나 결실을 맺지 못했다고 밝히고 있다〔余嘗竊祿醫校, 恒有是心而未果焉〕.[13] 한말의 전통적 지식인들은 지석영과 같이 서양의학에 가까이 다가간 경우에도 서양의학에 경도되기보다는 동서의학 절충을 바람직한 형태로 여기는 것이 일반적인 경향이었던 듯하다.

3. 한의학에 대한 비판적 견해

한말 서양의학이 유입되면서 조선의 전통적 지식인들은 동서의학의 절충을 중요한 과제로 생각하고 있었으나 서양의학을 직접 공부한 의사들은 한의학에 대해 상당한 불신감을 갖고 있었다. 책으로 서양의학을 접한 조선 후기의 일부 학자들이 한의학에 대해 비판적 시각을 가지게 된 것은 한의학이 음양오행을 견강부회하여 인체에서 일어나는 모든 생리적, 병리적

12) 신동원, 『한국근대보건의료사』(서울: 한울, 1997), 256쪽.
13) 池錫永, 「東西醫學新論序」, 『東西醫學新論』(京城: 和平堂藥房, 1915), 7쪽.

현상을 이 하나의 도식으로 설명한다고 보았기 때문이었다.

이들의 비판적 의견이 음양오행이라는 한의학의 이론적 근거에 대한 불신에서 유래했다면 개항 이후 들어온 서양의 선교의사들이 가진 비판적 견해의 근거는 더욱 실제적인 것이었다. 이들은 주로 잘못된 치료로 인해 병이 심해지거나 합병증이 생긴 경우를 목격하고 한의학에 대한 부정적 인식을 갖게 되었다. 이러한 경우 주로 문제가 된 것은 약재보다는 침 시술에 따른 사고였다. 알렌은 자신이 평소 알고 지내던 관리의 7대 독자가 잘못된 침 치료로 죽은 비극적인 사건을 전한다. 그에 따르면 7대 독자가 편두통을 호소하자 마침 같이 있던 친구가 이를 치료한다며 뒷머리를 바늘로 찔렀는데 이때 찌른 바늘이 연수를 관통하여 그 7대 독자가 그 자리에서 즉사했다고 한다.[14) 또 평양에서 활동한 폴웰은 배에 꽂은 침이 위장을 천공한 사례와 눈 주위에 침을 잘못 찔러 실명한 사례도 들고 있다. 즉 해부학적 구조에 대한 정확한 지식이 없는 상태에서 몸의 여기저기를 침으로 찔러 중요한 인체 구조물들이 손상당한 사례를 보고 이를 비판한 것이다. 이와 함께 위생의식의 결여도 비판하였다. 즉 한의사들이 침을 불결한 장소에 보관할 뿐 아니라 이 불결한 침을 소독하지도 않고 여러 사람에게 찌르는 것을 보고 비판하였다. 이처럼 이 시기 서양의사들이 한의학에 대해 가지는 부정적 인상의 대다수는 침의 사용과 관련된다는 점에 주목할 필요가 있다.

조선에 서양의학이 점차 자리 잡고 조선인에 대한 서양의학 교육이 이루어지면서 서양의학 교육을 받은 조선인들로서 기존의 전통의학에 대한 비판적 견해를 가지는 사람도 나타나기 시작했다. 세브란스 1회 졸업생 중 하나인 김필순(金弼淳, 1880~1922)은 1900년대 초에 에비슨을 도와 많은 종류의 의학서적을 한국어로 번역하여 서양의학의 토착화에 기여한 바 큰데,

14) H. N. Allen, *Things Korean*(Fleming H. Revell, 1908), 203~204쪽.

그가 번역한 약물학 교과서의 서문에 서양의학과 한의학에 대한 그의 생각이 드러나 있다. 그는 이 책의 서문에서 의약이란 사람의 생활에서 없어서는 안 될 것이므로 우리나라에도 옛날부터 전통적으로 사용하던 의약이 있어왔다고 말한 다음 우리나라의 전통의약이 서양의약과 다른 점 두 가지를 제시한다. 하나는 우리나라의 전통의약은 서양의약과는 달리 해부를 하지 않으므로 그 증상을 정확히 파악하지 못한다는 점이고, 다른 하나는 전통의약이 화학을 알지 못하므로 약재를 정밀히 조제하지 못하고, 또 약재의 성질을 정확하게 파악하지 못하여 의료사고와 같은 위험한 일도 적지 않게 일어난다는 것이다.[15] 즉 김필순은 전통의학의 치료가 해부학 지식과 화학 지식의 결여로 인해 부족한 점이 많을 뿐 아니라 그로 인해 환자를 위험에 처하게 만들 수 있다고 경고하고 있는 것이다.

이전의 동서양의학 비교에서 주로 언급되는 차이점은 해부학에 집중되어 있었다. 즉 서양의학은 인체의 구조에 대한 정밀한 지식을 해부학을 통해 축적해온 점이 동양의학과는 크게 다른 점으로 부각되어온 것이다. 그런데 여기서 김필순은 해부학과 함께 약물학 지식의 차이를 거론하고 있으며 그 주된 차이는 약물학이 화학이라는 기초과학을 토대로 하고 있느냐에 달려 있다고 주장하는 것이다. 이러한 언급은 우리나라의 서양의학 수용이 새로운 국면에 접어들었음을 말해준다. 즉 그때까지의 서양의학에 대한 인식은 서양의학이 한의학과는 달리 인체구조에 대한 정확한 지식, 즉 해부학을 발달시켜 외과술에 효과가 있다는 정도였다. 사실 인체구조에 대한 탐구는 발상의 전환이 문제이지 일단 발상이 전환된 다음에는 이러한 방향을 추구해가는 데 큰 장애물이 있는 것은 아니다. 그에 반해 약물학은 화학이라는 새로운 자연과학 지식을 전제로 하고 있다는 점에서 해부학의 경우와는 다르다. 그리고 이러한 태도는 실용적인 관점에서 동서의 약물을

15) 에비슨 번역, 「序」, 『약물학 상권(무기질)』(황성: 제중원, 1905).

상호간에 쓰지 못할 이유가 어디에 있겠느냐고 반문한[16] 최한기의 견해와도 상당한 거리를 가지게 된다.

한의학에 대한 서양의학의 비판적 입장이 더 정리된 형태로 나타나는 것은 1930년대 《조선일보》와 《동아일보》 지면을 통해 벌어진 이른바 '동서의학논쟁'에서이다. 이 논쟁에서 경성제대 출신의 의사 정근양은 장기무의 한방의학부흥 관련 글에 대한 반론 형식의 글을 통해 한방의학에 대한 자신의 견해를 서술하고 있는데 그의 견해는 한의학에 대한 서양의학의 견해를 잘 보여주고 있다. 정근양이 주장하는 논점의 핵심은 '보편성'의 관점에서 '특수성'을 비판하는 것이다. 그는 그 글 첫머리에서 과학의 첫째 의의는 보편타당성을 탐구함에 있다면서 "특히 자연과학에 있어서는 시대를 초월하고 민족을 초월한, 즉 시간과 공간을 초월하여 엄연히 존재할 보편타당한 진리를 탐구함을 그의 유일의 목표로 삼아야할 것이다"라고 자신의 입장을 밝히고 있다.[17] 의학도 자연과학의 일부분인 이상 보편성의 원칙을 따라야 한다는 것이다. 그리고 의학의 궁극적 목표는 질병의 예방과 치료이니만큼 이러한 목표를 달성할 수 있다면 양방이냐 한방이냐를 따질 필요가 없다는 것이다. 그는 이러한 구분 자체가 잘못된 것이며 오직 '의술'만이 존재한다고 말한다. 물론 민족과 풍습, 환경에 차이가 있는 것은 사실이나 이러한 특수성은 보편성의 관점에서 수용해야 할 부분이지 특수성 자체를 출발점으로 삼는 것은 잘못이라는 것이 그의 주장이다. 따라서 그는 "어떤 것이나 보다 더 진리에 가까우면, 우리는 혈족이 한 말이라도 이를 거역하고 원수의 말이 진리이면 따라야 할 것"이라고 단언한다.[18] 그

16) 최한기, 「凡例」, 『身機踐驗』(서울: 여강출판사, 『명남루전집 1』, 1990), 32쪽.
17) 정근양, 「한방의학 부흥 운동에 대한 제언」, 박계조 편, 『한의학은 부흥할 것인가』(서울: 학민사, 1997), 18쪽.
18) 같은 글, 19쪽.

는 자연과학을 지역적으로 재화장(再化粧)시키는 것은 출발점부터 그릇된 것이라고 보고, 장기무가 한방의학의 부흥책으로 제시한 한방교육기관이나 한방병원의 설립을 이러한 입장에서 반대한다. 필요하다면 의과대학에서 한방을 가르치면 되지 구태여 별도의 교육기관을 둘 필요가 없다는 것이다.[19] 이 역시 보편성의 관점에서 특수성을 수용해야 한다는 그의 기본적 입장이 나타난 것이다. 서양의학을 보편성으로, 한의학을 특수성으로 보는 그의 입장은 당시뿐 아니라 오늘날에도 많은 의사들이 공유하고 있다는 점에서 서양의학이 한의학을 바라보는 대표적 시각이라 할 수 있다.[20]

19) 같은 글, 23쪽.

20) 1930년대의 동서의학 논쟁에 대해서는 이 외에도 논의되어야 할 부분이 많다. 예를 들어 장기무가 제안한 한방의학부흥책은 기본적으로 한방의학이 서양의학의 제도와 운영방식을 채택해야 한다는 것으로 요약되는데 이러한 그의 제안이 오늘날 거의 실현되었다는 사실에 주목할 필요가 있다. 실제로 오늘날 한의학은 외형이나 제도 면에서 서양의학의 운용 방식을 그대로 수용하고 있고, 수용하려고 노력하고 있어 외형상으로는 점차 그 차이를 인지하기 어려워져간다. 오늘날 한의원이나 한방병원에서는 한의학의 특수성을 인지할 만한 공간적인 특성을 발견하기 어려운 것이 그 대표적 예이다. 동서의학의 통합이라는 거창한 명제는 자본의 압력에 의해 동서의학의 수렴이라는 형태로 실현되고 있는데 이때 한의학의 특수성은 상품으로서의 차별성으로 축소되고 만다. 여기서 발생하는 한 가지 모순적 상황에 주목할 필요가 있다. 우리나라의 한의학은 『동의보감』과 '사상의학'을 통해 중국의학과 차별되는 내용상의 독자성을 주장하면서도 서양의학의 외적 장치들을 수용하는 데는 별다른 거부감을 보이지 않고, 오히려 적극적인 모습을 취할 때도 있다. 그 외적 장치란 의학의 연구 방법에서 의료의 실천과 관련된 사회적 제도, 전문인력 양성, 그리고 임상적 공간의 구축에 이르는 광범위한 것이다. 그런데 서양의학이 발전시켜온 외적 장치들이란 서양의학의 내용과 무관하지 않고 이 양자는 궁극적으로 서구사회가 발전시켜온 근대성의 표현이다. 그렇다면 '동도서기'적 발상에 따라 우리 고유의 '韓醫學'을 서양의학의 외적 장치들 속에 담아둘 때 그 고유의 정체성이 보존될 수 있으리라고 기대할 수 있을까? 고정불변의 정체성이란 존재하지 않고 정체성은 외부와의 관계 속에서 끊임없이 새롭게 형성되는 것이다. 또 한 가지, 1930년대 동서의학 논쟁에서 한방의학을 옹호하는 주장을 펼친 이들이 모두 서양학문의 세례를 받은 사람이라는 사실도 유의해서 볼 점이다(장기무는 서양의학, 이을호는 약학, 조헌영은 영문학, 신길구는 상학 등).

4. 서양의학의 한의학 수용 양상

조선에서 서양의학을 공부한 의사들이 모두 한의학에 비판적인 생각만 가진 것은 아니다. 그들 가운데는 서양의학의 바탕 위에서 나름대로 한의학을 이해하고 발전시키려 노력한 이들도 있었다. 여기서는 대표적 인물인 장기무와 방합신의 경우를 살펴보고자 한다.

관립의학교를 1905년에 졸업한 장기무는 졸업 후인 1908년 관립의학교 출신들이 주축이 되어 만든 의사연구회(醫事硏究會)의 간사로 잠시 활동하였다. 그런데 그는 의사로서의 진료활동보다는 사회적인 활동에 더욱 많은 관심을 가졌던 듯하다. 그는 1908년에 《중외의약신보(中外醫藥新報)》를 발행하는가 하면[21] 1909년에는 "약업(藥業)의 부진(不振)을 연구하며 약가(藥價)의 균일을 도모코자 약업단체조직창립발기회(藥業團體組織創立發起會)"를 이경봉과 함께 조직하기도 했다.[22] 이러한 활동의 와중에 그가 어떤 동기로 한의학에 관심을 가지게 되었는지는 알 수 없으나 일본에서 출판된 전통의학 관련 책을 1915년 『동서의학신론』이란 제목으로 번역하여 소개하였다.[23] 그가 번역한 책은 와다 케이시주로(和田啓十郎, 1872~1916)의 『의계지철추(醫界之鐵椎)』였다.[24] 이 책의 저자는 원래 동경의학전문학교에서 서양의학을 공부하고 러일전쟁에 군의관으로 참전한 후에는 개원하여 내과의사로 활동했으나 의학전문학교 재학 시절부터 한방의학에 관심을 갖고 꾸준히 연구한 결과 한방의학을 서양의학과 비교하며 쓴 이 책의 초판을 1910년에 펴낸 것이다.[25] 이 책은 명치유신 이후 쇠퇴일로를 걷고

21) 《대한학회월보》 제4호(1908), 55쪽.
22) 《대한매일신보》(1909. 7. 28).
23) 張基茂 述, 『東西醫學新論』(京城: 和平堂藥房, 1915).
24) 和田啓十郎, 『醫界之鐵椎』〔東京: 中國漢方醫學書刊行會, 1971(1910)〕.
25) 和田啓十郎. 『顯彰記念文集』(東京: 和田啓十郎顯彰會, 1979), 220~223쪽.

있던 한방의학의 부흥을 알리는 상징적인 저술로 출간 당시부터 일본 내에서도 많은 논란을 불러일으켰다. 이 책 출간 직후 그는《일본의사주보(日本醫事週報)》지면에서 양한방의 문제로 일대 논전을 벌이기도 했다. 아무튼 와다는 이 책으로 일본 한방의학 부흥의 상징적인 인물이 되었다.

그러나 이 책이 한방의학의 긍정적 측면을 부각하여 한방의학 부흥의 한 계기가 되었다고 해서 와다가 한방의학의 무조건적 인정을 주장한 것은 아니었다. 오히려 그는 한방의학의 특정 측면, 특히 음양오행설을 근간으로 하는 한방의학의 자의적이고 추상적인 측면에 대해서는 강하게 비판하였다.[26] 한방의학을 선택적으로 수용해야 한다는 한다는 게 그의 기본 입장이었는데 이는 서양과학이나 의학의 바탕에서 한방의학의 유용한 점을 취해야 한다는 것이었다. 한방의학이 시대에 뒤떨어졌다는 평가를 받기도 하지만 거기에는 수천 년 동안 축적해온 소중한 경험적 지식이 있으므로 이를 무시해서는 안 되며 현대과학의 방법을 사용하여 유용한 부분을 활용할 필요가 있다고 그는 주장했다. 즉 성분이 불명확한 한약재에 대해 과학적 성분분석을 하고 번잡한 복용법을 간편하게 만든다면 한방의학은 현대에도 충분히 유용성을 인정받을 수 있다는 것이었다. 와다의 이러한 태도는 이후 일본 한방의학 연구의 기본 방향이 되었다고 볼 수 있다.

그렇다면 장기무는 언제 이 책을 처음 접했을까? 그 정확한 시기는 알 수 없으나 일본에서 초판이 출간되고 5년이 지난 1915년에 번역본이 출판될 정도였으면 상당히 일찍 이 책을 접했음에 틀림없다. 장기무는 1915년에 와다에게 직접 편지를 보내 번역을 승낙받기까지 하였다.[27] 이 편지에

26) 和田啓十郎, 『醫界之鐵椎』〔東京: 中國漢方醫學書刊行會, 1971(1910)〕, 17~21쪽; 張基茂, 『東西醫學新論』(京城: 和平堂藥房, 1915), 18~20쪽.

27) 장기무가 와다에게 보낸 편지가 현재 남아 있다. 장기무가 일본어로 쓴 이 편지는 상당한 달필일 뿐 아니라 '소로분(侯文)'이란 서간문어체로 유려하게 작성되었다. 이는 특별한 연습을 필요로 하는 문체로 이를 통해 장기무가 일본의 사정을 잘 알고 있었을 뿐 아니라 일본어에도 능통했음을 알 수 있다.

따르면 장기무는 이 책의 번역이 가져올 파장, 특히 의사들의 반발을 우려하고 있기는 하지만 진리는 시대를 불문하고 변함없는 것이므로 그러한 비판에 위축되지 않겠다는 단호한 입장을 밝히고 있다. 그는 또 반대하는 사람이 있는가 하면 자기 주변에서 이 책의 번역을 격려한 의사도 적지 않았다고 밝히고 있다.[28)]

이제 장기무의 번역본에 대해 좀 더 자세히 살펴보자. 『동서의학신론』은 일부 치험 사례가 생략되긴 했으나[29)] 전체적으로는 『의계지철추(醫界之鐵椎)』의 충실한 번역본이었다. 다만 몇 가지 점에서 원본과 다른 점이 있었다. 첫 번째는 저자의 서문이다. 장기무는 원저자가 한문투의 일본어로 쓴 자서(自序)를 그의 번역서에서 아예 한문으로 번역하여 실었다. 그리고 원저자의 서문에 이어 전의(典醫) 출신의 홍철보(洪哲普)와 지석영이 한문으로 쓴 서문이 실려 있고, 이어서 장기무 자신이 국한문 혼용으로 쓴 「술자고백(述者告白)」과 한문으로 쓴 「소변(小弁)」이 실려 있는데 이를 통해 전통의학에 대한 장기무의 생각을 알 수 있다.

먼저 장기무는 조선의 전통의학 전통에 대해 상당한 자의식과 자부심을 갖고 있었다. 이는 그가 "조선재래의 구의술은 대개 지나(支那)로 전래된 자인 고로 한의라 칭호하나 동국(東國)에서 기천백년(幾千百年)을 경(經)하야 자연 조선의 고유한 의술이 되었다"[30)]고 말한 것에서 알 수 있다. 장기무는 조선 전래의 전통의학을 동의(東醫)라고 부르며 원서에서 한방(漢方), 혹은 한의(漢醫)라고 한 것을 번역본에서는 모두 '동의'로 바꾸어놓았다. 그는 일본의 전통의학이 명치유신 이후 50년 동안 급속히 쇠퇴한 것과 같이

28) 和田啓十郎, 『顯彰記念文集』, 215~216쪽.

29) 번역본에서 생략된 장과 항목들은 다음과 같다. 第16 傷寒治法ノ基礎醫學的解說, 第18 12 膽囊結石症治驗 13 腸周圍炎治驗 14 腸窒扶斯後ノ發斑治驗 15 腸窒扶斯末期ニ於ケル腸出血治驗 16 急性肺炎治驗 17 慢性腎臟炎治驗 18 急性腎臟炎治驗. 장기무가 어떤 기준으로 이상의 항목들을 번역에서 제외했는지는 분명치 않다.

30) 張基茂 述, 「術者告白」, 『東西醫學新論』(京城: 和平堂藥房, 1915), 9쪽.

조선의 전통의학이 도태의 위기에 처해 있음을 심히 우려하고 있다. 그리고 자신이 이 책을 번역하는 목적은 이러한 상황에 대한 주의를 환기하고 각성시키기 위한 것이라고 말하고 있다.[31] 서양의학을 공부한 장기무가 서양의학의 단점을 알리고 한의학의 장점을 부각하는 이 책을 번역한 데 대해 곱지 않은 시선과 비난도 있었다. 그러나 그는 자신이 실용과 진리를 귀하게 여기는 까닭에 이를 알리기 위해 번역을 자임했으며, 단지 자신이 서양의학을 공부했다는 이유로 한의학을 배격하는 것은 바른 태도가 아니라고 생각했다는 것을 밝히고 있다. 장기무는 단순히 동서양의학을 절충하는 것이 아니라 동양의학에 대한 잘못된 편견을 버리고 이를 적극적으로 활용하고 부흥시키자는 입장에서 이 책을 번역한 것이다.

이 책의 번역 이후에도 장기무는 계속 전통의학 연구에 몰두한 것으로 보인다. 그가 전통의학에 대한 자신의 견해를 다시 드러내는 것은 1930년대의 동서의학논쟁에서이다. 그는 「한방의학―어떻게 부흥시킬 것인가」라는 글에서 한의학 부흥의 구체적 방안 네 가지를 제시하였다. 첫 번째는 집단의 필요성이었다. 사실 서양의사와 달리 당시 공식적인 한의인력 양성 기관이 없었던 한의계는 서로 이질적인 배경을 가진 사람들이 모여 있었고, 그렇게 해서 일어난 내부의 반목과 분열로 인해 통일된 목소리를 내기 힘들었다. 두 번째로 언급한 문제는 술어의 개정문제였다. 이는 모호하고 애매하여 의미 파악이 힘든 한의학의 용어들을 현대의 의학술어와 대조하여 용어의 의미를 구체화하고 이를 바탕으로 고전 의서들을 새롭게 번역하여 이를 교재로 사용하자는 것이었다. 세 번째는 연구소를 설치하여 연구와 교육을 함께 하자는 것이었고, 마지막은 한의학에 관련된 언론매체를 만들자는 것이었다.[32] 이상 장기무가 제시한 방안들을 살펴보면 그것은 서양의학이

31) 張基茂 述, 「小弁」, 『東西醫學新論』(京城: 和平堂藥房, 1915), 12쪽.

32) 張基茂, 「한방의학―어떻게 부흥시킬 것인가」, 박계조 편, 『한의학은 부흥할 것인가』(서

가지는 외형적 틀을 한의학도 갖추어야 한다는 주장과 다름없었다.

장기무가 한의학의 부흥을 바라고 이를 위해 노력했지만 기존의 한의학을 무조건 옹호한 것은 아니다. 그는 당시 한의들의 수준이 전반적으로 낮음을 지적했고 오행이론에 집착하는 것과 서양의학을 거부하는 태도도 비판했다.[33] 특히 그는 한의학 이론이 가지는 공허한 측면에 대해서는 명백히 반대한다는 입장을 밝혔다. 예를 들어 그는 일부 한의계 인사들에 대해 "과학적 지식이 기본적으로 결여되었을 뿐 아니라, 그 소위 학설이라고 발표된다는 것이 학술적으로 보아 하등 가치를 인정할 수 없는 가공설을 편향되게 믿는 구태를 되풀이하는 데 불과하여 천편일률적으로 폐금신수(肺金腎水)니, 상화(相火)가 어떠니, 군화(君火)가 어떠니, 무슨 장(臟)이 허하니, 어느 부(腑)가 실하니 하는 식으로 공허한 말을 부연하여 명의로 자처하고, 이 이상 더 연구 노력할 것이 없는 것같이 떠벌일 뿐"이라며 비판한다.[34] 이 글을 보면 장기무가 1934년에 《조선일보》 지면에서 벌어진 동서의학논쟁에서 한의학의 입장을 대변하는 논객으로 활약하였음에도 불구하고 공허하고 추상적인 한의학 이론에 대해서는 비판적 시각을 갖고 있었음을 알 수 있다.

장기무와 함께 방합신의 경우도 주목할 가치가 있다. 세브란스 의전을 1916년에 졸업한 방합신은 졸업 후 황해도 신천에서 개원하여 환자를 보다가 서양의학적 치료방법의 한계를 느끼고 이를 극복하기 위해 한의학을 공부했다고 밝히고 있다. 서양의학을 공부한 의사로서 방합신이 서양의학에 대해 느낀 가장 큰 불만은 기초의학과 임상의학의 괴리였다. 기초의학, 즉 과학적 의학은 새로운 병원균의 발견을 비롯하여 여러 병리적 기전과

울: 학민사, 1997), 9~16쪽.

33) 張基茂 述, 「小弁」, 『東西醫學新論』, 12쪽.

34) 같은 글, 10~11쪽.

우리 몸에서 일어나는 생리적 기전을 밝히는 데 많이 공헌한 것이 사실이고, 방합신 자신도 그 점에서는 현대의학에 대해 큰 자부심을 갖고 있었다. 그러나 질병의 원인을 과학적으로 밝혀내고 그것을 제거하여 질병을 치료한다는 서양의학도 그 원인을 분명히 알아 치료할 수 있는 병은 손에 꼽을 정도이고, 나머지는 결국 대증요법에 그친다는 사실이 다년간의 임상경험을 통해 방합신이 얻은 결론이었다. 또한 고가의 치료비도 그가 서양의학의 문제로 느낀 부분이었다.[35]

그러던 중 그는 내과적 질환에는 양약보다 한약이 더욱 효과적이란 말을 듣고 한의학을 공부하리라 결심한다. 그는 이전까지는 서양의학이 우월함을 믿어 의심치 않았고 진부한 느낌을 주는 한의학에 대해서는 일말의 호감도 갖지 않았다. 그러나 이러한 태도를 바꾸어 한의학 공부를 결심했지만 막상 한의학을 공부하는 일은 쉽지 않았다. 먼저 음양오행이나 약의 성질이니 하는 개념들이 도무지 애매모호하여 잘 이해할 수가 없었다. 그래서 나름대로 유명하다는 한의사를 찾아가 물어보았으나 그 설명 역시 이해할 수가 없었다. 방합신의 표현에 따르면 그것은 마치 "이역(異域)에 재(在)하야 기국어(其國語)를 청(聽)함과 무이(無異)"하였다.[36] 이러한 어려움으로 인해 한의학을 공부하려던 당초의 결심은 점차 약해지지만 이때 그는 앞서 장기무가 번역한 바 있는 와다(和田啓十郎)의 『의계지철추(醫界之鐵椎)』를 만나게 된다. 방합신은 현대의학과 고방에 정통한 저자가 저술한 이 책을 접하고 크게 깨친 바 있었고, 또 그의 제자로 경도의대를 졸업한 도모토(湯本求眞)에게서도 배운 바가 컸다. 그는 자신이 한의학에 입문할 수 있었던 것은 이들 두 일본 학자와 요시마츠(吉益東洞), 그리고 『중경전서(仲景全書)』 덕분이었다고 말하고 있다.[37] 즉 방합신의 한의학 이해는 전적으로 일

35) 方合信, 「漢方醫學(特히 古方)에 就하야」, 《세브란스교우회보》 7(1926), 3~4쪽.
36) 같은 글, 5쪽.

본 고방파의 영향 아래에서 이루어진 것이다.

고방파의 이러한 영향은 한의학의 역사에 대한 그의 서술에서 분명히 나타난다. 그는 의화나 편작이 활동한 상고시대의 한의학이야말로 진정한 한의학이라고 생각한다. 이 시기는 병의 원인이 되는 독소를 한(汗), 토(吐), 하(下)의 삼법(三法)에 따라 공격하여 체외로 내보내는 원인 제거적 치료방법을 주로 쓰던 시대였다. 상고시대의 이러한 의학은 진시황의 학술 탄압을 거치며 맥이 끊어졌다가 한나라의 장중경에 의해 어느 정도 복원되었다고 본다. 다음으로 중고시대의 한의학은 장중경 이후 왕숙화의 등장으로 시작되는데, 이때부터 음양오행, 상생상극, 오장육부, 경락 등의 개념이 한의학에 등장하여 지금 우리가 알고 있는 한의학의 모습이 갖추어지기 시작한다. 그러나 방합신은 지금 우리가 알고 있는 한의학의 이러한 기본 개념들은 사실무근한 억견을 기초로 하고 있으며, 이러한 잘못된 개념들이 한의학의 중심개념으로 자리 잡으면서 병의 원인이 되는 독소를 공격하여 배출시키는 치료법을 주로 하던 상고시대의 진정한 한의학이 완전히 폐기되기에 이르렀다고 한탄한다. 또한 4세기경부터 갈홍, 도홍경, 손사막 등에 의해 자양강장요법을 위주로 하는 도교의학이 발달하기 시작하면서 공격요법을 주로 하는 상고시대의 의학과는 더욱 거리가 멀어진다. 이에 더하여 10세기경부터 추상적인 성리학의 이론을 수용한 이른바 금원사대가(金元四大家)의 의학이론이 득세하면서 원래 한의학의 진정한 모습은 소멸되었다고 그는 보았다. 그러다가 16세기 말부터 일본에서 고방파가 일어나 장중경의 의학을 부흥시키고, 18세기에는 요시마츠 도도(吉益東洞, 1702~1773)가 나타나 추상적이고 허탄한 음양오행설을 기초로 한 한의학을 비판하고 만병일독설(萬病一毒說)을 주장하면서 비로소 상고시대의 진정한 한의학이 다시 살아나게 되었다고 생각했다. 방합신은 요시마츠를 동양의학

37) 方合信, 「漢方醫學(特히 古方)에 就하야(續)」, 《세브란스교우회보》 9(1928. 3. 15).

계의 밝은 별이며, 모든 의사들의 잘못을 고친 성인이라고까지 하며 극찬하고 있다.[38]

여기서 우리는 만병일독설에 대해 살펴볼 필요가 있다. 만병일독설의 내용을 알면 왜 의사인 방합신이 이 학설에 끌리게 되었는가를 이해할 수 있기 때문이다. 만병일독설은 "모든 병은 한 가지 독에서 유래하며 모든 약은 독이다. 독으로써 독을 공격하니 독을 제거하면 병이 없어진다〔萬病一毒, 衆藥皆毒, 以毒攻毒, 去毒無疾也〕"는 말로 요약된다.[39] 만병일독설은 모든 병은 독이 체내에 쌓이거나 외부로부터 침입하여 생긴다고 본다. 따라서 병을 치료하기 위해서는 이 독을 몸에서 몰아내어야 한다. 약은 독을 몰아내는데, 독을 몰아내기 위해서는 약 또한 독이 되지 않으면 안 된다. 곧 모든 약이 곧 독이므로 도가의 말처럼 약을 기를 보하고 생명을 기르는 물질로 보는 것은 잘못이다.[40] 또 만병일독설과 함께 보아야 할 것이 일병일방설(一病一方說)이다. 이는 『상한론』에 나오는 내용으로, 원인이 동일한 경우에는 그 증상이 어떤 방식으로 나타나든지 한 가지 처방으로 치료해야 한다는 원칙이다.[41] 이상의 내용을 보면 알 수 있듯이 고방파, 특히 요시마츠의 이론은 서양의학의 병리설과 가깝다.

이제 우리는 왜 방합신이 서양의학의 한계라는 상황에서 한의학으로 돌파구를 찾았으나, 우리나라의 한의학이 아니라 일본의 고방파, 장중경의 『상한론』, 병소의 제거를 주장하는 편작의 의학으로 기울었는가를 이해할 수 있다. 서양의학을 공부하며 과학적 방법론의 세례를 받았기에, 추상적인 음양오행론에 기초를 둔 한의학이 아니라 더 구체적이고 실증적이던 상고시대의 의학과 그 부활인 고방파로 기운 것이다. 그는 우리나라의 한의

38) 方合信, 「漢方醫學(特히 古方)에 就하야」, 《세브란스교우회보》(1928. 9. 3), 2쪽.
39) 같은 글, 9쪽.
40) 吉益東洞, 「毒藥」, 「醫斷」, 『東洞全集』(京都: 思文閣出版, 1980), 450쪽.
41) 吉益東洞, 「醫事或問」, 『東洞全集』(京都: 思文閣出版, 1980), 27쪽.

학이 쇠퇴하고 있는 가장 큰 이유는 그것이 음양오행설과 같은 황탄한 이론을 바탕으로 하고 있으며, 그나마도 이를 제대로 아는 사람이 없고, 몇 가지 처방만을 외워 임시방편으로 치료에 임하기 때문이라고 보았다. 반면에 실증적 성향이 강한 일본인들은 한의학의 내용 가운데서도 실증적이고 구체적인 성격이 강한 의학이론을 찾아내어 발전시켰다. 일본의 고방파가 『상한론』을 높이 평가한 이유는 『상한론』이 음양오행을 위주로 이론적 논의를 전개하는 『황제내경』과 달리 구체적이고 실제적이기 때문이다. 이는 저자인 장중경이 당대에 유행하던 질병을 치료하기 위한 실제적인 목적으로 『상한론』을 저술했기 때문인데, 『상한론』이 일본의 전통의학에 얼마나 큰 영향을 미쳤는가는 에도 시대, 특히 고방파가 활동한 18~19세기에 저술된 『상한론』 관련 주석서나 연구서가 50여 종에 이른다는 사실에서도 알 수 있다.[42)]

방합신이 한의학을 공부하게 된 동기는 임상의사로서 당시(1920년대)까지 개발된 서양의학 치료법에서 한계를 느꼈기 때문이다. 그러나 그렇다고 해서 그가 서양의학의 과학적 방법론에 대한 신뢰까지 버린 것은 아니다. 그가 고민한 것은 서양의학의 우수한 과학적 방법론과 그것을 따르지 못하는 치료법의 한계 사이에 존재하는 거리였다. 그는 양자 사이의 괴리 때문에 고민했고 그 해결책으로 한의학을 선택한 것이다. 그는 원인을 탐구하는 의학과 치료하는 의학을 구별하였는데 서양의학은 병의 원인에 대한 연구, 즉 기초의학이 발달한 반면 치료의학이 약하다고 보았다. 그러나 원인 중에서도 서양의학은 질병의 외적 원인을 밝히는 데에는 뛰어나나 내인(內因), 즉 개인적인 차이로 인해 발생하는 질병의 원인을 설명하는 데에는 부족하다고 보았다. 한편 그는 원인에 대한 연구가 발달한 서양의학과는 대

42) 郭秀梅 · 岡田研吉 編, 『日本醫家傷寒論註解輯要』(北京: 人民衛生出版社, 1996), 490~494쪽.

조적으로 한의학은 병의 원인을 밝히는 데에는 부족함이 많으나 대신 치료가 강하다고 보았다. 특히 한의학은 원인 불명의 각종 질환에 대해 효과가 있으며, 그의 개인적 경험으로는 외과적 치료가 아닌 내과적 치료에서는 한의학이 서양의학보다 치료성적이 우수했다고 말하고 있다.[43] 물론 여기서 그의 개인적 경험을 그대로 받아들일 수는 없다고 하더라도 그가 서양의학을 배우고 활동하던 1910년대와 20년대 서양의학의 수준, 특히 당시까지 개발된 치료수단의 한계를 고려한다면 이러한 그의 고백은 이해할 만하다.

이상에서 우리는 의사로서 한의학에 관심을 갖고 이를 연구한 장기무와 방합신의 경우를 살펴보았다. 이들은 한의학에 호의적인 의사들이지만 한의학의 추상적이고 모호한 이론들에 대해서는 비판적 태도를 가졌음을 알 수 있다. 따라서 그들은 더욱 실증적인 성격의 일본 전통의학(특히 고방파)을 받아들이는 길을 택했다. 장기무는 방합신만큼 명시적으로 일본의 고방파에 대한 호의를 드러내지 않았다. 그러나 그가 번역한 『의계지철추(醫界之鐵椎)』의 저자가 이 책에 요시마츠 도도의 전기를 별도의 장으로 실을 정도로 요시마츠 도도의 영향을 많이 받았음을 고려할 때 전통의학에 대한 장기무의 입장 역시 그 연장선 상에 있다고 보아도 무리는 아닐 것이다. 즉 의사들의 한의학 수용은 그들의 서양의학적 배경과 더욱 부합할 수 있는 방향과 내용을 중심으로 이루어진 것을 알 수 있다. 그리고 이러한 입장은 전통적인 한의학의 입장에서 보자면 불만스럽고 비판의 대상이 될 수 있지만 서양과학의 발전이 현대문명의 성격을 결정하는 시대의 흐름에 따라 한의학도 이러한 방향들을 받아들이지 않을 수 없게 된다.

43) 方合信, 「漢方醫學(特히 古方)에 就하야」, 《세브란스교우회보》(1926. 7. 6).

5. 맺음말

이상에서 우리는 개항 이후부터 식민지 시기까지 주로 서양의학의 입장에서 한의학을 바라본 시각들을 검토해보았다. 이를 통해 우리는 전반적으로 비판적인 기조 속에서도 한의학에 대한 다양한 관심과 관점들이 서양의학계 내부에 있었음을 확인할 수 있었다. 사실 한의계는 새롭게 들어온 서양의학의 내용에서뿐 아니라, 서양의학과 관련된 제도적 장치들, 그리고 의사들이 보여준 한의학에 대한 접근 방식에서도 적지 않은 영향을 받았다. 물론 이 글의 일차적 목적이 이러한 상황변화에 대한 한의계의 반응을 보여주는 것이 아니므로 여기서 그에 대해 상세히 논의하지는 않았다. 그러나 한의계는 한의학을 바라보는 서양의학의 비판적 시선을 의식하지 않을 수 없었다. 그것은 서양의학이 지배적인 의학으로 자리 잡아가는 시대적 분위기에서는 어쩔 수 없는 일이었다. 한의학에 대한 서양의학의 시선은 전면적인 부정을 주장하는 과격한 것부터 부분적인 수용과 인정을 포함하는 온건한 것까지 다양하게 나타났지만 한의학이 지금 이대로의 모습으로 있어서는 곤란하다는 점에서는 이견이 없었다. 그리고 이러한 비판적 인식에 응답해가는 과정에서 한의학은 원하든 원하지 않든 이전과는 다른 모습으로 변해갔다.

그런데 이러한 과정에서 담론을 주도한 것은 한의계 내부의 인사들이 아니라 근대학문의 세례를 받았으나 한의학에 우호적인 지식인들이었다. 그들은 한의학을 옹호하는 주장을 폈지만 한의학이 근대성을 전면적으로 거부하고 과거의 전통만을 고집해야 한다고 생각하지는 않았다. 사람에 따라 처방은 다양한 방식으로 나타났지만 크게 보아 이 시대가 요청하는 근대성을 어떤 방식으로든 받아들일 것을 요구하는 것이었다. 그리고 이후 전개된 역사의 흐름은 이러한 요구들을 한의학이 수용하고 실현해가는 과정으로 볼 수 있다.

물론 이러한 과정이 한의학의 순수성과 고유한 정체성을 포기하는 것이라는 보수적 견해가 한의계 내부에 있는 것도 사실이다. 그러나 시대와 동떨어진 '순수한' 한의학의 고유한 정체성이라는 것이 있어서 그것이 태초부터 무시간적인 본질적 실체로서 존재해온 것이 아니다. 한국 전통의학의 역사를 살펴보더라도 한의학은 당대의 사회적 문화적 요구에 부응하며 변화해왔지, 시대의 흐름과는 무관하게 고정된 정체성을 고집해오지 않았다. 물론 서양의학 혹은 근대성의 도전은 이전에 한의학이 역사 속에서 겪어온 시대적 변화와는 차원이 다른, 어떤 의미에서는 그 존립에 근본적인 의문을 제기할 수 있는 심각한 위협이자 도전임이 분명하다. 그러나 좀 더 열린 눈으로 본다면 특정 유형의 의술이 존속되고 안 되고는 이념이나 힘의 논리로만 결정되는 것이 아니다. 그것은 결국 이용자의 선택에 달린 문제이며, 이용자의 선택 방식이 시대정신을 가장 잘 표현한다고 할 수 있다. 결국 한의학에 대한 다양한 시각들의 존재와 그들 상호간의 엇갈림과 주고받음은 이용자의 선택을 통해 역사적 현실 속에서 구체화된다고 할 수 있을 것이다.

4

한의학의 서양의학 인식과 수용

신규환

1. 머리말

본고는 일제 시기 한의학〔漢方〕[1)]이 서양의학〔洋方〕을 어떻게 인식하고 받아들였는지를 살펴보고, 이러한 인식과 수용이 한의학의 정체성 형성에 어떤 영향을 미쳤는지 검토하고자 한다. 이러한 작업은 일제 시기 한의학의 제도 · 이론적 근대화 과정을 밝히는 것뿐 아니라 한의학의 서양의학 인식이 역사적으로 변화해온 과정을 점검하고, 한의학의 주체적 자기인식을 회복하는 데에도 도움이 될 것이다.

일제 시기 한의사는 1913년 11월 공포된 '의생규칙(醫生規則)'을 통해 의사(醫師) 혹은 의사(醫士)보다도 낮은 의생(醫生)의 지위로 격하되었고,

1) 한의학(Korean Traditional Medicine)은 단순한 처방부터 질병의 예방과 치료까지를 담당하는 학문분과, 의료체계, 한의사 · 약종상 등 의업 종사자 등을 포함하는 의미로 사용될 수 있다. 본고에서 말하는 한의학은 기본적으로 학문분과를 지칭하지만, 문맥에 따라서는 한의사와 의료체계를 포함하는 넓은 뜻으로도 사용될 것이다.

식민당국의 주도하에 서양의학 위주로 위생의료체제[2]가 개편되면서 한의학은 의사면허 및 의학교육 등 제도적 보장을 받지 못한 채 한시적인 존재로 전락했다. 당국의 이러한 조치에 한의학계가 반발하는 것은 당연했으나, 사태가 장기화됨에 따라 서양의학에 대한 한의학의 태도와 반응 역시 즉자적인 반발 수준에 머물러 있을 수는 없었다. 말하자면 한의학이 서양의학에 대해 진지전을 구축하면서 그에 대해 취하는 태도와 반응 역시 다양하게 나타나게 되었다. 논리적 수준에서, 그것은 대체로 세 가지 양상으로 나타난다. 첫째는 서양의학에 대해 배타적인 입장을 취하는 것이고, 둘째는 비판적 수용의 입장을 취하는 것이며, 셋째는 적극적 수용의 입장을 취하는 것이다. 그런데 현실에서는 서양의학에 대해 배타적인 입장과 적극적인 수용 입장을 취하는 자들이 적지 않았음에도 불구하고, 그러한 입장이 적극 표출되기는 어려웠다. 왜냐하면 식민지하에서 당국의 정책에 위배되는 배타적인 입장을 표명한다는 것은 자살행위나 마찬가지였고, 적극적인 수용 입장이란 한의학을 포기하고 자기존재를 부정하지 않는 한 비판적 수용의 입장에 포함될 수 있기 때문이다. 즉 20세기 초 서세동점의 시기에 한의학이 어떠한 형태로든 서양의학을 수용할 수밖에 없다는 비판적 수용의 입장이 다수를 차지하였을 것이고, 양극단을 제외하면 비판적 수용론이 포괄하는 범위는 상대적으로 넓을 수밖에 없었다. 따라서 한의학의 서양의학 인식의 층차와 그 변모양상을 검토하기 위해서는 비판적 수용 양상이 가장 적절한 분석대상이 될 것이다. 더 나아가 일제 시기 한의학의 서양의학에 대한 비판적 수용 양상은 오늘날에도 크게 변함이 없다는 점에서 현

2) 필자는 질병의 예방과 치료, 인구관리에 필요한 각종 활동 등을 위생의료라고 규정하고, 그것이 사회구성원과 맺는 관계, 이념, 제도의 총체를 위생의료체제라고 정의하고자 한다. 우리나라에서는 흔히 보건의료체제라고 말해지는데, 필자는 근대국가에서 위생 개념의 역사성과 동아시아의 공간성을 염두에 둘 경우 위생의료체제라는 표현이 더 적합하다고 생각한다. 위생 개념의 발전과정에 대해서는 신규환, 『국가, 도시, 위생: 1930년대 베이핑시정부의 위생행정과 국가의료』(아카넷, 2008), 제1장 「청말민국기 중서의의 위생론과 국가의료 구상」을 참고.

재적으로도 중요한 의미를 지닌다고 볼 수 있다.

그런데 비판적 수용의 입장에 분석적으로 접근할 때, 한의학의 서양의학 인식과 수용의 성격이나 층차를 명확히 구분한다는 것은 매우 어려운 일이다. 예컨대 한의학의 서양의학 인식과 수용의 한 형태를 보여주는 동서의학 '절충(折衷)'의 경우, 양자를 필요한 만큼 끌어 쓸 수 있다는 점 때문에 그 성격이나 구분기준이 모호한 면이 없지 않다. 더욱이 그와 같은 인식 속에 반영되어 있는 식민당국에 의해 강제된 인식과 한의학의 주체적 · 자발적 인식 사이의 층차를 드러내기도 어렵다. 따라서 필자는 한의학의 서양의학 인식과 수용 정도를 구분하기보다는 한의학이 서양의학에 대해 '알아야만 했던 것'과 '알고 싶고 받아들이고 싶은 것' 사이의 긴장관계를 드러내는 것이 우선 필요하다고 본다. 이를 통해 일제 시기 한의학에 강제된 서양의학 인식과 한의학의 주체적인 서양의학 인식 모두에 접근할 수 있다고 보기 때문이다.

전자의 강제성을 대표하는 것이 서양의학의 기준에 의한 각종 법규와 시험제도 등을 포함한 식민당국의 한의학정책일 것이다. 의생이 되기 위해서는 당국이 요구하는 자격조건 등 법적 요건을 충족해야 하고, 특히 의생시험 내용이 서양의학에 관한 지식을 묻는 것이었기 때문에, 의생시험에 통과하기 위해서는 좋건 싫건 서양의학에 대한 지식을 습득할 필요가 있었다. 이와 같은 상황에서는 서양의학에 대해 무조건 배타적인 입장을 가진다는 것이 사실상 불가능했을 것이다. 식민당국의 한의학정책에 대해서는 이미 체계적으로 정리된 연구들이 있다.[3] 그런데 지금까지의 연구에서는

3) 여인석, 「조선개항 이후 韓醫의 動態」, 《東方學志》 104(1999), 312쪽; 신동원, 「1910년대 일제의 보건의료 정책: 한의학정책을 중심으로」, 《한국문화》 20(2002), 333~365쪽; 신동원, 「조선총독부의 한의학정책: 1930년대 이후의 변화를 중심으로」, 《의사학》 12-2(2003. 12), 110~128쪽; 박윤재, 『한국 근대의학의 기원』(혜안, 2005), 302~330쪽; 박윤재, 「일제의 한의학정책과 조선 지배」, 《의사학》 17-1(2008. 6), 75~86쪽.

일제 시기에 한의학이 억압되었다는 점만 강조되다 보니, 한의학 자신의 주체적인 시각이 간과된 면이 없지 않다.

본고에서는 우선 일상생활 수준에서 의생지망생이 자신의 정체성을 형성하는 데 가장 많은 영향을 줄 수 있는 의생시험에 주목하고자 한다. 정책적으로 시험을 통해 서양의학이 강제된다고 해서 시험제도가 수험생에 대해 일방향적인 강제성만을 가지는 것은 아니라는 게 필자의 생각이다. 제도가 안정성을 가지려면 수험생뿐 아니라 사회적 인식 및 사회구성원의 요구와 상호작용하는 것은 필수적이며, 제도의 성패는 그 상호작용의 여하에 달려 있다. 그렇다면 시험제도 속에서 한의학이 서양의학에 대해 주체적으로 인식한 일면도 없지 않을 것이다. 수험생들은 시험제도에 적응해야만 했는데, 수험생들의 제도 적응을 위한 노력은 한의학 단체 등의 주도하에 이루어졌다. 그들 스스로 서양의학을 교육하고 적응하는 과정을 거치게 된 것이다. 그 과정에서 서양의학에 대한 한의학의 주체적인 인식은 더욱 다양한 모습으로 나타난다. 단지 돈벌이를 위해서 주사법과 양약의 효능에 대한 정보를 재빨리 간취하는 데 열을 올리기도 했고, 동서의학의 비교연구, 한의학부흥논쟁 등 이론적 탐색뿐 아니라 서양의학과 겨룰 수 있는 의학교육 및 의료시스템의 구축을 모색하기도 했다.

그다음으로, 1920년대 한의학 단체의 제도적 적응과정으로서 대표적 의생 단체인 동서의학연구회(東西醫學硏究會)의 등장과 활동을 검토할 것이다.[4] 동서의학연구회는 의생시험을 위한 수험서 제작 등의 활동을 포함하여 1920년대부터 1930년대까지 한의학 발전을 위해 활발한 활동을 전개했기 때문에, 그들의 이론적 실천적 활동은 한의학의 서양의학 인식이 어떻

4) 정지훈, 「'東西醫學硏究會月報' 연구」, 《韓國醫史學會誌》 15-1(2002. 8), 199~212쪽; 鄭智薰, 「韓醫學術雜誌를 중심으로 살펴본 日帝時代 韓醫學의 學術的 傾向」, 《韓國醫史學會誌》 17-1(2004. 8), 195~253쪽.

게 달라졌는지를 전반적으로 파악하는 데 도움이 될 것이다.

마지막으로 1930년대 한의학부흥논쟁을 통해 한의학의 서양의학 인식이 어떻게 달라졌는지를 검토할 것이다. 한의학부흥논쟁은 한의학계가 이전보다 한층 더 성숙했으며 자신감에 차 있다는 것을 반증하는 것이다. 이 논쟁을 통해 일제 시기 한의학의 서양의학 인식과 수용 논의가 어느 단계까지 진입했는지 검토할 수 있을 것이다.

2. 강제 : 의생시험과 출제경향의 변화

조선의 전통적 의료인 선발시험인 의과(醫科) 시험이 1891년 폐지된 이후 대한제국(大韓帝國)은 1900년 1월 17일 '내부령(內部令) 제27호'로 '의사규칙(醫士規則)' 7조를 제정·공포하였다.[5] 제1조는 "의사는 의학을 통달하여 천지운기와 진맥진찰과 내외경과 대소방과 약품온량과 침구보사를 통달하여 대증투제하는 자〔醫士는 의학을 慣熟하여 天地運氣와 脈候診察과 內外景과 大小方과 藥品溫涼과 鍼灸補瀉를 통달하여 對症投劑하는 자〕"로 규정하고 있는데, 여기서 우리는 이것이 전통적인 한의사를 염두에 둔 조항임을 알 수 있다. 그러나 여기에는 한의사와 서양의사의 구별이 없었다. 더욱이 제2조는 의사가 되기 위해서는 의과대학이나 약학과를 졸업해야 하며 내부(內部)가 주관하는 시험을 통과하거나 각 지방 위생국이 치른 시험을 통해 의사면허를 부여받도록 하였다. 여기에는 동서를 병용하고자 한 대한제국의 의도가 반영되어 있다고 볼 수 있다. 그러나 대한제국 시기 이미 일제는 조선에서 서양의학 일변도의 의학교육을 관철시켜나갔고, 을사조약 체결 이후 광제원(廣濟院)을 장악하면서부터는 임상활동에서 시험

5) 《官報》(1900. 1. 17), 46쪽.

이라는 형식을 이용하여 한의사를 축출한 바 있었다. 이처럼 일제는 한의사를 의사의 지위에서 배제하고 서양의학 중심으로 위생의료체제를 일원화하려는 의도를 실천에 옮기고 있었다. 그 결과 일제 시기에 서양의사의 수는 점차 증가한 반면, 의생 수는 점차 감소하였다.[6]

제도 정비가 본격화된 1914년 당시 의생이 5,827명이었던 데 반해, 조선의 서양의사는 641명이었다. 그것도 외국인을 제외하면 조선인 서양의사는 144명에 불과했다.[7] 같은 시기 이미 서양의학으로 일원화된 위생의료체제를 구축한 일본의 서양의사가 조선의 66배에 달하는 42,404명인 것과는 현격한 대조를 이룬다.[8] 인구 대비 의사 수로 환산하면, 조선의 서양의사는 일본의 5%에 불과한 수준이었다.

따라서 안정적인 식민지배를 원한 조선총독부(朝鮮總督府)가 서양의학으로 일원화된 식민지 위생의료체제를 구축하는 것은 현실적으로 불가능하였다. 서양의학 일원화를 지향하던 조선총독부가 취할 수 있는 조치는 일정 자격조건을 갖춘 서양의사를 양산하거나 기존 한의사를 최대한 활용하는 것이었다. 1913년 11월 15일자로 공포되고, 1914년 1월 1일자로 시행된 '의사규칙(醫師規則)', '치과의사규칙(齒科醫師規則)', '의생규칙(醫生規則)' 등[9]과 1914년 7월 20일자로 반포된 '의사시험규칙(醫師試驗規則)'은 이와 같은 조선총독부의 의도와 조선의 현실이 적절하게 배합된 산물이었다.

즉 서양의사를 안정적으로 양성하기 위해서는 의학교 증설이 필요했지만, 이는 막대한 예산이 소요되는 일이었으므로 조선총독부가 우선 고안해 낸 것은 의사시험을 시행하여 의사 수를 증가시키는 방안이었다. 1914년 7

6) 1914년 의사 및 의생의 수는 각각 641명, 5,827명이었는데[《朝鮮總督府統計年報》(1924), 衛生 49쪽], 1943년 의사 및 의생의 수는 각각 3,813명, 3,337명이었다[《朝鮮年鑑》(1945), 212쪽].

7) 《朝鮮總督府統計年報》(1924), 衛生 49쪽.

8) 『醫制百年史(資料編)』(東京: 厚生省 醫務局, 1976), 517, 573쪽.

9) '醫師規則', '齒科醫師規則', '醫生規則', 《朝鮮總督府官報》(1913. 1. 15).

월 공포된 '의사시험규칙'에 의하면, 시험은 매년 봄과 가을 두 차례 경성(京城)에서 실시하며, 제1부에서 제3부에 이르는 학술시험과 제4부 임상시험을 연이어 동시 통과해야 합격이었다.[10] 자격조건은 4년제 이상 의학교 졸업자 혹은 5년 이상 의술을 닦은 자로 제한되었는데, 5년 이상 의술을 닦은 자라는 규정은 조선의 현실을 감안하여 폭넓게 해석될 수 있는 것처럼 보인다. 그러나 정규 서양식 의학교육 과정을 거치지 않고, 제1부에서 제4부에 이르는 시험을 연속해서 합격할 수 있는 의사지망생은 거의 없었다.

1917년 10월 25일 '의사시험규칙'을 일부 개정하였는데, 1918년 1월부터는 제4부까지의 시험을 제1부에서 제3부로 간소화하고, 제1부 및 제2부 시험의 합격자에게는 그다음 차수부터 5회까지 합격효력을 인정하여 합격이 용이하게 하였다. 제1부는 물리학, 화학, 해부학, 조직학, 생리학, 의화학, 약물학이고, 제2부는 병리학, 병리해부학, 법의학, 외과학, 이비인후과학, 피부병학, 매독학, 내과학, 소아과학, 정신병학이며, 제3부는 외과학 임상시험, 내과학 임상시험, 산과학 임상시험, 안과학 임상시험 등이었다.[11] 시험과목을 간소화하였다고 하나, 전문적인 의학교육과 임상실습을 거치지 않고서 이와 같은 시험에 합격할 가능성이 있을 리 없었다.

1927년 12월 29일에는 '의사시험규칙'을 다시 한 번 개정하였는데, 제1부 혹은 제2부 시험의 합격효력을 영구히 인정하는 등 합격요건이 현저히 완화되었다.[12] 그러나 기초 의학지식과 임상경험을 쌓을 수 있는 교육기관이 부재한 데다 식민당국은 의학강습소의 운영 역시 민간에 위임하는 등 별다른 적극적인 책임을 다하지 않았다. 결국 의사시험을 통한 서양의사 양산책은 이렇다 할 성과를 얻지 못했다.[13]

10) '醫師試驗規則', 《朝鮮總督府官報》(1914. 7. 20).

11) '醫師試驗規則中左ノ通改正ス', 《朝鮮總督府官報》(1917. 10. 25).

12) '醫師試驗規則中左ノ通改正ス', 《朝鮮總督府官報》(1927. 12. 29).

13) 박윤재, 『한국 근대의학의 기원』(혜안, 2005), 310~314쪽.

다른 한편 조선총독부는 기존 한의사를 활용하기 위해 제도적 장치를 마련하였는데, 1913년 11월 반포된 '의생규칙'이 바로 그것이다. '의생규칙'에 따르면, 의생면허 대상자는 20세 이상의 조선인으로 규칙 시행 전 조선에서 2년 이상 의업을 행한 자로 한정하였다. 면허를 받고자 하는 자는 규칙 시행 후 3개월 이내에 이력서 및 호적등(초)본을 경찰서에 제출하고, 경찰서는 신청자의 자격, 경력, 성행, 기량 등을 조사하여 경무부장(警務部長)에게 제출하도록 하였다. 경무부장은 이를 심사하여 가부의견을 정하여 경무총장(警務總長)에게 보내고, 경무총장은 조선총독(朝鮮總督)의 결재를 받도록 하였다.[14] 조선총독부는 1914년 3월까지 면허신청을 완료하려고 했으나 한의학계가 적극적으로 협조하지 않아 1914년 12월까지 면허부여가 계속되었다. 『조선총독부통계연보(朝鮮總督府統計年報)』에 의하면 1914년에 의생면허 대상자는 5,827명이었는데,[15] 이들에 한해서만 영구면허가 부여되었다. 이는 조선총독부가 규칙 반포 전에 파악한 1,800여명을 상회하는 뜻밖의 결과였다.[16] 이러한 결과가 나온 것은 특별한 시험 없이 개술 확인절차만으로 면허를 부여했기 때문이다. 『조선총독부통계연보』에 의하면, 여기에 조선총독부가 의료인력의 일원으로 활용하고자 한 약종상은 1914년 8,145명이었다. 이 중에 조선인 약종상은 7,601명이었다. 1914년부터 1924년까지 의생 수가 점차 감소추세이던 것과는 대조적으로 약종상은 점차 증가추세였다.[17]

그런데 일제의 '의생규칙'은 과도기적 응급수단에 불과한 것으로서, 장기적으로 한의사를 자연도태시키고 서양의학의 융성을 기대하는 조치였

14) '醫生規則', 《朝鮮總督府官報》(1913. 1. 15).

15) 《朝鮮總督府官報》에 의하면 1914년 5,887명이었다. 신동원, 「1910년대 일제의 보건의료 정책: 한의학정책을 중심으로」, 《한국문화》 20(2002), 359쪽.

16) 「한방의계의 주의」, 《매일신보》(1913. 11. 30); 『朝鮮市政ノ方針及實績』(朝鮮總督府, 1915), 95쪽. 박윤재, 앞의 책, 318쪽에서 재인용.

17) 『朝鮮總督府統計年報』(1924), 衛生 49~50쪽.

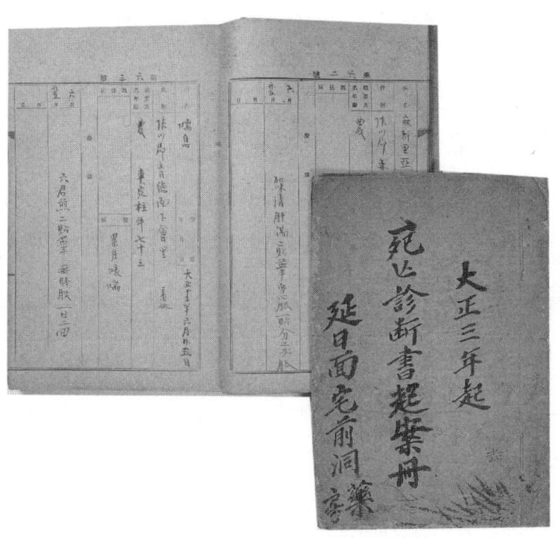

〈그림 6〉 의생이 작성한 사망진단서

조선총독부는 기본적인 서양의학 및 위생 관련 지식을 교육시켜 의생들을 인구 관리에 활용하고자 하였다. 그 결과 의생들은 서양의사와 마찬가지로 건강진단서와 사망진단서를 발급할 수 있었다. 사망진단서는 사망자의 주소, 이름, 성별, 나이, 병명, 사망일시 등을 구체적으로 기록하고 맨 뒤에는 조선과 일본에서 사용하는 병명 대조와 함께 매장인허증의 발급신청서 양식을 첨부했다.

다.[18] 즉 일제는 기존에 활동하던 한의사들에 한해서만 현재의 의업을 계속하게 하고 신규면허를 제한하여 서양의사로 한의사를 대체하고자 했다. 그러나 서양의사의 수적 한계 때문에 일제는 현실적으로 한의사의 존재를 인정하지 않을 수 없었다. 아울러 한의사의 신규면허를 용인하지 않을 수 없었는데, '의생규칙'의 부칙에는 3년 이상 의생에게서 의업을 수련했다는 증명서를 제출할 수 있으면 5년 동안 일정지역 내에서 신규면허를 허가하고, 기간 만료 후에 갱신할 수 있도록 규정하였다. 이와 더불어, 각 도가 관장하는 의생시험을 보도록 했는데, 경찰서에 의생면허 신청서를 제출할 때

18) 「寺內總督閣下訓示」, 《東醫報鑑》 1-1(1916), 3쪽; 「立花警務總長祝辭」, 《東醫報鑑》 1-1(1916), 4쪽; 白石保成, 『朝鮮衛生要義』(1918), 47~48쪽.

시험문제와 답안을 첨부하도록 했다.

일제는 식민지 위생의료체제를 구축하기 위해서 한의사에게 공적인 위생업무를 부과하고자 하였고, 서양의사와 마찬가지로 한의사도 진단서 및 사망진단서 등을 발급할 수 있도록 하였다.[19] 이를 위해서는 한의사들에게 기초적인 서양의학 지식과 위생 관련 지식을 교육할 필요가 있었다. 각 지역 경찰서장은 의생강습회(醫生講習會)를 통해 의학교육을 실시하였고, 지역별 편차를 줄이기 위해 조선총독부 경무총감부는 『의방강요(醫方綱要)』(1917) 및 『조선위생요의(朝鮮衛生要義)』(1918) 같은 교재를 발간하였다. 『조선위생요의』에 의하면, 주요 교육내용은 "생리학 및 위생학, 일반 전염병과 지방병의 특징과 예방법, 소독약의 종류와 응용, 의생규칙 및 약품취급과 전염병예방에 관한 법규, 종두술 · 구급법 · 붕대법 등 기타 간단한 기술, 침구술에 관한 주의, 미신적 요법과 위험성 요법의 교정" 등이었다.[20]

의생시험 역시 각 지방 경찰서가 주관하였는데, 민간에서 불평불만이 많아 1925년부터는 각 도 위생과에서 직접 주관하였다.[21] 실제로 『의방강요』와 『조선위생요의』의 내용에서 의생시험문제가 출제되었기 때문에, 이 책들은 의생지망생들에게는 시험준비를 위한 필독서였다. 그러나 조선총독부가 이들 서적에 대한 복제를 허락하지 않았기 때문에 대중적 확산에는 한계가 있었다. 이 때문에 동서의학연구회에서 수험용으로 『동서의학요의(東西醫學要義)』(1924)라는 책을 발간하기도 했다.[22]

『의방강요』의 내용은 해부 및 생리, 약물학, 진료술, 전염병학으로 구성된다. 이 중에서 해부 및 생리, 진료술은 한의학과 서양의학이 근본적으로 다

19) '醫生規則', 《朝鮮總督府官報》(1913. 1. 15), 제8조에서 제12조 규정. 20세기 초 한의사에게 사망진단서를 발급하도록 한 조치는 중국, 일본 등과는 완전히 정반대의 정책방향이었다. 중국에서 사망진단서 발급에 대해서는 신규환, 앞의 책, 제3장을 참고.

20) 白石保成, 『朝鮮衛生要義』(1918), 50쪽.

21) 「合格醫生僅五名」, 《동아일보》(1925. 5. 23), 1쪽.

22) 都鎭羽, 『東西醫學要義』 序(東西醫學研究會, 1924), 2~3쪽.

르며 서양의학이 한의학보다 우월하다는 것을 보여주기 위한 것이었고, 전염병학은 전염병 관리의 필요성 때문에 식민당국이 특별히 중요시한 분야였다. 그러나 식민당국과 의생지망생 모두에게 최고의 관심사는 단연 약물학 분야였다. 의생의 입장에서 보자면 약물학은 다른 분야와 달리 자신의 소득에 직접적인 영향을 미치는 약효에 관한 정보를 담고 있었고, 식민당국은 양약 오남용을 줄이기 위해서라도 약물학에 관심을 가져야 했다. 이는 당시 양약의 인기가 상당히 높았다는 것을 반증하는 것인데, 경무총감부 위생과는 『의방강요』의 서언에서도 양약 오남용의 문제점을 지적하였고,[23] 실제로 『의방강요』의 약물학편은 분량 면에서도 가장 많은 비중을 차지하였다.

『조선위생요의』는 크게 총론, 각론, 잡편 등으로 구성되는데, 총론에서는 위생학 전반을 개괄하고 위생행정을 다루었다. 각론은 보건과 방역으로 나뉘는데, 보건편에서는 의료인력, 이발·숙박업 등 보건 관련 업종 등을 언급하였고, 방역편에서는 각종 전염병과 검역 등의 문제를 다루었다. 마지막으로 잡편에서는 구급법과 국제아편회의 결의 등을 소개하였다. 요컨대 『의방강요』가 약물과 임상에 치중했다면 『조선위생요의』는 위생행정과 전염병 등에 치중했다고 할 수 있다.

이 밖에도 『의방강요』와 유사한 내용을 담고 있는 『신의학요감(新醫學要鑑)』(1927)과 『자습용 의방요집(自習用 醫方要輯)』(1939) 등 의생강습용 교재가 여러 종류 출판되었다. 그중에서 경찰관서에서 의생강습회 교과서로 지정된 최영재(崔永在)의 『신의학요감』은 1927년 초판 이래 1941년까지 개정 15판을 찍을 정도로 널리 읽힌 책이었다.[24] 『신의학요감』은 상편과 하편으로 나뉘는데, 상편은 『의방강요』와 마찬가지로 해부 및 생리, 약물학, 진료술, 전염병학 등으로 구성된다. 하편은 내과, 외과, 안과학, 간호법, 구급

23) 朝鮮總督府警務總監部衛生課 編纂, 『醫方綱要』 緒言(1917. 7).
24) 崔永在 等 校閱, 『增訂新醫學要鑑』(京城: 杏林書院, 1941).

법, 소독법 등으로 구성되며, 부록으로 의학법규와 신구병명대조표가 포함되었다. 『신의학요감』 역시 『의방강요』와 마찬가지로 약물과 임상이 강조되었다.

이처럼 『의방강요』와 『신의학요감』 등은 수험서 역할도 담당했지만, 충실한 의생강습용 교재이기도 했다고 할 수 있다. 특히 약물과 임상을 비교적 자세하게 설명하고 있어 수업교재로 적절했다. 반면 이들 교재는 담고 있는 정보가 많고, 실제 출제경향과는 거리가 있었으므로 수험용으로서 수험생들의 수요를 충족시킬 수는 없었다.

의생지망생들에게는 합격이 지상과제였으므로 무엇보다도 의생시험의 출제경향을 정확히 짚어내는 것이 중요했다. 일제 시기 수험서 중에는 행림서원에서 출판한 『최신전선 의생시험문제해답집(最新全鮮 醫生試驗問題解答集)』(1935)이 가장 유명했다.[25] 이 책은 기출문제를 중심으로 중요문제와 그에 대한 정답을 수록하고 있어, 출제경향 확인과 직접적인 수험 준비에 유용했다. 따라서 이 책에 수록된 기출문제를 통해서 어떤 문제가 출제되고, 의생시험 경향이 어떠했는지를 짐작해볼 수 있다.

시험 문항은 대체로 적으면 4문제, 많으면 7문제가 출제되었다. 시험 문제는 해부학에서 1문제, 생리학에서 1문제, 혹은 해부학 및 생리학을 합쳐서 1문제, 내과에서 1문제, 외과에서 1문제, 전염병 혹은 전염병 예방 및 소독에서 1문제, 산부인과 혹은 약물학에서 1문제가 출제되었다. 즉 서양의학 지식을 묻는 게 대부분이었다. 『최신전선 의생시험문제해답집』에는 1927년에서 1933년까지 도(道) 단위로 시행된 의생시험 문제가 망라되어 있는데, 이 책의 편자는 '모범적인 것'만 발췌하여 시험 준비에 도움이 되도록 했음을 강조했다.

25) 현재까지 확인한 바에 의하면, 1935년 초판 이래 1940년까지 7판이 발행되고 있다. 『最新全鮮 醫生試驗問題解答集』(京城: 杏林書院, 1940).

예컨대 1930년 경기도 지역 의생시험 문제로 5문제가 출제되었는데, "횡격막의 위치와 작용을 서술하라", "임독성(淋毒性) 관절염의 원인 · 증상 · 요법을 서술하라", "뇌일혈의 증상과 요법을 서술하라", "임신의 확증은 무엇인가", "중요한 호흡기질환 2~3가지를 예시하고, 그 예방과 소독법을 서술하라" 등이었다.

이처럼 의생시험 문제는 해부학, 생리학, 전염병학, 소독법, 내과, 산부인과 등 기본적인 서양의학 지식을 묻는 것이 대부분이었고, 특별히 한의학 지식을 요구하지는 않았다. 그러다 보니 한의학을 전혀 모르는 의사가 의생시험에 응시하는 등 부작용도 없지 않았다.[26]

가장 심각한 문제는 의생이 서양의학에 관한 몇 가지 지식만 가지고 양약을 오남용하는 경우였다. 이 때문에 식민당국은 『의방강요』 등을 통해 약물학 교육을 강화했으나 그것만으로 양약의 오남용을 막는 것은 역부족이었다. 더군다나 약물학이 특별히 중시되어 실제 시험에 약물학 문제가 반드시 포함된 것도 아니었고, 약물 사용에 관해 어떤 강제성을 부여하기도 어려운 상황이었다. 식민당국에서도 이런 점을 잘 알고 있었다. 예컨대 충남 지역 의생시험을 관리하던 도 위생과장은 의생시험장에서 의생수험생을 대상으로 "의생지망생들이 간단한 주사법이나 몇 종의 양약에 대한 지식을 가지고 의생의 업무에 나아가려는 사람이 많다"고 지적하고 한의약 및 서양의학에 대한 지식을 겸비해야 한다고 훈계하기도 했다.[27]

결국 충청남도 위생과는 미천한 지식을 가지고 양약처방의 오남용을 막기 위해 의생들을 대상으로 '양약치료기능고사시험(洋藥治療技能考査試驗)'을 별도로 실시하기에 이르렀다.[28] 실제로 이 시험제도가 어느 정도 실

••••••••••••••••••••••

26) 趙憲泳, 「한방의학의 위기를 앞두고」, 《신동아》(1935. 10); 박계조 編, 『한의학은 부흥할 것인가』(학민사, 1997), 188쪽.

27) 《漢方醫藥》 12(1937. 7), 64~65쪽.

28) 「漢醫洋藥治療 技能考査試驗」, 《동아일보》(1937. 11. 21), 7쪽.

효성이 있었는지 평가하기는 어렵다. 다만 의생들의 양약 처방이 적지 않았고, 그로 인한 양약의 오남용 사례가 심각한 수준에 이르렀던 것은 분명해 보인다. 또한 식민당국 역시 이 문제의 심각성을 인식하고 있었음을 알 수 있다.

기존 연구에 의하면, 의생시험 문제에 한의학에 관한 내용이 거의 포함되지 않다가 "1936년 충청남도 도 위생과가 주관한 도 의생시험에서는 관례를 깨고 한의학 문항을 포함했다"[29]거나 "1930년대 후반에 오면 출제경향에도 많은 변화가 와서 우선 분량에서도 한의학적인 내용을 묻는 문제가 절반을 넘어서고 내용에 있어서도 한약재의 용도를 묻는 것에 국한되는 것이 아니라 한의학적 개념을 묻는 문제들로 다양화되었다"[30]라고 보고 있다.

필자는 『최신전선 의생시험문제해답집』과 《충남의약(忠南醫藥)》및 《한방의약(漢方醫藥)》 등을 통해 1927년부터 1933년까지 전국에 실시된 총 59차의 시험문제와 1935년부터 1944년까지 충남 · 전남 지역에서 실시된 총 6차의 시험문제를 검토해보았다. 이에 따르면, 한의학 문제가 등장하기 시작한 것은 1936년 충청남도 의생시험이 아니라 1927년 평안남도 의생시험에서였다. 아울러 1930년대 후반 이후로는 각 지방 의생시험에서 한의학에 관한 시험문제가 반드시 한두 문제 포함되지만 그 분량이 절반을 넘어서는 것은 아니었다. 또한 한약재의 용도만이 아니라 각 질병 및 전염병에 대한 한방치료법까지 병기하라는 주문은 1933년 9월 전라남도에서 시행된 의생시험문제에서 나오기 시작하였다.

충청남도에서는 1935년도부터 1941년도까지 매년 5월 의생 및 약종상(한약, 양약), 제약자, 매약제조업자, 산파, 간호부, 입치(入齒),[31] 안마, 침,

29) 신동원, 「조선총독부의 한의학정책: 1930년대 이후의 변화를 중심으로」, 《의사학》 12-2(2003. 12), 121~122쪽.

30) 여인석, 「조선개항 이후 韓醫의 動態」, 《東方學志》 104(1999), 312쪽.

31) 치과의사가 정식으로 배출되기 전, 개인적인 사승관계로 배운 서양 치과의술을 가리킨다.

뜸 등에 대해 자격면허 시험을 실시하였다. 대략 합격률은 지원자의 20% 수준이었다. 시험장소는 도청 회의실이었고, 지원자는 아침 8시까지 입실을 완료해야 했다. 감독관이 응시자 출결사항을 점검하고 시험 시 주의사항을 전달한 후, 시험의 총책임자인 도 위생과장이 의생시험의 의의와 수험생의 자세 등에 대해 훈시하였다. 시험시간은 오전과 오후에 각각 2시간 30분 동안 실시되었다. 1942년 이후로는 각 분야에 대한 자격시험이 지속되었으나 의생시험은 제외되었다. 의생시험이 1940년 이후에는 법령상 폐지될 것이라는 소문이 자자했는데,[32] 실제로 1942년 이후 폐지되기에 이른 것이다. 충청남도의 의약 상황은 1935년 11월부터 1944년 7월까지 충남의약조합 및 충남의약협회가 월간 혹은 격월간으로 발행한 《충남의약》과 《한방의약》을 통해 알 수 있다.

1935년부터 1941년까지 충남 지역(5차)과 전남 지역(1차)에서 실시된 총 6차의 시험문제는 시험차수가 적어서 분명한 출제경향을 도식화하기가 어렵다. 다만 이때부터는 의생시험에 한방에 관한 문제가 반드시 포함되었다는 점과 1937년 이후로는 표본론(標本論)과[33] 상한(傷寒)[34]같은 한의학 이론도 출제되었다는 점을 주목할 만한 특징으로 볼 수 있을 것이다.

이처럼 1930년대 중후반 이후로 의생시험에 일부 변화가 있었던 것은 사실이다. 또 이런 분위기가 1930년대 중반 이후 뜨겁게 달아오르기 시작한 한의학부흥논쟁에 편승한 측면도 없지 않다. 그런데 이 같은 변화는 시험범위가 늘어나는 것을 의미했기 때문에 수험생에게는 반가울 리 없었다.

入齒와 入齒師의 성격에 대해서는 신재의 著, 『한국치의학사연구』(참윤 퍼블리싱, 2005), 95~109쪽; 이주연, 『한국 근현대 치과의료체계의 형성과 발전』(혜안, 2006), 79~83, 130~131쪽.

32) 《東洋醫藥》 1(1935. 1), 75쪽; 趙憲泳, 「한방의학의 위기를 앞두고」, 《新東亞》(1935. 10); 박계조 編, 앞의 책, 188쪽.

33) 1937년 5월 충남지역 의생시험문제, 《漢方醫藥》 12(1937. 7), 66쪽.

34) 1940년 5월 충남지역 의생시험문제, 《漢方醫藥》 32(1940. 6), 54쪽.

또 대표적 수험서인 『최신전선 의생시험문제해답집』은 수차례 재판을 찍어냈음에도 증보하는 내용이 없는 등 별다른 변화가 없었다. 1930년대 중후반 이후 사회적 분위기 면에서 한의학에 유리한 상황이 조성된 것은 사실이지만, 의생이 되기 위해서 제도적으로 서양의학을 공부해야 하는 상황은 근본적으로 달라지지 않았다.

중요한 것은 이러한 제도적 강제를 통해 한의학이 서양의학을 배울 수밖에 없었다는 점이 아니라 그 강제를 통해 한의학이 서양의학에 대해 어떤 입장을 견지하게 되었냐는 것이다. 만약 시험의 강제성만이 작용했다면 서양의학은 단지 수험용 지식에 불과했을 것이고, 서양의학 지식이 실제적 효용성을 가졌다면 서양의학을 부정적으로만 평가하지는 않았을 것이다. 그런데 의생시험의 진행과정에서 도출된 몇 가지 단서들을 종합해보면, 부분적으로나마 한의학이 서양의학을 긍정적으로 수용했을 것이라 추론할 수 있다. 왜냐하면 식민당국이 약물의 오남용을 우려하여 별도의 자격시험을 실시할 정도로 한의학은 양약의 효능에 관심이 많았고, 의생들은 경제적 효용성 때문에라도 실제로 상용했을 것이기 때문이다.

3. 적응: 동서의학연구회와 '동서병존'

동서의학연구회(東西醫學硏究會)는 1917년 11월 조선총독부의 승인을 받아 의생들을 중심으로 설립되었다. 설립목적은 조선총독부의 위생사업에 동참하고, 한의학의 개량발전을 도모하는 것이었다.[35] 동서의학연구회

35) 1910년 大韓醫士總合所가 창립되고, 이것이 1912년 漢方醫士會로 개칭되었다. 1913년에는 醫師硏鑽會라는 명칭을 사용하였는데 얼마 후 漢方醫會라는 명칭이 사용되었다. 1915년 全鮮醫生大會 개최 이후 1917년 東西醫學硏究會가 정식 성립되었고, 1921년 11월 조선총독부에 의해 정식으로 승인을 받게 된다. 《東西醫學硏究會月報》 創刊號(1923. 12),

는 1920년대의 대표적 한의학조직이라고 할 수 있는데, 1925년 1월 재정문제로 불거진 분규로 인해 잡지 발행이 중단되고, 실제 활동도 위축된 바 있었다.[36] 그러나 현실사회에서 동서의학연구회의 영향력은 상당히 컸다. 경성부립 순화병원(京城府立順化病院)에 한방부(漢方部)를 설치했을 때도 동서의학연구회가 추천한 이을우(李乙雨)가 채용되었고, 매년 한의강습회(漢醫講習會)나 약령시(藥令市) 강연회 등의 강사들도 모두 동서의학연구회가 추천한 인물이었다. 즉 위생당국이나 민간에서 한의학과 관련된 업무는 동서의학연구회에 의존한 것이다.[37]

1920년대 동서의학연구회의 성격에 대해서는 '동서절충(東西折衷)' 혹은 중국식 표현을 빌려 '동서회통(東西會通)'이라는 지적들을 해왔다.[38] 절충은 한쪽에 치우치지 않고 양쪽의 장점을 아우른다는 뜻인데, 동서의학연구회는 동서의학 각각의 장점을 취하는 형식을 취했다고 한다. 구체적으로는 첫째, 동서의학연구회는 동서의학에서 다루는 130여 가지의 병명을 비교하였다는 것이다. 정확한 대조는 아니지만, 병명의 비교는 동서의학의 상통점을 찾기 위한 노력으로 간주된다. 둘째, 양진한치(洋診漢治), 한진양치(漢診洋治)를 시도하여, 서양의학적인 진단에 한의학적 처방을 내리거나, 한의학적 진단에 서양의학적 처방을 소개하였다는 것이다. 셋째, 각 질병에 증상, 예후, 치료법, 예방 등 서양의학적 설명을 도입하고, 맥진, 치료법 등 한의학적인 방법을 도입하였다는 것이다.

그런데 이러한 특징만으로 동서의학연구회가 동서절충의 성격만을 가졌

28~29쪽; 金性璂, 「本會의 前途는 悲觀이냐 樂觀이냐」, 《東西醫學研究會月報》 1月號(1924. 1), 8~9쪽.

36) 「분규점익확대」, 《매일신보》(1925. 1. 5), 2쪽.

37) 「날로 높아가는 東西醫學研究會의 權威」, 《東洋醫藥》 1(1935. 1), 77쪽.

38) 정지훈, 「'東西醫學研究會月報' 연구」, 《韓國醫史學會誌》 15-1(2002. 8), 208~209쪽; 鄭智薰, 「韓醫學術雜誌를 중심으로 살펴본 日帝時代 韓醫學의 學術的 傾向」, 《韓國醫史學會誌》 17-1(2004. 8), 222, 235쪽.

다고 결론 내릴 수 있는지는 좀 더 따져보아야 할 문제이다. 우선은 동서의학연구회가 동서의학의 절충을 지향했는지를 검토해야 하고, 그런 연후에 실제 활동 역시 절충적이었는지를 살펴보아야 할 것이다.

앞서 지적한 바와 같이 조선총독부는 의생에게 공공위생업무를 담당시키고자 했기 때문에, 조선총독부의 위생사업에 동참한다는 것은 우선 법정전염병의 예방법과 소독법을 숙지하여 그 책임을 다하는 것과 그에 따르는 서양의학을 학습 · 연구하는 것이었다. 그 내용은 「동서의학연구회취지서」의 '본회목적' 제1조와 제2조에 그대로 반영되어 있다.[39]

동서의학연구회는 1923년 12월 《동서의학연구회월보(東西醫學研究會月報)》라는 잡지를 발간했는데, 연구회 설립 취지 그대로 서양의학적인 전염병 예방과 치료법을 다수 소개하였고, 동서의학연구회의 발전방향과 정체성에 관한 논의를 전개하고 있다.

> 만약 구습을 탈각하지 못하고 고지식하게 시대를 지나가다가는 우리는 점차 비참의 구덩이에 타락하고야 말 것이다. 우리는 결코 서의학을 배척하자는 것은 아니다. 어서 연구에 연구를 더하여 **동서병존**하자는 것이다.[40](강조는 필자)

39) 「동서의학연구회 취지서」 本會目的 第一條 一般醫生은 九種傳染病 豫防法 및 消毒法을 詳細 得하야 醫生된 責任을 盡할 事, 第二條 一般醫生은 東西醫學을 研究하야 東西醫術을 併用ᄒᆞᆷ과 共히 西醫의 機械를 使用하야 治療上 便宜를 圖할 事, 第三條 朝鮮 全道에 散在ᄒᆞᆫ 醫生은 可成的 團合하야 醫藥의 改良發展을 期圖할 事, 第四條 本會는 會報를 刊行하야 東西醫學 講演錄 및 其他 醫界에 關ᄒᆞᆫ 材料를 蒐集揭載하며 藥價의 變動을 昭詳刊行하야 一目 然히 할 事, 第五條 衛生當局에 依賴하야 地方大都會에 衛生講演會를 開催하고 其附近의 醫生을 集合ᄒᆞ야 衛生上 必要ᄒᆞᆫ 講演을 할 事, 第六條 一般醫生은 醫生規則을 遵守ᄒᆞ고 診療薄를 十年間 保管할 事, 但診療簿는 朝鮮全道를 均一하기 爲하야 本會로부터 發行할 事, 第七條 官廳의 取扱方法의 便宜를 圖키 爲하며 又는 一般醫生에 均一케하기 爲하야 各項 診斷書用紙는 本會로부터 刊行配付할 事. 《東西醫學研究會月報》 創刊號(1923. 12), 61쪽.

40) 「卷頭言」, 《東西醫學研究會月報》 創刊號(1923. 12), 33쪽.

《동서의학연구회월보》 창간호는 서양의학을 배척할 수 없는 현실을 인정하며, '동서병존'을 주장한다. 병존의 본뜻은 존재가치를 서로 인정하는 가운데 자신의 독자성을 추구한다는 것이다. 그런데 동서의학연구회가 표명한 이러한 입장은 일관되게 관철되지는 않는다. 「동서의학연구회 취지서」 '본회목적' 제3조에는 "동서의학을 연구하여 동서의술을 병용함과 더불어 서양의학의 기계를 사용하여 치료상 편의를 도모할 일〔東西醫學을 研究하야 東西醫術을 併用홈과 共히 西醫의 機械를 使用하야 治療上 便宜를 圖할 事〕"로 규정하고 있다. 이것은 한의학이 의료행위에 서양의 의술과 의료기기를 사용하겠다는 의지를 표명한 것이다. 말하자면 병존보다는 절충을 실천하겠다는 의지인 것이다. 이처럼 한의학의 정체성을 표현하는 데서 매우 민감할 수 있는 병존과 절충이 동시에 표출되는 것은 이상적으로 추구하는 병존과 현실적으로 받아들일 수밖에 없는 절충 사이에서 존립해야 했던 일제 시기 한의학의 현주소를 반영하고 있는 것이다. 동서의학연구회 회장인 김성기는 동서의학연구회의 발전방향을 "동의학(東醫學)을 본위로 하고, 서의학(西醫學)을 대조하여 사상(思想)과 면목(面目)을 일신케 하며, 동의학의 이술(理術)을 가지고 질병의 발생원인이 어디에 있고 어떤 처방으로 효과를 보았는지 실례를 들어, 고래로 전하는 처방을 상세하게 게재"하는 것으로 설정하고 있다.[41]이 주장은 한의학을 본위로 하여, 서양의학을 비판적 선택적으로 수용하겠다는 뜻이다. 그런데 이것은 서양의학을 수용한다는 점에서는 절충을 표현한 것이지만, 진단과 처방을 한의학에 근거한다고 명시함으로써 병존에 더 무게를 두었다고 볼 수 있다.

동서의학연구회의 《동서의학연구회월보》는 1923년 12월 창간호를 시작으로 1924년 9월 제6호까지 발행되었고, 1925년 10월 '혁신 제1호'까지 포함하면 총 7권이 발행되었다. 이 밖에도 동서의학연구회는 1926년 10월부

41) 金性琪, 「本會의 前途는 悲觀이냐 樂觀이냐」, 《東西醫學研究會月報》 1(1924. 1), 10~11쪽.

터 매월 《동서의학》 속간호라는 이름으로 잡지를 발행하였는데, 속간 1호, 속간 2호, 속간 3호까지 확인된다. 1920년대 동서의학연구회가 발간한 잡지는 최소 10권인 셈이다.

《동서의학연구회월보》는 전염병의 원인과 치료 등 서양의학을 소개하는 데 많은 지면을 할애하고 있는데, 다른 한편 한의학적 처방도 소개하고 있다. 예컨대 동서의학연구회 중앙총부 강의에서는 "홍역이란 것은 육부장위(六腑腸胃)의 열(熱)이 증(蒸)하야 외감내상(外感內傷)이 병발(併發)하야 천연두와 더불어 표증(表症)은 유사하나 그 이면과 실질은 판이하니 고로 폐위(肺胃)로부터 발원"한다고 보고, 발병초기에 승마갈근탕(升摩葛根湯)에 소엽(蘇葉)과 총백(蔥白)을 함께 먹게 하라는 한의학적 진단과 처방을 내린다.[42] 또 같은 잡지, 같은 호의 바로 뒷장에서는 "홍역의 직접원인은 병균이다. 그 병균인 미생물이 환자의 구강, 혹은 비공(鼻孔)으로 배출하는 분비물(分泌物) 속에 숨어 있다가 타인에게 전염"된다고 보고, 소독 및 일광욕, 미온욕(微溫浴), 음식물 요법 등 서양의학적인 진단과 처방을 내린다.[43] 즉 같은 질병에 대해 서로 다른 원인분석과 처방이 공존하는 것이다. 말하자면 동서의학연구회는 양진한치(洋診漢治), 한진양치(漢診洋治)와 같은 절충만을 지향했다기보다는 한의학을 본위로 하되, 서양의학의 진단법과 치료법을 다수 소개하는 형식으로 그들의 활동방향을 설정한 것으로 보인다.

또 한 가지 흥미를 끄는 부분은 해부학 지식에 관한 것이다. 흔히 중국의 중서회통파를 대표하는 탕종하이(唐宗海, 1851~1908)는 『중서회통의경정의(中西匯通醫經精義)』(1894)에서 전통적 장부도의 오류를 비판하면서 서양의 해부도를 적극 수용하였는데, 서양의학의 우월성이나 설명방식을 받아들이지 않고, 중국의학의 기화이론(氣化理論)을 계속해서 강조한 바 있다.[44]

42) 姜浚杓, 「中央總部강의석상에서」, 《東西醫學研究會月報》 1(1924. 1), 39쪽.
43) 「紅疫과 百日咳에 對하야」, 《東西醫學研究會月報》 1(1924. 1), 41~43쪽.

《동서의학연구회월보》는 서양의학의 근육계통이나 신경계통에 대한 강좌를 싣고 있는데,[45] 또 다른 한편에서는 잡지의 맨 앞장에 전통적인 경락도나 장부도를 게재하고 있다.[46] 이처럼 서양의학의 해부도와 동양의학의 장부도가 동시에 게재되는 현상은 동서회통이나 동서절충으로는 설명될 수 없는 면모이다. 즉 서양의 해부도와 동양의 장부도가 함께 실리는 것은 동서병존이나 동서병용을 지향했기 때문에 나온 결과라고 할 수 있다.

그런데 의생지망생들에게는 서양의학 학습이라는 현실적 문제가 더욱 절실했을 것이다. 의생지망생들에게는 의생시험 합격이 최우선 과제였으므로 그러한 요구에 부응해야 했고, 합격한 이후에는 식민당국의 위생정책에 협조해야 했으며, 무엇보다 서양의학의 신약정보 및 치료술의 습득은 의생들의 존립기반과 직결되는 현실적인 요구였을 것이다.

이 때문에 동서의학연구회는 『동서의학요의(東西醫學要義)』(1924)라는 책을 발간하기도 했다. 이 책은 동서의학연구회가 의생시험 대비용 수험서로 출판한 것인데, 조선총독부가 발행한 교육용 교재와는 체제와 내용이 크게 달랐다. 저자인 도진우(都鎭羽)는 함경남도 출신의 유명한 한의사 집안의 인물인데, 서양의학에도 식견이 풍부했던 것으로 알려져 있다. 도진우의 책은 부친이자 동서의학연구회 함경남도 지부장인 도은규(都殷珪)의 추천으로 동서의학연구회를 통해 출간하게 된 것이다. 그런데 이 책은 동서의학연구회의 회장, 부회장, 서무부장 등이 책 서문을 통해 수차례에 걸쳐 극찬할 정도로 동서의학연구회의 설립 취지에도 부합하는 것이었다.[47]

말하자면 『동서의학요의』는 수험서로서 시세에 영합하면서도 의생교육

44) 皮國立, 『醫通中西: 唐宗海與近代中醫危機』(臺北: 東大圖書公司, 2006), 75~78쪽.
45) 李載澤, 「本會講座: 筋肉系統」, 《東西醫學研究會月報》 5(1924. 4), 31~36쪽; 李載澤, 「本會講座: 神經系統」, 《東西醫學研究會月報》 5(1924. 4), 37~44쪽.
46) 「明堂仰圖」, 《東西醫學研究會月報》 1(1924. 1); 「臟腑圖」, 《東西醫學研究會月報》 4(1924. 3).
47) 都鎭羽, 『東西醫學要義』 序(京城: 東西醫學研究會 中央總部, 1924), 1~4쪽.

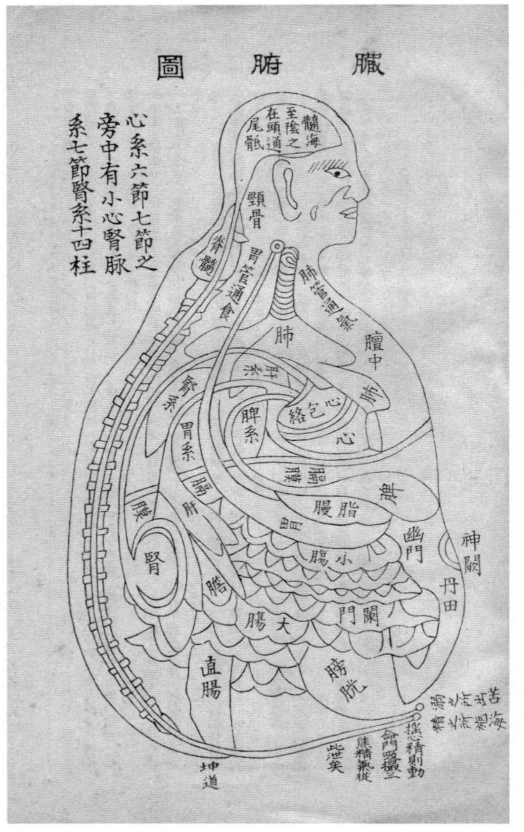

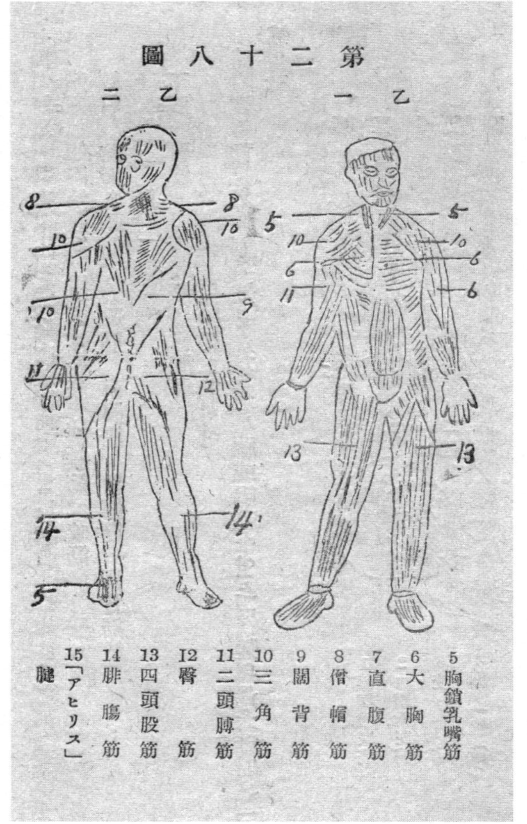

〈그림 7〉 장부도와 해부도

1924년 《동서의학연구회월보》의 제4권과 제5권에 각각 실린 장부도(왼쪽)와 근육해부도(오른쪽) 그림. 동서의학연구회는 한의학을 중심에 두고 서양의학을 선택적으로 절충하겠다고 선언했지만, 실제로는 동서병존에 무게를 두었다. 해부학에 대한 인식은 그 단적인 표현이다.

과 학술진흥을 목표로 하던 동서의학연구회의 교육용 교재 수요를 채워주는 역할을 담당하게 된 것이다. 더욱이 이 책은 식민당국의 직접적인 지휘와 관리를 받지 않고 순수 개인저작으로 동서의학연구회를 통해서 출간되었다는 점에서, 1920년대 한의학의 강제된 서양의학 인식과 자발적 서양의학 인식의 스펙트럼을 보여주기에 적합한 자료라고 할 수 있다.

조선총독부가 발행한 『의방강요』와 『조선위생요의』는 해부학 및 생리학, 약물학, 전염병학 등 서양의학의 기초지식과 진료 및 치료 등에 관한 내용을 담고 있다. 『동서의학요의』는 조선총독부가 발간한 교재들과는 달리 매우 독특한 설명방식을 채택하고 있다. 『동서의학요의』는 총 4편인데, 제1편 동서생리개론, 제2편 진찰, 제3편 전염병학, 제4편 잡병 등으로 구성된다. 『동서의학요의』의 특징 중 하나는 잡병편이 전체의 3분의 2 정도를 차지할 정도로 잡병이 비중 있게 다루어진다는 점이다. 이 점에서 『동서의학요의』가 『의방강요』나 『신의학요감』 등과 마찬가지로 임상을 중시했다고 볼 수 있다. 이 책의 가장 중요한 특색은 각 편을 동서의학으로 구분하여 서술하되, 그 비중을 동등하게 하려고 하였다는 점이다.

제1편 동서생리개론은 제1장 (서)생리해부도론과 제2장 (동)전신구조 및 작용으로 구성되는데, 생리해부도론에서는 뼈, 근육, 피부 등 신체 각부의 명칭과 기능 및 작용 등 해부학 지식과 소화기 · 호흡기 · 순환기 · 비뇨기 · 신경계의 생리작용 등 서양의 해부생리학에 대해서 서술하였다. 전신구조 및 작용에서는 『동의보감(東醫寶鑑)』 등 한의학의 주요경전을 인용하여 신형(身形), 정기신(精氣神), 각 신체부위, 경락, 오장육부, 삼초 등이 한의학에서 어떻게 이해되는지를 설명하였다. 제2편 진찰에서는 한의학의 진맥법과 생사판단법을 서술하고, 서양의학은 청진기를 통해 병세를 알아낸다는 점을 설명하였다. 제3편 전염병학은 9종 전염병(九種傳染病), 각종 전염병〔諸種 傳染病〕, 상한론(傷寒論), 육기(六氣) 등 4개 장으로 구성된다. 9종 전염병에서는 장티푸스, 파라티푸스, 발진티푸스, 적리, 디프테리아,

콜레라, 페스트, 성홍열, 두창 등에 대한 동서의학의 명칭을 병기하고 각각의 원인진단과 처방에 대해서 서술하였다. 각종 전염병에서는 홍역, 파상풍, 단독(丹毒), 경해(痙咳), 말라리아, 토사병, 수두, 유행성 이하선염, 각기, 공수병 등에 대한 동서의학 각각의 원인진단과 처방을 서술한다. 상한론에서는 양명증, 소양증, 태음증, 소음증, 궐음증, 상한잡증 등의 증상과 치료법을 서술하고, 육기에서는 풍(風), 한(寒), 서(暑), 습(濕), 조(燥), 화(火) 등의 원인과 요법 등을 서술한다. 제4편 잡병은 소화기병, 호흡기병, 순환기병, 비뇨기 및 생식기병, 뇌척수 신경병, 이과(耳科), 안과, 구설 및 치과(口舌及齒科), 비과(鼻科), 피부병, 전신병, 운동기병, 부인과, 소아과, 외과, 중독, 동서약학, 동서침법 등으로 구성되어 있다.

이 책은 동서의학에 대한 가치판단이나 우열론적인 인식을 배제한 채 동서병존을 지향하고 있다. 이러한 인식은 서양의학 위주로 의생시험과 의학에 대한 가치판단을 강제하고자 하던 식민당국의 의도와는 일정한 거리를 둔 것이라 볼 수 있다.

예컨대 『동서의학요의』 한의학 부분에서는 폐결핵이 양허(陽虛) 혹은 음허(陰虛)로 인해 발생한다고 보고, 양허에는 십전대보탕(十全大補湯)을 처방하고, 음허에는 가감사물탕(加減四物湯)을 처방한다고 하였다.[48] 반면 뒤이어 수록된 서양의학 부분에서는 결핵균(結核菌)이 기도와 식도 등으로 침투하여 폐결핵이 발생한다고 보고, 일광, 영양섭취 외에 결려아조독환(結麗亞曹篤丸)과 탄닌산〔單寧酸〕 등 양약의 복용이 필요하다고 하였다.[49]

이처럼 『동서의학요의』 역시 동서병존에 충실하려고 했음을 알 수 있다. 1920년대 동서의학연구회가 지향한 동서병존은 현실적으로 알아야만 했던 서양의학 지식과 지키고 싶었던 한의학 지식을 동시에 드러내고, 그것

48) 都鎭羽, 『東西醫學要義』(1924), 173~174쪽.
49) 같은 책, 175~176쪽.

을 절충할 것인지 병용할 것인지는 개개인의 선택으로 남겨놓는 일종의 전략적 접근방식으로 평가할 수 있다. 반면에 1930년대에 들어서면서부터는 동서의학연구회가 이와 같은 접근방식을 유지할 필요가 없어졌다. 한의학부흥운동이 전개되고, 한의학의 자신감이 팽배하기 시작하면서, 1930년대의 동서의학연구회는 전염병 예방약으로 한약을 지정하고, 양약보다 효과가 크다는 점을 공개적으로 표출하기 시작한 것이다.[50]

4. 선회: 한의학부흥논쟁과 한의학의 서양의학 인식의 변화

이전과는 달리 1930년대에는 한의학의 자긍심과 자부심을 강조하는 방향으로 분위기가 바뀌고 있었다. 따라서 한의학의 서양의학 인식 역시 이전과는 다른 변화를 보여준다. 이러한 변화는 한의학에 대한 식민당국의 인식변화와 깊은 관련이 있다. 1910년대까지만 해도 한의학을 비하하던 총독부관리들의 태도가 일변하여, 경성제국대학에서 한약 연구가 본격화되고, 약초 재배가 권장되는 한편, 한약이 가치 있는 자원으로 인식되기 시작했다. 더욱이 1930년 순화병원에 의생이 배치되고, 서양의학 일색이던 의생강습회의 강좌 내용에 한의학이 포함되는 등 1930년대에는 식민당국의 정책 변화가 역연했다.[51]

1930년대 새로운 흐름은 한의학계의 이른바 한의학부흥운동에서 비롯하였다. 1934년 2월 16일부터 의학교 출신인 장기무(張基茂)는 「한방의학부흥책」이라는 글을 《조선일보(朝鮮日報)》에 3회에 걸쳐 연재하였고, 경성

50) 「窒扶斯의 예방한약을 지정, 양약보다 효과가 잇다고」, 《조선중앙일보》(1935. 9. 5), 2쪽.

51) 1920년대 후반 이후 식민당국의 한의학정책의 변화에 대해서는 신동원, 「조선총독부의 한의학정책: 1930년대 이후의 변화를 중심으로」, 《의사학》 12-2(2003. 12), 110~128쪽을 참고.

제국대학 의학부 박사 출신인 정근양(鄭槿陽)은 1934년 3월 9일 이후 5회에 걸쳐 「한방의학부흥문제에 대한 제언—장기무씨의 소론을 읽고」를 《조선일보》에 기고하였다. 이에 대해 장기무가 다시 반론을 제기했고, 경성약학전문학교를 졸업한 이을호(李乙浩)와 와세다 대학 영문학부 출신인 조헌영(趙憲泳) 등이 논쟁에 가세했다. 1934년 한 해 동안 9개월에 걸쳐 《조선일보》 지면에서 벌인 뜨거운 논쟁은 한의학의 가치를 옹호하는 장기무 · 이을호 · 조헌영과 서양의학의 가치를 옹호하는 정근양 사이의 논쟁으로 정리될 수 있다.[52)]

한의학부흥논쟁은 대체로 세 단계에 걸쳐 진행되었다고 볼 수 있다.[53)] 첫 번째 단계는 장기무의 한방의학부흥책에 관한 논쟁을 통해 한의학부흥운동이 필요한지 논의한 것이다. 장기무는 위력이 있는 한의단체의 필요성, 용어의 통일성과 대중성 강화, 연구소 및 한의학 전문학교 등 의학교육기관의 설립, 의약 · 위생에 관한 언론기관의 설치 등을 통해 한의학을 부흥시킬 수 있다고 주장하였다.[54)] 이에 대해 정근양은 한의학과 서양의학을 구분하는 것 자체를 반대하고, 한의학만의 부흥에 반대하였다. 정근양은 자신이 서양의학을 무조건 옹호하고 한의학을 비하하지 않는다고 하였으나 결국 그에게 보편타당성 있는 실험적 근거를 지닌 의학은 서양의학뿐이었으므로 사실상 한의학 자체와 한의학부흥운동의 필요성을 부정했다고

52) 1930년대 한의학부흥논쟁에 대해서는 이미 많은 정리와 연구가 이루어져 있다. 전북한의약조합 編, 『한의학의 비판과 해설』(행림출판사, 1942); 임병묵, 「1930년대 한의학부흥논쟁」, (서울대학교 보건대학원 석사학위논문, 1996); 정근식, 「일제하 서양의료체계의 헤게모니 형성과 동서의학논쟁」, 《한국사회사학회논문집—한국의 사회제도와 사회변동》 50(문학과 지성사, 1996); 愼蒼健, 「覇道に抗する王道としての醫學: 1930年代朝鮮における東西醫學論爭から」, 《思想》 90(1998. 11); 신동원, 「1930년대 한의의 근대성 · 과학성 논쟁」, 역사비평사 편집위원회, 『논쟁으로 본 한국사회 100년』(역사비평사, 2004), 146~152쪽; 신동원, 『호열자, 조선을 습격하다』(역사비평사, 2004), 343~353쪽.

53) 정근식은 이 논쟁을 두 단계로 나누어 설명한다. 정근식, 앞의 글, 286~287쪽.

54) 張基茂는 「한방의학부흥책」, 《朝鮮日報》(1934. 2. 16); 박계조 編, 앞의 책, 9~16쪽.

볼 수 있다.[55)]

두 번째 단계는 이을호와 조헌영이 논쟁에 가세하면서 동서의학의 특성에 주목하고 동서의학의 보완적 발전이 가능한지에 관해 논의한 것이다. 먼저 이을호는 동서의학을 각각 종합의학과 분석의학으로 특징짓고, 동서의학이 융합하는 것은 불가능한 것으로 보았다.[56)] 조헌영 역시 동양의학이 종합치료의술, 자연치료의술, 현상의학, 동체의학, 치본의학, 양생의술, 내과의학, 응변주의, 평민의술, 민용의술 등의 특징을 가지고 있다고 보고, 서양의학은 국소치료의술, 인공치료의술, 조직의학, 정체의학, 치표의학, 방어의술, 외과의학, 획일주의, 귀족의술, 관용의술 등으로 분류하여 동서의학이 서로 다른 특징을 가진 것으로 보았지만, 오히려 그는 동서의학이 상호 보완할 수 있다고 보았다.[57)] 즉 각각의 특성은 우열관계가 아니라 서로 역할과 방법이 다르다고 본 것이다.

세 번째 단계는 신문지상의 논쟁이 일단락되면서 1935년 《동양의약(東洋醫藥)》 창간을 통해 한의학계의 의견이 수렴된 것이다. 김영훈(金永勳), 장기무, 조헌영, 이을호 등이 《동양의약》 창간에 참여하였는데, 김영훈은 한의학부흥논쟁에서 찬반양론을 수렴하여 동서의학의 특징을 수용하고 양자를 발전적으로 보완하자고 제안하였다. 즉 한의학 부흥은 서양의학을 배척하는 것이 아니며, 동서의학이 상호 보완적 관계를 유지하게끔 하자는 것이었다.[58)]

1935년 1월 이후 동서의학연구회는 《동양의약》이라는 잡지를 3회 발간

55) 鄭槿陽, 「한방의학부흥문제에 대한 제언—장기무씨의 소론을 읽고」, 《朝鮮日報》(1934. 3. 9); 박계조 編, 앞의 책, 17~26쪽.

56) 李乙浩, 「종합의학 수립의 전제: 한방의학 부흥에 대하여」, 《朝鮮日報》(1934. 3. 15); 박계조 編, 앞의 책, 27~50쪽.

57) 趙憲泳, 「동서의학 비교 비판의 필요성」, 《朝鮮日報》(1934. 5. 3); 박계조 編, 앞의 책, 71~87쪽.

58) 金永勳, 「漢方醫學復興論에 對하야」, 《東洋醫藥》 1(1935. 1), 3~6쪽.

하였다가 1939년 7월 이후 재발행하기에 이른다. 동서의학연구회에는 한의학부흥논쟁을 주도한 조헌영을 필두로 장기무, 이을호, 김영훈 등이 참여하였고, 이들은 《동양의약》에서 '한방의학부흥론'과 '한방의학혁신론' 등을 주도하였다.

《동양의약》은 창간사에서 "동양의학을 재인식하고 동시에 서양의학을 재검토하야 종래의 한의학을 무조건 멸시하던 과오를 고치고, 양의학을 무조건 숭배하던 미망을 깨뜨려서 엄정한 비판 하에 양자의 단처를 버리고 장처를 취하야 의학의 새로운 경지를 개척하려는 것"이라고 말하고, 《동양의약》의 목표를 "동양의학의 현대화, 동양의학의 민중화, 동양의학의 학술적 발전"에 두었다.[59] 요컨대 《동양의약》은 동서의학의 상호 보완을 목표로 서양의학에 대한 비판적 수용 의사를 분명히 했다고 볼 수 있다.

그렇다면 한의학부흥논쟁에서의 논의가 실제 임상에서는 어떻게 적용되었을까? 예컨대 폐결핵의 경우, 1920년대 동서의학연구회는 한의학의 처방과 서양의학의 처방을 병존시켰다. 1930년대 동서의학연구회를 주도하던 조헌영은 결핵균의 침습으로 폐결핵이 발병한다고 진단했다. 그러나 이러한 진단이 서양의학적 인식을 기초로 한 것이었음에도 불구하고, 그의 주요한 처방은 한의학 처방을 위주로 한 것이었다.[60] 특히 폐결핵 칼슘주사의 효과 유무는 한의학부흥논쟁 중 조헌영과 정근양의 논쟁에서 주요 논점의 하나가 될 정도였다. 즉 조헌영은 결핵균 정복에 칼슘이 효과가 있다면 음식물을 통해 자연스럽게 섭취하게 해야 하지 직접 주사하는 것은 몸에서 열을 높여 이롭지 않다고 주장했다.[61] 이에 대해 정근양은 칼슘주사법이 실패한 것은 결핵균에 효과가 없어서가 아니라 주사를 거듭해도 칼슘

59) 「創刊辭」, 《東洋醫藥》 1(1935. 1), 1~2쪽.

60) 趙憲泳, 『肺病漢方治療法』(東洋醫藥社, 1937), 1~17쪽.

61) 趙憲泳, 「동서의학 비교비판의 필요성」, 《조선일보》(1934. 5. 3); 박계조 編, 앞의 책, 80쪽.

이 체외로 배출되기 때문이니 그 원리 자체가 잘못된 것은 아니라고 주장하고, 칼슘주사가 일시적으로 체온을 올린다 해도 직접적인 영향을 미치는 것은 아니라고 보았다.[62] 이에 대해 조헌영은 실패한 칼슘주사가 현재에도 광범위하게 사용되고 있음을 개탄하고 결핵균의 활동과 온도 및 기후의 관계는 매우 밀접하다고 주장했다.[63]

사실 이 논쟁에서 주목해야 할 것은 누가 옳고 그르냐가 아니다. 오히려 주목해야 할 것은 논쟁과정에서 조헌영이 칼슘의 효과나 세균설 등 질병을 진단하는 데 서양의학의 설명방식을 받아들이고 있다는 점이다. 이는 1920년대 동서의학연구회와 비교하면 오히려 절충적 성격이 더 강해진 것이라고 볼 수 있다. 그러나 또 다른 한편으로는 종래 학습의 대상이던 서양의학의 치료법에 한의학계가 한의학 처방에 자신감을 가지고 대처하고 있는 것 역시 이전과는 다른 점이다. 더 나아가 한의학은 전염병 치료에 자신감을 내보였는데, 특히 적리 치료는 한의학이 서양의학을 능가한다는 것이 한의학계의 중론이었다.[64]

이같이 자신감 넘치던 한의학이 왜 서양의학에 수용적이었을까? 첫째, 식민지를 식민지위생의료체제에 편입시키기 위해 식민당국은 의생시험 등을 통해 한의학계 종사자가 서양의학을 학습하도록 지속적으로 압박하였다. 둘째, 한의학계 내부에서 한의학이 폐지될 수도 있다는 위기감이 고조되었다.[65] 셋째, 중국 · 일본 등 동아시아 각국에서 전통의학의 부활과 더불어 절충적 경향이 역연해졌다.[66] 특히 일본에서도 《漢方と漢藥》 등의

62) 鄭槿陽, 「조헌영씨의 한의학론을 평함」, 《조선일보》(1934. 7. 13~8. 5); 박계조 編, 앞의 책, 105~106쪽.

63) 趙憲泳, 「한의학론에 대한 정근양씨의 평을 읽고」, 《조선일보》(1934. 10. 19 11. 22); 박계조 編, 앞의 책, 134~136쪽.

64) 「漢方醫座談會」, 《신동아》 5-10(1935. 10), 157~162쪽; 「內地人患者의 赤痢治驗二例」, 《東洋醫藥》 1-3(1939. 9), 57~59쪽.

65) 정근식, 앞의 글, 281~282쪽.

잡지가 동서절충을 지향하면서 전통의학의 부흥운동을 주도한 바 있는데, 이 잡지에 실린 글들이 《동양의약》 제2호에 번역되기도[67] 했다. 이러한 점들이 한의학계로 하여금 서양의학에 더욱 관심을 갖도록 했다고 말할 수 있다.

그리고 한의학이 임상분야에서 자신감을 갖게 된 것 못지않게 중요한 것은 1930년대 한의학부흥논쟁 가운데서 교육제도, 의료기관 등 서양의학적인 제도의 성취에도 관심을 가졌다는 점이다.[68] 그런데 중국에서 중의가 국가 위생의료체제의 건립에 주목한 것[69]과는 대조적으로 한국에서 한의학이 국가의 방역사업이나 사법관계 의술을 서양의학의 몫으로 인정한 점[70]은 주의 깊게 지켜봐야 할 대목이다. 이런 점들은 단순히 '전통의학 회귀론'만으로는 설명하기 어려운 부분이다. 아울러 한의학부흥논쟁을 통해 한의학에 대한 언론의 태도가 이전과는 크게 달라졌다는 점도 주목할 만하다. 1935년 10월 동아일보사는 한의학좌담회를 개최하였으며,[71] 《조선일보》, 《동아일보》, 《신동아》 등에서 한의학 관련 기사와 논문의 비중이 점차 높아지기 시작했다.

66) 일본의 '절충주의' 및 '양의적 한의학'과 중국의 '중서 양의학의 절충'에 대해서는 申佶求, 「한의학계의 신기운」, 《동아일보》(1936. 2. 29~3. 14); 박계조 編, 앞의 책, 197~199쪽.

67) 정근식, 앞의 글, 294쪽.

68) 대표적으로 장기무, 조헌영 등이 주장하였다. 張基茂, 「한방의학 어떻게 부흥시킬 것인가」, 《조선일보》(1934. 2. 16); 趙憲泳, 「한방의학의 위기를 앞두고」, 《신동아》(1935. 10); 박계조 編, 앞의 책, 13~15, 188~190쪽.

69) 신규환, 앞의 책, 제1장 참고.

70) 趙憲泳, 「동서의학 비교비판의 필요성」, 《조선일보》(1934. 5. 3); 박계조 編, 앞의 책, 87쪽.

71) 「漢方醫座談會」, 《신동아》 5-10(1935. 10), 157~162쪽.

5. 맺음말

일제 시기 한의사는 1913년 11월 공포된 '의생규칙'을 통해 의사(醫師) 혹은 의사(醫士)보다도 낮은 의생(醫生)의 지위로 격하되었고, 조선총독부의 주도하에 서양의학 위주로 의료체계가 개편되면서 한의학은 의사면허 및 의학교육 등 제도적 보장을 받지 못한 채 한시적인 존재로 전락했다. 조선총독부는 안정적인 식민지배를 위해 서양의학으로 일원화된 의료체계를 구축하고자 했으나 서양의사가 턱없이 부족한 게 현실이었다. 조선총독부는 의사시험을 통해 서양의사를 양산하는 동시에 한시적으로 한의사를 공공위생업무에 동원하고자 하였다. 그러나 의사시험을 통한 서양의사 양산책은 실효가 없었고, 조선총독부는 서양의학 위주의 의생시험을 강제하여 의생을 공중위생업무에 동원하는 방안을 강화하였다.

일제 시기 한의학은 서양의학을 배워야 살아남을 수 있는 현실 때문에, 어떤 식으로든지 서양의학을 수용할 수밖에 없었다. 특히 의생시험은 서양의학 지식을 묻는 게 대부분이었고, 1930년대 중후반 이후 의생시험에 일부 변화가 있었다지만, 의생이 되기 위해서 서양의학을 공부해야 하는 상황은 근본적으로 달라지지 않았다. 이런 분위기 속에서 의생조직들은 서양의학의 수용에 배타적일 수만은 없었을 것이다.

그렇다고 해서 시험 때문에 한의학이 일방적으로 식민당국의 기대에 부응한 것은 아니다. 한의학의 주요 관심은 임상과 약물에 있었다. 이러한 관심은 시험 출제경향과는 일정한 거리가 있었다. 심지어 식민당국은 한의사들의 양약 처방을 통제하기 위해 또 다른 시험제도를 창안해내기도 했다.

일제 시기 한의학의 서양의학 인식은 1920년대 '동서절충론'에서 1930년대 '전통의학 회귀론'으로 전환되었다고 설명되어왔다.[72] 그런데 동서의

72) 鄭智薰, 「韓醫學術雜誌를 중심으로 살펴본 日帝時代 韓醫學의 學術的 傾向」, 《韓國醫史

학연구회 같은 조직이 처음부터 동서절충이나 동서회통을 지향했는지는 좀 더 따져보아야 할 문제이다. 동서의학연구회의 성격은 '동서병존'을 지향하면서 임상적으로 진단과 처방을 병용하는 것, 비교연구 및 실험적 연구 혹은 동서절충과 같은 다양한 성격의 스펙트럼을 형성하고 있었다. 한의학이 서양의학과의 관계에서 동서병존이나 동서절충과 같이 다양한 모습을 표출한 것은 일제가 서양의학을 강요하는 상황에서 자신들의 정체성을 지키려면 다양한 외피가 필요했기 때문이다.

1930년대 한의학부흥논쟁에서 한의학계가 논쟁의 주도권을 장악할 수 있었던 것은 단순히 시대적인 복고적 경향에 의존했기 때문은 아니다. 오히려 근대적 교육을 경험한 논객들이 한의학을 근대적 인식으로 재편하는 과정에서 서양의학과 동등해지거나 혹은 그것을 능가할 수 있는 제도적 임상적 성취의 가능성을 발견했기 때문일 것이다. 따라서 한의학은 '알아야만 하는 것'으로서의 서양의학에서 벗어나 '알고 싶은 것'과 '받아들이고 싶은 것'에 더욱 적극적으로 반응할 수 있었던 것이다.

學會誌》 17-1(2004. 8), 252쪽.

5

일반인의 한의학 인식과 의약 이용

이꽃메

1. 머리말

한의학계는 식민지 시기에 이르러서 본격적인 변화와 발전을 겪었다. 한의학 종사자를 대상으로 하는 면허제도가 시작되고, 한의학 교육이 근대적 학교 기관 안에서 이루어졌으며, 한의학 단체가 결성되었고, 한의약의 생산과 유통 방식도 변화를 겪었다.

식민지 시기 한의학에 관한 기존 연구는 대부분 한의학 관련 제도의 성립,[1] 교육의 정비,[2] 학술 동향[3], 한의학부흥운동[4] 등에 초점을 두어 이루어

1) 여인석 외, 「한국 의사면허제도의 정착과정」, 《의사학》 11-2(2002. 12), 137~153쪽

2) 한국한의학연구소, 『한국한의학사재정립』(1995).

3) 김남일, 「의서의 간행을 중심으로 살펴본 일제시대 한의학의 학술적 경향」, 《의사학》 15-1(2006. 6), 77~105쪽; 정지훈, 「한의학술잡지를 중심으로 살펴본 일제시대 한의학의 학술적 경향」, 《한국의사학회지》 17(2004), 195~253쪽.

4) 정근식, 「일제하 서양의료체계의 헤게모니 형성과 동서의학논쟁」, 《한국사회사학회논문집》 50(1996); 신동원, 「1930년대 한의의 근대성 과학성 논쟁」, 역사비평사 편집위원회 편, 『논쟁

졌다. 일련의 연구 결과, 식민지 시기 한의학 변화의 배경에는 자신의 지배를 정당화하는 명분 중 하나로 서양의학의 우월성을 강조하는 동시에 한의학에 대해서는 차별적인 정책을 실시한 일본 식민정부가 있음이 밝혀졌다. 일본 식민정부는 의학으로서 한의학이 '신뢰할 만한' 의학으로 탈바꿈할 것을 요구하였고, 의료로서 한방의료를 면허와 재학습을 통한 '질관리'의 대상으로 간주하였다. 즉 한의학은 의료 공간 속에서 서양의학과 경쟁해야 하는 부담 외에 서양의학에 우호적인 정책이 시행되는 사회 공간 속에서 살아남아야 하는 부담을 가지게 되었다. 그 공간 속에서 한의학은 생존을 위한 변화를 모색해갔고, 자신만의 정체성을 확보해가고자 하였다. 개항 이후 한국사회가 겪은 일련의 과정을 '근대화'라고 지칭할 수 있다면, 한의학이 겪은 이러한 변화와 발전 역시 근대화, 더 구체적으로 이야기하자면 제도 및 이론적 측면의 근대화라고 규정할 수 있다.

최근에는 이민족 지배와 그에 대한 저항이라는 기존의 시각을 넘어, 한의학 정책의 실질적인 내용, 정책의 목표와 현실의 괴리 등의 문제가 주요 연구 주제가 되었다. 더 구체적으로는, 한의학에 대한 법제적인 차별이 완성되는 1910년대, 한의학부흥운동이 전개되는 1930년대 말 등 주요한 시기의 정책적 변화와 내용을 고찰함으로써 식민지 시기 한의학 정책에 대한 포괄적인 이해를 가능하게 하였다.[5] 이러한 연구 성과에도 불구하고, 기존의 연구들은 한의학계 내부의 변화와 제도사적인 파악에 머무른 측면이 없지 않다. 그에 비하여 생활사 영역의 문제라고 할 수 있는 실제 일반인이 한의학에 대하여 어떻게 생각했는지, 그리고 한의약에 대한 이용은 어땠는지에 대한 연구는 거의 이루어지지 못했다.

으로 본 한국사회 100년』(역사비평사, 2002), 146~152쪽.

5) 신동원, 「1910년대 일제의 보건의료 정책—한의학 정책을 중심으로」, 《한국문화》 30(2002), 353~356쪽; 신동원, 「조선총독부의 한의학정책 - 1930년대 이후의 변화를 중심으로」, 《의사학》 12-2(2003. 12), 110~128쪽.

이 글에서는 식민지 시기 일반인이 한의약을 실제로 어떻게 인식하고 소비했는가를 다룸으로써 기존 연구의 한계를 넘고자 하였다. 또한 기존 연구가 가진 '탄압받는 한의학'이라는 시각을 넘어, 한의학의 생존과 발전이 일반인의 삶 속에서 어떻게 경험되었는지를 재구성함으로써 '한의학의 근대화'라는 새로운 문제를 천착하고자 한다. 그렇게 해서 한국 전통사회가 한국적인 근대를 어떻게 형성, 발전시켜갔는지를 밝히는 데도 기여하고자 한다.

'식민지 시기 일반인의 한의학 인식과 의약 이용'에서 '일반인'이란 누구인가? 일반인의 범주에서 제외할 집단을 골라보면 그 범주가 좁혀질 것이다. 먼저 의학 생산과 소비에서 일반인이라는 용어의 대척점에 있는 의사(醫師)와 의생(醫生)을 제외해야 할 것이다.[6] 그리고 물론 일본인과 서양인을 제외해야 할 것이다. 그러고 나면 의사나 의생이 아니면서 식민지 시기 조선 땅에 살던 조선인이 남는다. 그렇지만 그 범위가 너무 넓고 다양해서 '남는다'는 표현을 사용하는 것이 부적절해 보인다. 대충 분류해보아도 성별에 따라 남녀, 신분에 따라 양반과 천민, 계급에 따라 지주를 포함하는 부르주아와 소작인을 포함하는 임노동자, 거주 지역에 따라 도시와 농어촌, 교육 수준에 따라 지식인과 무학자 등 수십 가지로 나눌 수 있을 것이다. 이들 다양한 조선인을 '일반인'이라는 한 단어로 묶어서 이들의 한의학 인식과 의약 이용이 이러이러하였다고 한마디로 정리하려 한다면 오히려 이것이 식민지 시기 한의학 인식과 의약 이용을 곡해할 수도 있다.

그렇다면 이 다양한 일반인의 한의학 인식과 의약 이용은 의사나 의생과 어떤 점에서 달랐을까? 각각 서양의학과 한의학을 공부해 그것을 자신의

6) 1913년 조선총독부령 100호 의사규칙을 반포하면서, 서양의학을 시술하는 의료인에게는 의사(醫師)라는 명칭이, 전통의학을 시술하는 의료인에게는 의생(醫生)이라는 명칭이 공식적으로 쓰이게 되었다〔여인석 외, 「한국의사면허제도의 정착과정」, 《의사학》 11-2(2002. 12), 146~147쪽〕.

생계 수단으로 하고 있던 의사와 의생이지만 조선 의료 시장을 놓고 경쟁하는 관계에서 상대방을 전적으로 인정하기가 어려웠다. 그에 비하여 일반인은 경제 수준과 거주 지역, 교육 정도 등에 따라 다양한 차이와 제한이 존재하기는 했지만, 의사나 의생에 비해서는 상대적으로 한의학이나 서양의학을 선택하는 데 자유로웠으리라고 상상할 수 있다. 이는 일반인이 한의학과 서양의학을 자유로이 선택했다는 뜻이 아니라, 의료 소비자의 입장에서 한의학과 서양의학 중 선택이 가능했다는 뜻이다. 물론 소비자라는 의미에는 지리적, 경제적, 문화적 접근성에 따른 선택의 제한이 내포되어 있다.

그리고 이 다양한 일반인에게 아주 커다란 공통점이 있다. 전통과 근대, 자주민족으로서 갖는 자부심과 피식민지국 식민지인으로서 느끼는 굴욕적 현실이 일상 속에서 소용돌이치는 식민지 시기 조선의 조선인으로 살고 있었다는 점이다. 또한 의료가 개개인이 일상적으로 소비하는 주요한 대상이기 때문에 이들 일반인의 삶 중 어느 부분, 어느 시기에든 의학에 대한 인식과 의약 이용이 자리하고 있었다는 점이다.

이 글에서는 식민지 시기 일반인의 다양성에 따른 차이점을 인정하면서, 식민지 시기 조선이라는 시공간에서 일반인의 삶 중 한 부분이던 한의학에 대한 인식과 의약 이용의 모습을 그려보고자 하였다. 먼저 당시 한의학 관련 통계자료 및 일부 지역의 생활상태 조사자료 등 숫자를 통하여 일반인의 한의약 이용 양상을, 후반에서는 소설 등에 실린 세태 묘사를 통해 한의약 이용과 한의학 인식을 살펴보았다.

2. 숫자를 통하여 본 일반인의 한의약 이용

식민지 시기 조선에는 서양의학 교육을 받은 의사의 수가 한의학 교육을

〈표 1〉 1920년 도별 의생과 의사 수7)

	의생		의사				의사 및 의생 등 합계*	의사 및 의생 등 1인당 조선인 수
	수	1인당 조선인 수	일본인	외국인	조선인	소계		
경기	615	2,736	158	11	95	264	837	2,454
충북	185	4,188	181	1	8	190	224	3,459
충남	232	4,843	33	0	15	48	285	3,942
전북	277	4,358	40	2	17	59	349	3,459
전남	286	6,749	56	3	14	73	380	5,079
경북	528	3,927	66	2	13	81	628	3,302
경남	668	2,589	140	4	17	161	824	2,099
황해	264	4,810	62	4	46	112	372	3,414
평남	438	2,372	55	4	71	130	567	1,832
평북	451	2,617	31	2	52	85	550	2,146
강원	264	4,432	26	1	11	38	318	3,679
함남	859	1,407	40	3	41	84	939	1,288
함북	322	1,553	31	1	14	46	375	1,333
계	**5,389**	**3,583**	**756**	**39**	**414**	**1,209**	**6,648**	**2,837**

* 의사, 공의, 한지개업의, 의생을 합한 수

받은 의생의 수보다 훨씬 적었다. 조선총독부에서 조선의 보건의료를 총괄하여 편찬한 『조선위생사정요람』(1922)에는 위 〈표 1〉과 같이 도별 의생과 의사의 수가 나타나 있다.

이를 보면, 1920년 의사, 공의, 한지개업의, 의생을 합한 의료전문가는 총 6,648명으로 1인당 조선인 수는 2,837명이었다. 이들 의료전문가 중에 의생은 80%가 넘는 5,389명으로 1,209명인 의사의 약 4.5배에 달하였다. 즉 의생 1인당 조선인의 수는 3,583명이었으나 의사 1인당 조선인의 수는 약 16,100명이었다. 그런데 의사면허 소지자 중에 일반 조선인이 비교적

7) 조선총독부, 『조선위생사정요람』(1922), 69~74쪽.

一國의文化程度는衛生思想의普及如何로써此를卜하나니實
로民族盛衰ㅣ此의係한바이라故로衛生思想을宣傳하야保
健의觀念을一般에普及케함은文化運動의一大眼目이라하리
로다今日半島醫學界의本山인京城醫學專門學校의校友와및
學生으로組織된京城醫友俱樂部에서는此에所感이有하야京
城醫學專門學校春期休暇를利用하야本社의後援下에京城以
南의八個都市에서通俗衛生講演會를開하게된바本社ㅣ또한
此舉에對하야後援을行하기로되얏사오니講演地의人士는同
聲援賀하시기를希望하노라

◇京城醫友俱樂部主催

通俗衛生講演團

◇東亞日報社後援

日程과講演地 ▲十八日京城發 ▲十八日 水原 ▲廿
▲二十日 大田 ▲廿一日 金泉 ▲廿二日 大邱 ▲廿
三日 慶州 ▲廿四日 釜山 ▲廿五日 東萊 ▲廿六
日釜山 ▲廿七日 歸京

◇演士◇ ▲李允學 ▲李弼根 ▲車德奎 ▲楊奉根
▲張世九 ▲金鎭極 ▲李敦澤 ▲柳元福

〈그림 8〉 통속위생강연단 일간지 광고[8)]

식민지 시기에는 서양의 보건학과 의학 지식을 일반인에게 전달하는 보건교육이 자주 열렸다. 이 그림은 1921년 경성의우구락부(京城醫友俱樂部)에서 전국을 순회하면서 개최한 통속위생강연단(通俗衛生講演團)에 관한 일간지 광고.

편안하게 의사소통할 수 있던 조선인 의사의 수는 약 3분의 1인 414명이었다. 다시 말하여 조선인 의사 1인당 조선인의 수는 약 54,000명이나 되었다. 의생 1인당 조선인 3,583명과 조선인 의사 1인당 조선인 54,000명이라는 15배의 차이는 식민지 시기 일반인에게 서양의학보다는 한의학에 대한 접근성이 월등히 높았음을 산술적으로 증명한다.

이후 일제의 지속적인 한의학 말살정책으로 의생 수가 감소하고 그에 비하여 의사 수와 전체 인구는 증가하여 의생 1인당 인구수와 의사 1인당 인구수 사이의 격차는 줄어들었다. 〈표 2〉에 의하면, 1940년 의생 수는 3,604명으로 1920년에 비하여 크게 감소하고 조선의 인구는 늘어나서 의생 1인당 인구수는 6,091명이 되었다. 그에 비하여 의사는 3,197명으로 늘어나

8) 《동아일보》(1921. 3. 16), 4면.

〈표 2〉 1940년 도별 의료능력자 인원표[9]

	의생	의생 1인당 인구	의사	의사 1인당 인구	조선인 의사 수	조선인 의사 1인당 인구
경기	324	7,994	1,038	2,495	–	–
충북	168	3,358	45	20,002	–	–
충남	212	7,195	109	13,994	–	–
전북	115	13,421	108	14,391	–	–
전남	209	11,920	167	14,917	–	–
경북	339	7,173	189	12,866	–	–
경남	430	5,138	244	9,054	–	–
황해	162	10,627	188	9,157	–	–
평남	303	5,077	329	4,675	–	–
평북	333	5,873	211	9,269	–	–
강원	263	6,053	118	13,419	–	–
함남	474	3,518	255	6,539	–	–
함북	272	3,069	196	4,259	–	–
계	**3,604**	**6,091**	**3,197**	**7,079**	**1,918**	**11,800**

의사 1인당 인구수는 7,079명으로 의생 1인당 인구수와 많이 비슷해졌다. 그러나 그중 조선인 의사 수는 1,918명, 조선인 의사 1인당 인구는 11,800명으로 의생에 비하여 2배이다.

이러한 의사 수와 의생 수의 차이는 의료 이용의 차이로 이어져 1940년 조선인 총 사망자 414,199명의 사망진단 중에 의생에 의한 것이 248,575명으로 60%를 차지하였고, 의사에 의한 것은 77,521명으로 18.7%에 불과하였다.[10]

식민지 시기 일반인이 서양의약보다 한의약을 훨씬 많이 이용했다는 것뿐 아니라, 전반적으로 의료전문가에 대한 의존은 일부분이었다는 것을 개별 고을 단위에서 살펴볼 수 있다. 농가 61호로 이루어진 충남 당진군 송옥

9) 須川豊 · 大神盛正, 「朝鮮における醫師と醫生」, 『朝鮮行政』(1942), 20~24쪽.
10) 같은 책, 22쪽.

〈표 3〉 1940년 충남 당진군 송옥면 오곡리 농가 61호의 의료기관 이용 횟수[11)]

	의사	한방의	매약	초목	방임	미신	총계
이용 호수	13	35	31	17	16	20	131
횟수	66	200	153	187	150	30	786
백분율	8.4	25.4	19.4	23.9	19.0	3.9	100
소계	33.8		66.2				100

면 오곡리 마을의 생활양식과 보건의료에 관한 1940년 조사 자료에 의하면,[12)] 당시 인구가 19,111명이던 송옥면에는 한지의사 1명, 한방의 1명, 약종상 3명, 매약 6명, 매약행상 3명이 있었다. 송옥면 주민의 의료 이용은 〈표 3〉과 같다.

이 조사에 의하면, 1년간 이 마을에서 발생한 786건의 의료상의 문제 중에 한방의를 이용한 경우가 200건으로 가장 많고, 그다음이 초목을 이용한 경우로 187건이며, 그다음은 매약, 방임, 의사, 미신의 순이다. 그런데 이 786건이라는 의료상의 문제는 조사 시점에 각 가정에서 기억하는 사건이므로 어느 정도는 심각한 문제였을 가능성이 높고, 따라서 의료기관을 이용하지 않은 경우, 즉 매약, 초목, 방임, 미신의 영역이 축소되었을 가능성이 높다. 그럼에도 불구하고 의료인을 찾아가지 않은 경우가 전체의 3분의 2에 해당한다.

또한 1929년 수원군민을 대상으로 한 생활실태 조사를 보면, 질병과 이에 대한 대처를 파악할 수 있는 가구 중 6호에서 건강상의 문제가 있는 경우의 의료 이용이 파악되어 있다. 각 호의 일반적 상황과 질병 및 이에 대한 대처를 보면 〈표 4〉와 같다.

이를 보면 비록 6개의 사례에 불과하나 일반인의 보건의료 이용이 사회

11) 같은 책, 32~55쪽.

12) 方山烈, 『生活樣式及び保健上より見農村の實況』(1940), 32~55쪽.

〈표 4〉 1929년 수원군 일부 주민의 보건의료 이용[13)]

호주의 연령	직업	지위	교육 정도	위생
55세	어업 및 농업	중인	일어 해독 못함	감모(感冒, 감기—필자), 위병. 한약으로 치료
26세	농업	양반	일어 해독 능함	병기가 있는 경우 한·양의에게 진찰받음
40세	상업 및 농업	천민	일어 약간 해독하는 가족 1명	24세 장녀가 자궁병이 있어도 의약의 치료를 받지 않고 무녀 및 일반인에게 의뢰하여 미신요법을 하고 있음
35세	농업	천민	일어 해독 못함	감모 및 말라리아 등의 병도 보통 축도법으로 치료
45세	순사 및 농업	양반	일어 해독 가능	최근 수년간 생식기병에 의약으로 치료 중
45세	노동자	상민	일어 해독 못함	호흡기병에 걸려 한약으로 치료 중

적 지위에 따라 뚜렷하게 차이가 있었음을 알 수 있다. 천민 가족은 질병이 있어도 의료인이나 약을 사용하지 않고 초자연적인 방법으로 질병의 치유를 꾀하였으며, 그 외의 가족은 주로 한약을 사용하는데 그중 양반은 의사와 의생의 도움을 모두 받았다. 다만 45세의 순사는 양반이면서도 매약으로 치료하고 있는데, 이는 성병 등에 대한 치료를 의사보다는 직접 매약에 의존하던 당시의 성향을 반영한 것 같다.

그 외에도 1930년 강릉에서 농민을 대상으로 조사한 결과에 따르면, 의료 이용이 파악된 28호 중에 아직 크게 아픈 적이 없다고 한 2호와 도립병원에 입원 중인 가족이 있다고 한 1호를 제외하고는 25호 모두 한의를 모두 이용한다고 하였다. 그중 양의도 이용한 경우는 4호뿐이며, 1호는 한의와 무녀를 모두 이용한다고 하였고, 20호는 한의를 이용한다고 하였다. 당시 강릉 읍내에 강원도립 강릉의원이 있었고, 기타 의원이 3개, 의사가 7명, 의생이 20명이 있었으므로 강릉군민의 의료기관에 대한 지리적 접근성은 상대적으로 좋았던 것으로 보이나, 실제 의료 이용에서 서양의료보다는

13) 조선총독부, 『조사자료 제28집 생활상태조사(其一) 수원군』(1929), 148~221쪽.

漢藥의種類(上)

區分과 利用一般

〈그림 9〉

한약의 구분과 이용법을 소개한 《동아일보》 기사[14)]

한의학과 한약의 단점을 지적하고 비판하는 여론도 있었지만, 한의학과 한약에 대한 대중의 이해 수준을 높이기 위하여 그 이론을 설명하고 강점을 열거하거나, 제대로 사용할 것을 강조하는 여론도 만만치 않았다.

한방의료가 훨씬 일반적이었던 것이다. 단지 "과거 중병일 때 읍내병원"을 이용했다, "손가락 동상으로 도립병원에 입원"했다고 한 것처럼 병이 위중하거나 외과적 문제인 경우에는 서양의료기관을 이용한 것으로 보인다.[15)]

14) 《동아일보》(1934. 12. 8), 4면.

15) 조선총독부, 『조사자료 제32집. 생활상태조사(其三) 강릉군』(1929), 296~410쪽.

3. 일상에서 나타난 일반인의 한의약 이용

식민지 시기 일반인이 병에 걸리거나 다쳤을 때 가장 먼저 동원하는 것은 '상약(常藥)'이었다. 위궤양으로 고생하는 남편을 아내가 마늘찜 등으로 반년 동안 정성을 들여 고쳐놓기도 하고,[16] 원인이 명확하지 않은 병으로 "미음 한모금 뻔좋게 마시지를 못하고, 바늘로 찔러야 노란물 한방울 안나올 듯, 빼빼 말라"가는 가장에게 어머니와 아들이 "그 병이면 그 약 놓치잖겠다고 일년도 넘어 애를 썼던" 것은 상약이었다. 이 상약은 대개 "울타리 밑에 산에 들에서 캐는" 식물 성분으로 이루어졌다.[17] 이는 경제적으로 여유가 있거나 없거나, 교육 수준이 높거나 낮거나를 막론하고 대개 일차적으로 동원되는 방법이었다. 병의 위중도나 경제적 여건 등에 따라 그다음 단계로 약을 구매하거나 의료전문가를 찾아갈 것인가가 결정되었다. 때로는 상약이 경제적 여건 등으로 의료전문가의 도움을 받을 수 없을 때 동원되는 방법이기도 하여, 강제 부역을 하다가 공사장에서 추락해서 팔을 다친 젊은이가 높은 약값과 입원비를 감당할 수 없어 집에서 "좋다는 상약은 모조리" 해보았으나 결국 팔을 절단하기도 하였다.[18]

경제적으로 여유가 있는 경우에는 특별한 이상이 없는 경우에도 몸의 전반적인 상태를 증진시키기 위하여 한약을 복용했는데, 이때는 집에서 짓기도 하였고, 약국에서 완제품을 구매하기도 하였다. 건강하지 못한 어린 손자를 위하여 조부가 1년에 두 차례씩 "육미탕"을 지어 먹이기도 하였고,[19] 돈 많은 노인이 "날마다 아랫방 마루 안에 놓인 약장 앞에서 십오년 더 살 약과 아들 날 약을 짓기에 겨울에는 발이 빠질 지경"인 경우가 묘사되기도 하였다.[20] 김

16) 김남천, 『요지경』(1938), 56쪽.
17) 박노갑, 『눈오든날 밤』(1941), 464쪽.
18) 안양남, 『부역』(1931).
19) 이순영, 「폐결핵과 한방약」, 《동양의약》(1935).

〈그림 10〉 일간지에 실린 약방과 약광고[21]

식민지 시기 일간지에서도 온갖 광고를 볼 수 있다. 안경점, 모자점 등의 광고와 함께, 약방, 임질약 광고가 있는 것이 눈길을 끈다. 식민지 시기에는 돈만 지불하면 약국에서 원하는 약을 구할 수 있었고, 특히 성병에는 의사의 치료를 받는 것보다 약국이나 우편을 통하여 약을 구매하여 복용하는 것이 일반적이었다.

효식(金孝植)이 1938년에 쓴 소설 「가애자」에서 광업회사 사장은 "유명매약 처방조제의 양약국"에 가서 자신을 위하여는 "궁중비약 구룡충 백마리"를, 첩을 위하여는 "주효는 보양"인 음양각을 구매하였다. 특히 이 음양각은 정제로 만들어져 나무곽 대, 중, 소—각각 반년, 1개월, 일주일분—에 포장되어 판매되었다.[22] 이들 보약 기능의 한약은 판매 경로가 다양하

20) 염상섭, 『삼대』(1931), 창비교양문고 26(1993), 112쪽.
21) 《동아일보》(1921. 5. 3), 3면.
22) 김남천, 「가애자」(1938), 조선문고(학예사, 1939), 260~262쪽.

여 가정에서 직접 약재를 구입하여 만들기도 하고, 신문광고 등을 보고 우편으로 구입하기도 하고, 외판원을 통하여 구입하기도 하였다. 예를 들어 쌍화탕의 경우 외판원이 양철통에 담아서 가가호호를 돌아다니며 "몸에도 좋으십니다. 감기에도 좋으시구 보약도 되시고" 하고 약효를 선전하며 판매하였다.[23]

이들 한약의 판매에 있어서 눈에 띄는 점은, 양약국에서 적극적으로 약을 판매하고 일반인은 이들 양약국에서도 한약을 구매했다는 점이다.[24] 일반인이 양약국에서 구입하여 이용하는 한약으로는 태전위산,[25] 영신환, 금계랍, 활명수, 사향, 청고약, 소연산, 제명산[26] 등이 있었다.

이들 한약을 판매하는 데는 서양과학 전문가가 근거로 활용되었다. 양약사는 구매를 망설이는 고객에게 음양각은 "이창훈박사나 조경호박사께서도 실험분석해 보시구 추장하셨구 기타 여러 고명한 의학 약학 선생님들께서도" 추천했다며 구매를 독려하였다.[27]

병이 상대적으로 심각한 경우에는 한의사에게 찾아가 한약을 사용하였다. "열기로 해서 얼굴이 빨갛게 피어오른" 어린 이복동생에게 성인인 이복형이 "한약을 좀 써보시지요" 하고 권하는 경우도 등장한다.[28] 또한 농촌에서 노모가 병이 들자 아들은 "어머니의 감기약, 몸살약을 지어 오던 약방 주인" 의원을 "십리도 넘는데서 인력거로" 모셔 왔다. 그리고 "정성껏 진맥을 한 의원을 따라가 의원이 지어주는 약을 열첩 스무첩씩 갖다 써 보았다."[29] 신장염에 기관지병이 겹쳐서 중태인 환자 집에서도 "중문 안에 놓

23) 김남천, 『제퇴선』(1937), 222쪽.
24) 김효식, 『소년행』(1938), 52쪽.
25) 김효식, 『綠星堂』(1939), 328쪽.
26) 박태원, 「낙조」(1933), 한국소설문학대계 19(동아출판사, 1995), 127~139쪽.
27) 김남천, 「가애자」, 260쪽.
28) 염상섭, 앞의 책, 77쪽.
29) 박노갑, 『눈오든날 밤』, 476쪽.

事業成功者列傳

藥房의使喚으로

漢藥界의巨星

賣藥으로成功 安城金學春氏

職業은專一케

成功은誠實과忍耐로

金學春氏談

〈그림 11〉 한약계의 인물에 관한 《동아일보》의 기사[30]

한의학과 한약을 옹호하는 여론에 힘입어 특정 인물이 광고가 아닌 신문 기사로 다루어지기도 하였다.

인 삼태기에 쏟아 버린 약 찌꺼기"가 발견되었다.[31] 평생 부지런한 농군으로 보내다가 땅을 잃고 병으로 누운 아버지를 위하여 아들은 "양위탕(養胃湯)"을 지어드리기도 하였다.[32]

그렇지만 한약 선택이 항상 당연한 것은 아니었다. 한약을 사용할 것인가 양약을 사용할 것인가는 흔히 구세대와 신세대의 갈등으로 묘사되었다. 사고나 특별한 병이 없이 하반신 마비가 진행되던 20대의 딸은 "의사의 양

30) 《동아일보》(1927. 2. 12), 4면.

31) 염상섭, 앞의 책, 87쪽.

32) 이무영, 「흙의 노예」(1931), 《인문평론》(1939).

약에 귀가 솔깃"하였고, 어머니는 "한방 의원에 맘이 기울어졌다." 이는 양약이 한약보다 비싸다는 경제적 이유만이 아니라 "이 둘새의 차이는 묵은 경험과 새로운 지식의 차이라고 할는지 모른다"는 것이 작가의 설명이다. 이들의 갈등은 서양의학 교육을 받다가 가업을 이어 한의원을 하는 젊은 한의사에게 진료를 받는 것으로 절충되었는데, 이때 어머니는 "진찰을 할 때는 다른 의원들처럼 손으로만 맥을 짚어보는 것이 아니라, 청진기라며 뭣을 가지고 한다드라. 그 왜 손고막으로 톡톡 두드리고 듣고 하는 것 말이다. 그러고는 주사도 놓되 한약을 많이 쓴다더라. 그만 하면 신구식을 겸했지 뭐냐. 네가 바라는 양의나 내가 바라는 한의를 겸한 것 아니냐"며 매우 만족하는 모습을 보인다. 그러나 이 젊은 한의사는 결국 주인공을 치료하는 데 실패하는 것으로 묘사되었다.[33] 신세대는 한약을 권하는데 구세대는 양약을 고집하는 경우도 있었다. 그러나 구세대가 양약을 고집하는 이유가 "정말 양약을 믿기 때문이 아니라" 한약은 독을 넣기도 쉽고 한약 찌꺼기를 버리고 나면 나중에 책임을 추궁하기도 어렵기 때문으로 나온다. 한약 제조 과정이 개별화되어 있는 것 때문에 독살이 의심스러워서 한약을 부정하는 모습으로 묘사된 것이다. 결국 병세가 악화되었을 때 양의학에서는 잘못을 찾지 못하고, "한방의가 내상외한(內傷外寒)으로 집증을 하여 다스려나왔다는 것은 그럴 듯하나, 신열이 보통 감기의 열이 아니요, 폐렴으로 해서 내발하는 열인 것은 미처 몰랐던 모양이다"라고 하여 한의학에 의한 질병 치료에 문제가 있었음을 기술하였다.[34]

한약과 양약을 놓고 벌어진 갈등의 대표적인 사례가 1935년 잡지 《동양의약》에 실린 이순영이라는 필자의 폐결핵 투병기이다. 근대식 교육을 받은 젊은 세대인 필자는 성장기에 1년에 두 번씩 육미탕을 복용할 정도로

33) 박노갑, 『春暖』(1941), 493쪽.

34) 염상섭, 앞의 책, 186~187쪽.

한약을 이용하였으나 고보를 졸업하면서부터 한약을 경시하였다. 도립병원의 결핵과장인 양의사로부터 폐 엑스레이 사진을 찍고 폐결핵 진단을 받은 후에 약 40일간 양약으로 투약하며 절대안정하고 영양식을 섭취하였다. 그러나 식욕이 줄고, 체중이 저하되며, 구릿빛 객담이 배출되고, 미열이 지속되며, 잠을 이루지 못하는 등 결핵 증상에 차도가 보이지 않았다. "다르기로니, 사람 병 고치기야 마찬가지 아닌가?"라며 한약 먹기를 권하는 조부에게 처음에는 "양의학과 한방의학과는 다르니깐요"라며 한약 사용을 거부했으나 자기 병에 차도가 보이지 않자 "그 믿음직하지 못한 한약이나마 어디 한번 먹어볼까 하는 충동"이 일어 한의원에 간다. 필자는 "나는 정말 그때에 있어서 양약(양의학)이 나은가, 한약(한의학)이 나은가 효과가 있는가 하는 것은 생각해 볼 여유도 없고 힘도 없었습니다"라며 환자로서 낫기만을 바라던 절박한 마음을 표현하였다. 한의사는 "양기가 좀 부족해서 그런 것일세. 그러니깐 양기를 돕는 먹을 먹으면 그만 일세"라고 진단한 후 "인삼 등 처방 20첩을" 주고 양의사와는 달리 가벼운 운동을 권하였다. 한약을 복용하고 가벼운 산책을 시작한 지 "불과 사흘이 남짓해서부터는 가래침 끊기고 체중 느는 것 같고 나른하지 않"은 등 전반적인 상태가 호전되었으며 심지어는 하루에 한 시간 남짓 글 쓰는 것도 가능해졌음을 필자는 기술하였다. 그러나 필자는 자신의 병세 호전에 대하여 설명할 한의학적 지식이나 근거를 가지고 있지 못했기 때문에 한의약에 의한 병세 호전을 단지 "신비적"이라고 표현하였다.

○○선생의 약 ××약국의 약! 그 약이 나를 오늘날에 있어서 이 글을 쓰게 소생케 한 것이라고 나는 안 믿을 수 없었습니다. 양의학이 옳으냐? 한의학이 옳으냐? 하는 것을 단정하라는 것이 아니고 나의 체험에 의한 고백…. 여러 의가(醫家) 또는 나와 비슷한 병증으로 고통하시는 분에게 만의 일 참고 내지는 이익이 된다면야 얼마나 기쁠 것입니까?[35)]

이렇게 필자가 한약을 거부한 때에나 한약을 다시 받아들인 때에나 어떤 특별한 근거가 없었다. 단지 자기가 질병으로 고통을 받으면서 서양의학이 큰 도움이 되지 않자 한의약에 의존하게 되었고, '써보니까 좋더라'라고 표현했을 뿐이다.

4. 맺음말

식민지 시기 일반인은 아프거나 다쳤을 때에 집에서 가족의 경험과 지식을 토대로 주변에서 용이하게 구할 수 있는 재료를 이용하여 치료를 꾀하였다. 그 결과가 기대에 미치지 못하면 경우에 따라 한의원을 찾거나 서양의원을 찾아 전문가의 도움을 받았다. 그렇지만 어느 정도 심각할 때 의약품이나 전문가를 이용하는가, 민간요법에서 한의약, 서양의약 등까지 펼쳐져 있는 의료 중에서 무엇을 선택하는가는 경제력, 거주 지역, 교육 정도, 질병이나 부상의 종류 등에 따라 달랐다. 전반적으로 일반인은 한의약과 서양의료 중 한의약을 많이 이용했고, 집에서 시도하는 상약 등을 포함할 때에는 한의약이 압도적이었다. 비록 당시 한의약이 서양의료보다 지리적으로나 언어적으로 접근성이 좋았고, 가격도 쌌지만, 일반인이 한의약을 선택하는 것이 꼭 그 때문은 아니었다. 근대적 교육을 많이 받은 사람은 서양의료를 선호했지만, 아직 한의학 대 서양의학의 비과학성 대 과학성 비교, 또는 전근대성 대 근대성 비교는 일반인에게 확실하고 일관성 있게 영향력을 행사하지 못했다. 즉 한의학에 대한 경험적 신뢰가 유지되고 있었으며, 이는 일반인의 한의약 이용에 경제적, 지리적 접근성 외의 또 다른 영향요인으로 작용하였다.

35) 이순영, 「폐결핵과 한방약」, 《동양의약》(1935).

그러나 식민지 시기 일반인이 한의학 또는 양의학 선택을 하는데 아무런 갈등이 없었던 것은 아니다. 자신이 믿는 세계관, 주변의 가치, 경제적 여건, 질병의 성질 등에 따라 갈등은 얼마든지 가능했고, 자신의 세계관 등에 따라 적극적으로 한의학이나 서양의학을 선택하기도 하고, 상황에 따라 자신의 선택을 정당화하면서 때로는 한의학을, 때로는 서양의학을, 심지어는 양자를 동시에 선택하기도 하는 등 다양한 모습을 보였다.

제3부

정체성 형성

6

의서와 학파의 형성

김남일

1. 머리말

개항기부터 일제시대까지의 기간은 한의학의 거대한 변혁의 시기였다. 서양의학 중심의 의료제도로의 변혁, 이에 따른 궁중 어의들의 활동 변화, 민간에 숨어 있던 의가(醫家)들의 의서 출판, 학술잡지의 간행, 한의사 모임의 결성 등 한의계는 많은 변화를 맞게 된다. 이 시기에 간행된 의서(醫書)와 학술잡지는 이러한 변화를 반영한 것들이다.

한국의 한의학(韓醫學)은 수없는 학술적 논쟁 속에서 지금까지 이어져 왔다. 고유의학의 성립과 발전, 외래의학의 유입과 흡수, 새로운 의학의 창조, 학문적 논리의 계승 등 학문적 발전과정은 한의학의 역사 속에서 그대로 경험되면서 현재까지 이어지고 있다. 특히 일제시대에는 조선 후기까지 숨어 있던 유의(儒醫)들이 대거 자신들의 학문적 색깔들을 표출하면서 이러한 경향이 노골화되었다. 그에 따라 한의학의 학술적 논의는 활발하게 이루어지게 되었다.

이 글에서는 개항기부터 일제시대까지 한의학의 학술적 경향을 파악하기 위해 각 절에서 주제들을 하나씩 고찰해보고자 한다.

2. 개항기부터 일제시대까지의 학술적 경향—의서의 간행을 중심으로

구한말부터 일제시대까지 한의학은 공백과 단절로 느껴지기도 한다. 이것은 이 시기 우리 민족의 암울한 상황에 대한 선입견이 부지불식간에 모두의 인식 속에 깊숙이 자리 잡고 있기 때문이기도 하지만, 이 시기에 대한 본격적인 탐구가 이루어지지 못한 데에 더욱 근본적인 원인이 있다. 현대 한의학은 구한말에서 일제 시기까지의 학술적 경향을 그대로 계승하고 있다는 점을 분명히 되새겨보아야 할 것이다.

이 시점에서 우리는 역사학계에서 '근현대'라고 분류하는 시기 가운데 일부분으로 포함되어 있는 구한말에서 일제시대까지의 중요성에 주목해야 한다.

이 시기가 한의학계에는 매우 힘든 시기였음에 틀림없다. 서양의학의 도전과 한의학의 주류 의학으로서의 위치 상실, 일제의 서양의학 위주의 의료정책, 의생제도의 성립과 한의사의 사회적 지위 격하, 한의학 교육기관 설립 불허에 따른 후진 양성 기회의 박탈, 한의학의 치료의학으로서의 위치 손상, 일본식 상한론(傷寒論)의 수입과 범람 등 갖은 부정적 상황이 초래된 이 시기에 한의학을 한다는 것은 사회적 존경을 받는 보람된 일을 하는 것으로 여겨지기 어려웠던 것이다.

어려움들 속에서 이 시기 한의계는 시대적 필요성과 국민적 요청에 부응하기 위한 노력을 경주하였다. 이것은 의서의 측면에 국한하여 살펴보아도 분명하게 드러난다.

먼저 고종에 의해 간행된 관찬의서가 있다. 1906년 고종의 명령에 따라 어의(御醫) 이준규(李峻奎)는 『의방촬요(醫方撮要)』라는 관찬의서를 출간하는데, 이것은 조선 최후의 관찬의서로서 가치가 있다. 『의방유취(醫方類聚)』, 『향약집성방(鄕藥集成方)』, 『동의보감(東醫寶鑑)』, 『제중신편(濟衆新編)』과 같이 국가에서 정책적으로 출판한 의서임에도 조선이 멸망하기 직전에 출간되어 그다지 주목을 받지 못하고 있는 실정이다.

둘째, 고의서(古醫書)의 신간(新刊)과 재간(再刊)이 있다. 이이두(李以斗, 1807~1873)가 지은 『의감산정요결(醫鑑刪定要訣)』을 그 후손이 1930년에 간행한 것, 본래 1724년에 완성된 주명신(周命新)의 『의문보감(醫門寶鑑)』을 1928년에 간행한 것 등이 그러한 예이다. 일제시대 고전의서의 재간을 주도한 인물은 행림서원(杏林書院)의 이태호(李泰浩)이다. 그의 노력으로 『향약집성방』(1942), 『금궤비방(金櫃秘方)』(1940), 『소아의방(小兒醫方)』(1943), 『침구경험방(鍼灸經驗方)』(1945) 등이 널리 보급되었다.

셋째, 교육용 의서의 간행이 있다. 일제시대 전 시기를 통틀어 한의사들의 중요 이슈는 한의학 교육이었다. 1935년에 성주봉(成周鳳)이 지은 『한방의학강습서(漢方醫學講習書)』는 구한말에서 일제시대까지 한의학 교육을 실시해온 저자의 경험을 바탕으로 만든 순수 교육용 교재이다.

넷째, 유의(儒醫)의 전통을 잇는 의서들의 연속적 간행이 있다. 유의는 한국의학사의 중심에서 활동해온 중심세력이다. 조선 후기에 무르익은 유의의 전통은 구한말과 일제시대에 접어들어 만개하게 되었다. 1894년 이제마(李濟馬)의 『동의수세보원(東醫壽世保元)』, 1906년 이규준(李奎晙)의 『황제소문절요(黃帝素問節要)』, 1914년 김우선(金宇善)의 『유의소변술(儒醫笑變術)』, 1933년 문기홍(文基洪)의 『제세보감(濟世寶鑑)』, 1928년 원지상(元持常)의 『동의사상신편(東醫四象新編)』, 1936년 이민봉(李敏鳳)의 『사상금궤비방(四象金櫃秘方)』 등은 유의의 전통의 맥을 잇는 의서들이다. 그러나 황도연(黃度淵), 황필수(黃泌秀) 부자가 1884년 만든 『방약합편(方藥合編)』은 유의의 전통을 잇는 의서 가운데 그 무엇과도 바꿀 수 없는 유산이다.

다섯째, 동서의학 절충(折衷)을 위한 노력이 반영되어 있는 의서가 있다. 동서의학을 절충하고자 하는 경향은 병명 대조, 해부학의 수용, 약물 비교 등 다양한 모습으로 나타났다. 남채우(南采祐, 1872~?)는 1924년에 『청낭결(青囊訣)』을 지었는데, 그 책에서 서양 약물명, 전염병 예방법, 종두 시술법, 인체해부도, 병명대조표 등을 나열하여 동서의학의 절충을 시도하였다. 도진우(都鎭羽)는 1924년에 국한문 혼용으로 『동서의학요의(東西醫學要義)』를 저술하였는데, 병증(病證)을 구분하고 각 병증에 따라 동서의학을 비교하는 형식으로 서술되어 있다. 홍종철(洪鍾哲, 1852~1919)은 한의사들을 교육하기 위해 경혈(經穴)과 해부를 결합한 한의학의 신교재 『경락학총론(經絡學總論)』을 지어 한의학에서 서양의학을 절충하고자 하였다. 1928년 박용남(朴容南)은 약물의 혼용을 통해 동서의학을 절충하고자 『가정구급방(家庭救急方)』을 지었다. 이 책에서 그는 한약과 양약 처방 중에서 구급에 필요한 처방을 엄선하여 동서의학의 절충을 시도하였다.

이렇듯 구한말부터 일제시대까지를 의서 중심으로 살펴보면 이 시기가 한의학을 시대 조류에 맞추어 발전시키려는 노력으로 점철되어 있음을 알 수 있다. 현대의 한의학은 이 시기의 노력을 기반으로 하고 있다.

3. 유의의 전통 계승과 의서 편찬: 김우선의 『유의소변술』, 문기홍의 『제세보감』

유의란 일반적으로 유교 사상을 바탕으로 의학의 이치를 연구하는 사람들을 말한다. 넓은 의미에서는 당시 지식인들 중에서 의학의 이치에 통달하여 의학 연구에 일가견이 있는 사람들을 말하기도 한다. 이 중에는 의학적 지식이나 의료기술에도 정통한 학자가 있었는가 하면, 학자라고는 하나 실제로는 의학을 전업으로 삼는 사람, 학자지만 개인적인 필요에 의하여 의학을 연구하는 사람 등 여러 형태가 있었다. 우리의 전통의료가 민간의료의 수준을 탈피하여 이론적 근거를 가지게 된 것은 이러한 유의들의 노력에 힘입은 바가 크다. 유의들은 문자에 대한 이해가 높으며 사물을 체계적으로 이해하고자 하는 욕구도 강했기 때문에 단순한 치료경험이나 전래되어오던 비방들을 체계적으로 이해하고 정리하고자 하였다. 또한 이들은 자신의 생각을 저술할 수 있는 능력이 있었으므로 의서의 편찬은 대부분 이들에 의해 이루어졌다.

구한말에서 일제시대까지의 시기는 의서가 폭발적으로 늘어난 시기이다. 간행된 양도 그 어느 시기에 비교할 수 없을 정도로 많다. 특히 유의들은 누구보다도 의서 편찬에 열심이었다.

구한말부터 일제시대까지는 수많은 사람을 좌절시킨 시기이다. 특히 일본의 발호와 위정자들의 안이한 판단에 의해 국가가 난국에 처해 있던 구한말부터 일제가 조선을 강점한 일제시대까지는 지식인들에게 정신적 갈등의 시기였다. 이러한 즈음에 벼슬을 버리고 제민(濟民)에 뜻을 두어 의학연구에 정진한 유의들이 많이 나오게 되었으니 김우선은 그러한 인물 가운데 하나이다.

생몰연대는 분명하지 않지만 여러 기록을 통해 김우선은 1928년 무렵 이전에 사망했을 것으로 추측된다. 그는 1914년에 『유의소변술』이라는 책을 내는데, 이 책의 제목인 "儒醫笑變術"이란 '환자의 병을 치료하여 그 집안사람들을 웃는 얼굴로 바꿔주는 유의의 기술'이라는 의미이다. 김우선은 자서(自序)에서 "유학자(儒學者)가 변신하여 의사(醫師)가 되니 이는 정말로 웃음 살 일이로다. 비록 그러하지만 유학자는 도(道)를 다스리는 사람이고, 의사는 병(病)을 다스리는 사람이니, 그 치료하는 기술은 서로 비슷하다. 그러므로 의사를 병공(病工)이라 하였으니 병을 낫게 하여 그 집안사람들로 하여금 근심을 변화시켜 웃는 얼굴로 만드니 이것은 웃을 일이다."라고 말하고 있다. 이를 통해 그는 본래 유학자였지만, 의사가 되어 사람들을 기쁘게 해주는 자신의 업무에 즐거움을 느끼는 유의였다는 것을 알 수 있다.

유의가 되고자 한 사람들은 항상 송(宋)나라 때 범중엄(范仲淹)의 기도를 마음에 두었다. 일찍이 그는 사당에서 "제가 재상이 되어서 천하의 사람을 구제하게 해주시거나 아니면 훌륭한 의사가 되어서 천하의 아픈 사람들을 구제하게 해주소서"라고 기도하였는데, 나중에 재상이 되어서도 이러한 그의 마음은 사람들에게 의학의 중요성을 일깨워주어 의학에 입문하는 유학자들이 많아지게 되었다. 김우선이 유의가 된 것도 천하의 이러한 아픈 사람을 구제해주고자 한 뜻을 펼치기 위해서였다.

기록에 따르면, 김우선은 1898년에 고종에게 균전제(均田制)를 실시할 것을 상소하였다. 그러나 고종은 시세(時勢)를 파악하지 못한 상소로 판단하는 처분을 내렸다. 김우선은 이 무렵에 이러한 시국을 통탄하여 벼슬을 그만두고 고향으로 내려온 듯하다. 그의 아들 김재용(金在容)의 발문(跋文)에는 정국이 어수선하여 벼슬을 내던지고 대동강을 건너 고향에 돌아와서 의학에 정진하게 되었다는 내용이 있다. 그는 대동강 이북의 어느 지방에서 관리를 하던 중 일본 침략 등으로 어수선한 시국을 개탄하여 고향인 경기도 고양군(高陽郡) 한지면(漢芝面) 이태원리(梨泰院里)(현재의 서울 이태원동)로 돌아와 의학에 정진하게 되었다는 것을 추정해볼 수 있다.

『유의소변술』은 1928년에 『의가비결(醫家秘訣)』이라는 제목으로 바뀌어 출간된다. 이 책은 경험방을 모은 책으로 유의로서의 접근법을 보여주고 있다. 의사들에게 도움을 주기 위해 써졌다기보다는 가정처방집의 성격이 강하다. 이 책은 아마도 유의의 전통을 잇고 있는 서적 가운데 거의 마지막 무렵의 것인 듯하다.

또 다른 의가로 문기홍이 있다. 1931년 11월 18일자 《동아일보》에는 「빈자무료치료(貧者無料治療)」라는 제하에 문기홍이라는 한의사의 선행에 대한 기사가 실려 있다. 내용은 "본적을 부산에 두고 지금 울산읍 옥교동에 와서 일반환자를 치료하고 있는 제세당(濟世堂) 의사 문기홍씨는 일찍부터 침구술을 연구하여 마산, 창원, 포항, 경주 등 경상남북도를 다니며 보통병원에서 고치지 못하는 중병을 많이 고치는 중 특히 빈한한 환자에게는 약까지 무료로 써가며 친절히 고쳐주었다"이다.

여기에 언급된 제세당은 문기홍의 호이다. 그는 뛰어난 의술로 일제시대에 이름을 드날린 명의였다. 그는 부산을 중심으로 각 도를 순행하면서 진료를 하였다. 수많은 병자를 완쾌시켜 가는 곳마다 공적비가 서기도 하였다. 다음 해인 1932년 11월 6일자 《동아일보》 기사에는 다음과 같이 기록되어 있다.

> 의술로 유명한 문기홍씨. 예나 지금이나 병을 잘 고치는 사람을 편작이라고 한다. 제세당 문기홍 선생은 부산을 위시로 각도와 여러 군에서 그 의술로 불치의 병을 완전히 고친 환자들이 알 수 없을 정도로 많아서 문 선생이 간 곳마다 공적비가 서고 그 명성이 자자하다. 특히 침구술이 능숙하여 한번만 문 선생에게서 시술을 받으면 어떤 어려운 병이라도 쉽게 치료되어 일반인들의 신임이 매우 두텁다고 한다.

이렇듯 그의 의술은 전국에 걸쳐 소문이 자자하였기에 그의 밑에는 수많은 문하생이 운집하여 의술을 전수받았다. 김용택(金容澤), 김정래(金正來), 이우성(李雨成), 김실근(金實根), 유공진(劉公珍), 이원필(李元弼), 이용수(李龍洙), 이수양(李壽良), 김정호(金正鎬), 한정호(韓正鎬), 김수경(金秀經) 등이 그의 제자이다. 그는 1933년 『제세보감』이라는 의서를 간행한다. 이 책은 여러 면에서 독특하다. 먼저 제일 앞에 병증별로 처방 수백 종을 기록하여놓고, 그 안에 침법, 구법 등을 병기하고 있다. 『제세보감』은 당시 활동하던 한의사들을 위해 저술된 순수한 임상지침서였다.

그는 이렇듯 무료진료로 민중들에게 희망을 주었고, 수많은 제자를 길러

한의학술의 명맥이 이어질 수 있도록 노력하였으며, 동료 한의사들에게 도움을 줄 수 있는 임상지침서를 저술하는 데 힘쓴 일제시대의 한의사였다.

4. 관찬의서의 편찬: 어의 출신 이준규의 『의방촬요』

1918년 5월 18일 경성 재동(齋洞)에서 뇌출혈로 조선의 한의사 한 명이 30분 만에 숨을 거둔다. 그는 함경도 북청군 출생으로 학문이 뛰어나 어의로 천거된 뒤 조선 말 고종 연간에 궁중에서 조선 의술의 중심에 있으면서 의학 연구에 매진한 이준규라는 인물이다.

이준규는 근대의 한의학 인물을 꼽을 때 반드시 언급되는 인물이다. 그럼에도 불구하고 그의 생애를 더듬어볼 자료는 극히 드물다. 그의 생애에 대한 기록은 1918년 6월 16일에 발행된 《조선의학계(朝鮮醫學界)》 제4호에 나온다. 《조선의학계》는 공인의학강습소(公認醫學講習所)에서 강의된 내용을 중심으로 엮어 조선의학계사(朝鮮醫學界社)에서 발행한 일제시대의 한의학 학술잡지이다. 1914년 《한방의약계(漢方醫藥界)》가 간행될 무렵 그는 사립의학강습소(私立醫學講習所)의 소장으로 있으면서 한의학 교육에 투신하여 대중교육에 절치부심하게 되었고, 한의학 교육을 위해 《조선의학계》가 간행됨에 따라 이 잡지의 고문으로 활동하게 되었다.

《조선의학계》 4호에 실린 글은 이준규가 사망한 직후에 나온 추모의 글이기에 그의 생애를 되짚어볼 수 있는 내용을 충분히 담고 있지는 못하지만, 부족한 가운데 매우 소중한 자료이다. 그 기록에 따르면 그는 함경도 북청군 출신이며 의학 능력이 뛰어나 고종에 의해 어의로 발탁되었는데, 청빈한 성품으로 인해 남평, 여주 등의 군수로 제수된 경력도 있고 궁중에서는 관직이 시종원부경(侍從院副卿)까지 이르게 되었다. 합방 후에는 화평당(和平堂) 주인인 이응선(李應善)이 경영하는 조선병원(朝鮮病院)의 원장

〈그림 12〉 『의방촬요』

고종의 어의이던 이준규는 장안에서도 유명한 한의사였다. 그는 조선 최후의 관찬의서인 『의방촬요』 등을 저술하였다. 《한방의약계》, 《조선의학계》 등에서 그에 관한 서술을 엿볼 수 있다.

으로 활동하면서 뛰어난 의술로 장안에 이름을 떨쳤다.

그는 고종의 명에 따라 『의방촬요』라는 책을 편찬하게 되는데, 이 책은 조선 최후의 관찬의서라는 데에서 그 의의를 찾을 수 있을 것이다. 이준규는 1906년에 작성한 자서에서 다음과 같이 말하고 있다. "(전략) 오직 우리 황제폐하께서 이러한 걱정에서 책들 가운데 번거로운 것들을 삭제하고 간결한 것들만을 취하여 대증투약에 가장 중요한 것들만을 모아서 현명한 사람이나 우매한 사람이나 모두 얻어서 사용하기 쉽도록 하셨다. (중략) 문(門)을 나누고 같은 부류를 모아 강(綱)을 세우고 영(領)을 설정하니 의원(醫原)에서부터 본초(本草)에 이르기까지 무릇 111조이다. 허준의 『동의보감』에 의거하여 예를 들어 고증(古證)을 인용하고 지금의 병론(病論)과 용약(用藥)의 방(方)을 그 아래에 덧붙였으니 책이 무릇 일권(一卷)이니 이름하여 『의방촬요』라 하고 진상하였다. 대개 그 말은 간결하면서도 뜻은 다하여 대강을 들어도 세목이 펼쳐지니, 한번 펼쳐서 열어보면 마치 손바닥 무늬가 눈에 들어와 숨김이 없는 것과 같다. (후략)" 즉 이 책은 『동의보감』을 저본으로 삼고 원리론부터 치료, 병증, 약물 등까지 111개의 조문을 설정하여 의가들에게 요약된 정보를 제공하려는 목적에서 만들어진 것이다. 그러나 실제로는 의원(醫原), 운기(運氣), 경락(經絡), 장부(臟腑), 진맥(診脈), 형색(形色), 상한부(傷寒賦), 운기주병(運氣主病), 오운주약(五運主藥), 육기주약(六氣主藥) 등 원리론에 해당하는 부분들은 이천(李梴)의 『의학입문(醫學入門)』에서 따오고 있다는 점에서 『의학입문』의 영향도 많이 받은 것으로 보인다.

이 책에는 1910년에 쓴 정만조의 서문과 1915년에 쓴 민영규의 서문이 붙어 있다. 이들 서문에서는 이 책의 간행이 늦어진 것에 대해 애석해하는 심정을 토로하면서 이준규의 뛰어난 학문에 찬사를 보내고 있다. 정만조는 서문에서 "우희 이시랑(이준규를 말함—필자)의 집안은 대대로 학술로 소문이 난 집안이다. 시랑은 일찍이 가훈인 '문과 사를 이미 넓게 한다(文史旣博)'는 말을 가지고, 일찍이 세상을 감당할 것에 뜻을 두었지만 중년이 되도록 기회를 못 만나 이에 탄식하여 '옛날에 재상될 것과 의사될 것을 기도한 사람이 있었지만, 사람을 구제한다는 면에서는 한 가지이다'라고 말하고, 드디어 고금사방의 서적을 모아서 깊이 탐구하기를 수십 년 동안 하였다. 이 때에 우리 고종황제께서 생(生)을 좋아하는 지극한 인(仁)으로서 민중을 구제하는 베풂을 생각하셔서 시랑에게 별도로 책을 짓도록 하셨는데 반드시 다 포괄하면서도 번잡하지 않고 간결하되 쉽게 찾아볼 수 있도록 하셨다. 시랑이 십수 년 간 연구한 것으로서 자신의 시험으로 징험하고 질문하여도 의심이 없는 것들을 모아 순서를 매겨 책을 만들어 『의방촬요』라 하였다."라고 감회를 표명하고 있다.

서양의학에 잠식되어 무너져가는 한의학을 바로 세워 민중 속에서 자생력을 키워나가야 한다는 광범위한 공감대 속에서 만들어진 『의방촬요』를 통해서 우리는 당시 국권을 회복하여 독립된 국가로 거듭나고자 노력을 경주한 고종황제와 어의 이준규의 민족의학에 대한 사랑을 느낄 수 있는 것이다. 고종 때 태의원전의(太醫院典醫)를 지내고 67세의 나이에 숨을 거둔

이준규는 조선 최후로 어의의 전통을 계승한 의인이라 할 수 있다.

5. 교육용 의서의 출판: 성주봉의 『한방의학강습서』

성주봉은 일제시대인 1935년 8월에 《충남의학(忠南醫學)》이라는 학술잡지를 간행하여 한의학의 발전을 위해 노력한 한의학자이며 한의학 교육자이다. 그는 1937년에 《한방의약(漢方醫藥)》이라고 이름을 바꾸어가면서 1942년 50호까지 간행된 동 잡지의 편집인 겸 발행인으로 활동하였다. 동 잡지는 그가 밝히고 있듯이 "충남의약조합의 기관지로서 조합원에게 한의약(漢醫藥) 지식을 전파하고 이를 통한 한의약 학술의 발전과 연속성 유지"를 목적으로 하는 학술잡지이다.

동 잡지에서 그는 「상한에 대한 논술」, 「경악전서(景岳全書)에 대한 연석(演釋)」, 「경험치료방(經驗治療方)」이라는 글을 게재하여 한의학의 학술 발전을 독려하였다. 「상한에 대한 논술」에서는 상한론에 나오는 오령산증(五苓散證), 저당탕증(抵當湯證) 등의 탕증별(湯證別) 지식과 괴증(壞症), 전경(傳經) 등의 개념에 대해 상세히 소개하고 있고, 「경악전서에 대한 연석」에서는 금원사대가(金元四大家) 위주로 처방이 엮여 있는 『동의보감』의 약점을 『경악전서』의 온보론(溫補論)을 도입하여 극복할 것을 제안하고 있다. 「경험치료방」은 이질, 설사, 구토, 반위(反胃) 등 제반 증상들에 대한 자신의 경험방들을 소개한 글이다. 이렇듯 그는 한국 한의학의 장점과 약점을 정확히 꿰뚫으면서 그 발전을 위해 『상한론』과 『경악전서』를 대안으로 제시하고 있다. 그는 이 두 의서에 나오는 처방들을 가감해가면서 자유자재로 운용하고 있었으며, 그 처방들은 특히 근대화되면서 질병의 발생양상이 다변화되는 조선사회에서 유용하게 활용될 수 있을 것으로 확신하고 있었다. 이러한 자신감이 그의 경험방으로 나타나게 된 것이다.

「의학제가설 논의(醫學諸家說論義)」는 병증별로 의가들의 학설들을 정리한 글로 《한방의약》에 시리즈로 게재된 것이다. 중풍, 이질 등의 질병에 대한 제가학설을 정리하고 있는 그 글은 의학에 대한 계통적 지식을 확립하여 학문적 정통성을 이어가고자 그가 노력하고 있었음을 엿보게 해준다. 그가 언급하고 있는 대상이 유완소(劉完素), 주단계(朱丹溪), 이동원(李東垣) 등 금원사대가들뿐 아니라 『황제내경(黃帝內經)』, 『상한론』 등 원전류와 황위안위(黃元御), 왕칭런(王清任), 탕종하이(唐宗海) 등 청대의 의가들까지 망라되어 있어 그의 넓고 깊은 학식을 엿볼 수 있다.

한의학술을 널리 보급하여 학문적 정체성을 확립코자 한 그는 한의학 교육에도 많은 노력을 기울였다. 《한방의약》에는 계속해서 「한의학의 교과서제(敎科書題)」라는 글이 연재되는데, 이것은 구체적으로 한의학 관련 교과서의 내용을 구성해보고자 한 시도의 일환이다. 이 글들은 그가 1935년에 쓴 『한방의학강습서』라는 교과서 형식의 글들을 업그레이드하는 방식으로 연재된 것들이다. 『한방의학강습서』는 당시로서는 순수하게 한의학 교육만을 위해 써진 몇 안 되는 서적 중 하나이다. 이 책은 모두 6권이며 279개의 과로 구성되어 있다. 범례에 붙어 있는 강습규정에서는 다음과 같이 정하고 있다.

> 매번 1개의 과(課)를 삼 일 동안에 첫날에는 강의만 하고, 둘째 날에는 복습하고, 셋째 날에는 문답한다. 1년 360일 동안에 경축일과 일요일과 여름방학 30일 겨울방학 20일 등 도합 109일을 빼면 실제로 강습하는 날은 250여 일에 90여 과 남짓이다. 이와 같이 하기를 3년 하면 전 과정이 끝난다. 졸업기한 3년을 채운 다음에 전과를 다시 통합하여 1년 동안 강습한 다음에 시험을 보아서 1등부터 6등까지는 합격을 시켜서 졸업증서를 주고 나머지 사람들은 또 1년을 강습하여 다시 시험을 봐서 1등부터 6등까지는 합격을 시키고 또 나머지 사람들은 또 1년을 강습하여서 도합 6년을 채우면 모두 졸업을 시킨다.

이 책은 교과서로 활용될 목적으로 음양오행(陰陽五行), 사기오미(四氣五味), 기혈(氣血), 장부(臟腑), 오운육기(五運六氣), 경락(經絡), 중풍(中風), 상한육경(傷寒六經), 잡병(雜病), 부인(婦人), 소아(小兒), 약성(藥性) 등 한의학 전반에 대한 내용들을 다 다루고 있어서 이 책 한 권만 제대로 독파하여도 기본적인 한의학 이론을 이해할 수 있게 해놓고 있다. 성주봉은 자서에서 기존 의서의 해독이 어려워서 의학을 깨닫는 자가 드문 것을 한탄하여 국한문을 혼용해 기록하였다고 하였다. 지석영(池錫永)은 이 책을 보고 감탄하여 "지금에 이 책을 펼쳐보니 문을 나열하고 과를 구분한 것이 학교의 규칙을 모범으로 삼았으니 깊이 교육체제에 잘 들어 맞는다. 만약에 중고등 교육을 받은 젊은이들에게 끌어서 가르쳐 준다면 가히 폐절되가는 한의학이 부흥될 것이다."라고 서문을 써서 주었고, 한치유는 "오호라. 사람이 선생만 같다면 진실로 불구덩이 같은 세상에서 피어난 연꽃과 같으리라."라고 하였다.

이 책에 나오는 「수학심득(修學心得)」이라는 글은 그의 의학사상이 얼마나 인본주의에 기반하고 있는가를 말하고 있다. "수학심득: 상천의 생명을 애호하는 덕에 뜻을 세우고, 병에 임하여 빈부의 차등을 두지 않으며, 침잠반복하여 고황의 병에 걸린 사람이라도 회생하기를 바란다. 앞선 성인들의 자신을 미루는 어진 마음씨에 마음을 두어, 약을 씀에 항상 보사를 신중히 하고, 전전긍긍하여 환자에 임하여 환자가 원망을 품거나 명을 달리하는 일이 있을까 근심한다〔修學心得: 立志乎上天好生之德, 臨病勿以貧富有差等, 沈潛反覆祝痼肓回甦, 存心乎先聖推己之仁, 用藥恒以補瀉爲愼重, 戰兢臨履恐含怨幽明〕." 이렇듯 그는 암울한 일제시대에 사멸해가는 한의학을 되살려 식민지 백성들에게 희망을 주고자 노력한 국의(國醫)인 것이다.

6. 『동의보감』 연구 전통의 계승: 한병연의 『의방신감』과 김정제

『동의보감』은 1610년에 허준이 저술한 의서로 한국 한의학의 중심에 놓여 있는 중요한 명저이다. 『동의보감』이 세상에 나온 후에 조선 후기에 이 책을 중심으로 연구하여 자신의 견해를 밝힌 의가들과 그 저술로는 주명신(『의문보감』을 1724년 편저), 강명길(康命吉, 『제중신편』을 1799년 저술, 『통현집(通玄集)』을 저술), 정조대왕(『수민묘전(壽民妙詮)』을 저술), 저자 미상의 『의감집요(醫鑑集要)』 등이 있다. 일제시대에 들어서 『동의보감』을 바탕에 깔고 자신의 의론을 전개한 의서들이 나오게 되었다. 『동의보감』은 이미 한국 한의학의 대명사로 자리 잡아 있었기에 이 책에 대한 연구가 민족적 자각이나 한의학 부흥의식 등과 연계되었다고 보기는 어렵고, 다만 한의학 연구에서 반드시 거쳐야 할 서적으로 여겨진 것으로 보아야 할 것이다. 이후의 연구 대부분은 『동의보감』 자체에 대한 연구라기보다는 조선인에 맞는 치료의서의 편찬이 필요하다는 시대적 요구에 부응하기 위한 노력의 일환이라고 보아야 한다. 중국에서 의학을 논할 때 반드시 『황제내경』과 『상한론』을 거론하는 것과 마찬가지로 한국에서는 『동의보감』이 거론된 것이다. 이들 저자들은 어린 시절부터 『동의보감』을 접하면서 학술능력과 임상능력을 배양하여왔고 그러한 과정에서 자연스럽게 『동의보감』에 대한 자신의 견해를 완성해간 것이다. 일제시대에 간행된 『동의보감』 관련 의서들 가운데 대표적인 것으로는 한병연의 『의방신감』이 있다.

한병연은 호가 신오(新塢)로 함경북도 웅부 출신이다. 그는 과거시험을 위해 상경하였지만, 과거제도가 폐지되어 한의학 연구에 정진하게 되었다. 1915년에는 한의사단체 발기대회인 전선의생대회(全鮮醫生大會)의 발기인이 되어 전선의회(全鮮醫會)의 평의장(評議長)에 선임되었고, 1924년에는 동서의학연구회(東西醫學研究會) 평의원, 회장을 역임하는 등 한의학의 부

〈그림 13〉 한병연
한병연은 평생 동안 한의학연구와 부흥에 매진했다. 전선의회 평의장과 동서의학연구회 회장 등을 역임했으며, 일종의 『동의보감』 요약본인 『의방신감』을 저술하였다.

흥을 위해 왕성한 사회활동을 전개하였다. 그는 서울 무교동에 광성의원(廣成醫院)이라는 한의원을 개원하여 대민의료도 소홀히 하지 않았다. 그가 1914년에 저술한 『의방신감』은 『동의보감』을 요약하는 형식으로 만들어진 의서로, 상편, 중편, 하편으로 구성되어 있다. 이 책은 각 문(門)마다 임상을 하는 한의사로서 반드시 알아야 할 질병의 원리를 앞에 기록하고 그 뒤에 그에 해당하는 처방을 병기하는 형식으로 되어 있는데, 이를 통해 이 책이 임상지침서의 역할을 염두에 두고 편찬된 것임을 알 수 있다. 우선 상편의 분류를 살펴보면, 진찰(診察), 풍(風), 한(寒), 해학(痎瘧), 온역(瘟疫), 사수(邪祟), 서(暑), 습(濕), 조(燥), 화(火), 내상(內傷), 허로(虛勞), 노채(勞瘵), 곽란(霍亂), 구토(嘔吐), 애역(呃逆), 해수(咳嗽), 천급(喘急), 적취(積聚), 부종(浮腫), 창만(脹滿), 소갈(消渴), 황달(黃疸), 소변(小便), 대변(大便), 신형(身形), 정(精), 기(氣), 신(神), 혈(血), 몽(夢), 성음(聲音), 언어(言語), 진액(津液), 담음(痰飮), 간(肝), 심(心), 비(脾), 폐(肺), 신(腎), 담(膽), 위(胃), 소장(小腸), 대장(大腸), 방광(膀胱), 삼초(三焦), 부장부론(附臟腑論), 부수화론(附水火論), 양부족론(陽不足論), 선후천론(先後天論), 표본론(標本論), 음양론(陰陽論) 등 『동의보감』을 자신의 견해에 따라 재구성하고 여기에 새로운 내용을 첨가하는 형식을 띠고 있다. 이것은 중편의 경우도 마찬가지이다. 중편은 두(頭), 면(面), 안(眼), 이(耳), 비(鼻), 구설(口舌), 아치(牙齒), 인후(咽喉), 경항(頸項), 배(背), 흉(胸), 유(乳), 복(腹), 제(臍), 요(腰), 협(脇), 피(皮), 육(肉), 맥(脈), 골(骨), 모발(毛髮), 수(手), 족(足), 전음(前陰), 후음(後陰), 충

(蟲), 옹저(癰疽), 제창(諸瘡), 제상(諸傷), 해독(解毒), 구급(救急), 사병급증(莎病急症), 잡방(雜方) 등 『동의보감』의 외형편과 잡병편의 내용 가운데 외과에 해당하는 부분을 발췌하고 있다. 특히 사병급증 부분은 당시 유행하던 콜레라를 종류별로 나열하고 그 한의학적 치료법을 기록하고 있다는 점에서 의미가 있다. 그가 제시하는 콜레라의 종류는 오아사(烏鴉莎), 구사(狗莎), 백안사(白眼莎), 사사(蛇莎), 아팔사(啞叭莎), 양양사(恙羊莎), 진주사(珍珠莎), 어사(魚莎) 등이다. 그리고 하편(下篇)에서는 부인(婦人), 소아(小兒), 침구(鍼灸)의 내용을 다루고 있다. 부인문(婦人門)에서는 『동의보감』 포문(胞門)에 월경병(月經病), 부인문(婦人門)에 산전산후병(産前産後病)의 내용이 나뉘어 있는 것을 하나로 합쳐서 부인병에 대해 종합적으로 다루는 형식으로 구성되어 있다.

일제시대 『동의보감』 연구를 이야기할 때 김정제(金定濟, 1916~1988) 또한 빼놓을 수 없는 인물이다. 그는 호가 운계(雲溪)로 1916년 황해도 신계군 마서면 갈현리에서 부친 김상일과 모친 홍사덕의 장남으로 태어났다. 어려서부터 유학 교육을 받아 여러 경전을 두루 섭렵하였고, 황해도 평산군의 대성학교에서는 신학문도 배웠다. 어릴 때 어머니가 병환으로 고생하는 것을 보고 한의학에 뜻을 두게 되었다. 17세가 되던 해에 그는 황해도 송림시에 위치한 동양의학원(東洋醫學院)을 찾아가 당시 의술로 유명하던 김태희(金泰希)에게서 한의학을 전수받았다. 여기에서 5년간 의술연마를 받은 후에 의생시험에 합격하여 한의사가 되었다. 그 후 그는 황해도 사리원시에 한의원을 개설하여 환자를 보기 시작하였다. 그러던 중 그의 스승인 김태희가 은퇴하면서 자신이 경영하던 송림시의 성제국한의원(聖濟局韓醫院)의 운영을 부탁하자 한국전쟁 때까지 15년간 이곳에서 환자를 진료하였다. 이후 한국전쟁이 나자 남쪽으로 피난을 내려와 군산에 소규모 한방진료소를 차려놓고 5년간 진료를 하기도 하였다. 1956년에는 상경하여 종로에서 성제국한의원을 개설하고 진료를 다시 시작하였다. 이때부터 그

〈그림 14〉 김정제
김정제는 대한한의사협회장으로 당선되자 의료법의 개정을 추진하여 6년제 한의과대학의 기틀을 마련하였으며, 동양의약대학(東洋醫藥大學)의 관선이사장직을 맡으면서 후진 양성에도 힘썼다.

의 명성은 날로 높아져만 갔다. 1963년에는 대한한의사협회장으로 당선되자 의료법의 개정을 추진하여 6년제 한의과대학의 기틀을 마련하였으며, 동양의약대학(東洋醫藥大學)의 관선이사장직을 맡으면서 후진 양성에도 힘썼다. 1965년에는 동양의약대학이 경희대학교로 합병되자 경희대학교의 교수로 취임하여 후학들의 교육에 힘쓰기 시작하였다. 1977년에는 의과대학 한의학과가 한의과대학으로 개편되면서 초대 학장에 취임하였고 부속 한방병원장까지 겸임하였다. 1973년에는 사재를 출연하여 동양의학연구소(東洋醫學研究所)라는 재단법인을 설립하여 한의학 연구에 이바지하였으며, 『진료요감(診療要鑑)』이라는 저작을 간행하기도 하였다. 1975년에는 계간 학술지 《동양의학(東洋醫學)》의 발행인으로 참가하여 학술 발전에 기여하였다. 이후 계속적인 후진 양성과 진료활동으로 여생을 보내다가, 1988년 오랜 지병으로 타계하였다. 그는 학문적으로 『동의보감』에 정통하여 평생 동안 『동의보감』 연구자로 이름이 높았다. 그는 『동의보감』 전체를 다 암송하였다는 말을 들을 정도로 이 책에 정통하였는데, 이는 황해도에서 스승 김태희에게서 전수받은 것이다. 여기에서 우리는 일제시대에 김태희같이 『동의보감』에 정통한 의가가 지방에서 활동하여 후학들을 지도하였다는 증거를 발견하는 것이다.

7. 근현대 한의학의 산증인 『방약합편』

개항기의 전후로 형성되어 현재까지의 변화과정을 겪고 있는 『방약합편』이라는 책은 개항 이전부터 현재까지 한국 한의학이 변화해온 과정을 고스란히 담고 있기에 시대의 산증인이라 할 것이다. 『방약합편』은 특히 조선 후기부터 현대까지 한국 한의학의 내재적 발전을 담아내고 있다.

『방약합편』은 철종 때부터 고종 초기까지 서울 무교동에서 한의원을 경영하면서 처방을 연구한 황도연(1807~1884)의 저술을 모아서 낸 처방서적이다. 그의 저술은 1856년에 간행된 『부방편람(附方便覽)』 28권, 1868년(고종 5년)에 간행된 『의종손익(醫宗損益)』 12권과 『의종손익부여(醫宗損益附餘)』(본초) 1권, 그다음 해에 나온 『의방활투(醫方活套)』 1권 등이 있다. 1884년에는 그의 아들 황필수가 왕인암(汪訒庵)의 『본초비요(本草備要)』, 『의방집해(醫方集解)』를 합편한 법을 모방하여 『의방활투』에 『손익본초(損益本草)』를 합하고 다시 『용약강령(用藥綱領)』과 『구급(救急)』, 『금기(禁忌)』 등 10여 종을 보충하여 『방약합편』이라는 이름의 서적을 간행하였다. 이 책은 이론을 집약하여 그 핵심을 파악하자는 입장에서 이론을 간결화하고 당시에 시대적으로 요긴한 처방을 주로 기록하는 정신을 구현하고자 한 것이다.

이와 같은 저술과정은 황도연 집안 차원의 개별적 작업으로만 여길 수도 있겠지만, 더욱 근본적으로는 한국 한의학에 대한 정리과정이었으며, 한의학에 대한 인식의 혁신적 변화를 제공하는 과정이기도 하였다. 개항 이전에 나온 『의종손익』과 『의종손익부여』는 그 구성의 형식상 1799년 나온 강명길(康命吉)의 『제중신편』의 체계와 내용이 많이 유사한데, 이것은 조선 후기 한의학의 내적 발전과정이나 다름없는 것이었다. 그러던 것이 『의방활투』에 이르러 "때에 마땅하고 사용함에 적합함〔宜於時適於用〕"이라는 시대의 요구에 부응하여 새로운 색깔로 거듭나게 된 것이다.

〈그림 15〉『방약합편』의 여러 판본들
황도연, 황필수 부자는 이론을 간결하게 하고 임상에 필수적인 처방 위주로 『방약합편』을 저술하였다. 『방약합편』은 인기가 좋아 수많은 판본이 나왔다.

이러한 제반 서적들을 엮어서 1884년 『방약합편』이 만들어지는데, 이 시기는 서양식 의료기관이 증설되기 시작하고 우두법이 점차 널리 활용되기 시작하며 콜레라 같은 전염병이 널리 유행하는 시점과 일치한다. 효과가 뛰어난 처방들을 접근성 높게 구성한 것이나 돌림병인 윤증(輪症), 콜레라인 곽란(霍亂)에 대한 경험방(經驗方)을 싣고 있는 것도 같은 맥락에서 시의합당(時宜合當)한 것이었다.

김형태(金亨泰)의 연구에 의하면 『방약합편』은 판본만 하여도 13가지가 넘는다(김형태, 「'방약합편'에 대한 연구」 참조). 이들 판본은 이후 수많은 의가들의 가필(加筆)과 각색의 과정을 거쳐 만들어진 것이다. 증맥요결(證脈要訣)이 첨가된 현공렴(玄公廉)의 『중정방약합편(重訂方藥合編)』(1885), 활투침선(活套針線)이 첨가된 『증맥방약합편(證脈方藥合編)』〔회동서관(滙東書館, 1918)〕, 장부총설(臟腑總說)이 첨가된 『신정대방약합편(新訂大方藥合編)』(1939), 각종 의론(醫論)이 첨가된 『변증방약합편(辨證方藥合編)』(1936) 등은 『방약합편』의 진화과정을 보여주는 것들이다. 여기에다 해방 후에 나온 염태환(廉泰煥)의 『증주국역방약합편(增註國譯方藥合編)』(1975)과 신재용(申載鏞)의 『방약합편해설(方藥合編解說)』(1988)까지 덧붙인다면 그야말로 『방약합편』은 근현대 한의학 발전의 산증인으로 대우받을 만한 자격이 있는 것이다.

8. 『상한론』 연구전통의 확립

우리나라는 중국, 일본 등과 비교할 때, 본래 상한론 연구의 전통이 강한 나라가 아니다. 『향약집성방』에 나오는 상한병 치료용 약물은 중국의 경우와 많이 다르며,[1] 『동의보감』의 경우에도 상한을 하나의 특정 전문 질환으로 보지 않고 풍한서습조화 육기(風寒暑濕燥火 六氣) 중 하나의 사기(邪氣)로 취급하는 정도이다.[2] 이것은 우리나라 상한론 연구의 방향을 보여주는 증거이다. 일제시대 한의학 학술잡지에서는 상한론에 대한 몇 개의 글이 발견되는데, 대체로 상한에 대한 일반론적 글들이다. 《한방의약계》 제2호에 나오는 이준규의 정상한(正傷寒)과 류상한(類傷寒)의 구분, 상한, 상풍(傷風), 온병(溫病), 열병(熱病), 해학(痎瘧) 등의 설명 등과 배석종(裵碩鍾)의 상한에 한법(汗法)과 하법(下法)을 쓸 때에는 음양(陰陽), 허실(虛實), 표리(表裏) 등을 잘 구별한 후에 써야 한다는 주장 등이다.

서울에 있던 공인의학강습소에서는 1916년부터 《동서의학보(東西醫學報)》라는 학술잡지를 간행하는데, 이 잡지는 당시 공인의학강습소의 강의 내용, 즉 '동의학', '참고과(參考科)', '서의학', '기타관련내용' 등을 싣고

1) 이것은 姜延錫 등의 연구에서도 밝혀지고 있다. 상세한 내용은 姜延錫, 「『鄕藥集成方』諸咳門에 나타난 朝鮮前期 鄕藥醫學의 특징」, 『국제동아시아전통의학사학술대회 자료집』(2003)에 나온다.

2) 이에 대해서는 신동원 외 2인, 『한권으로 읽는 동의보감』(들녘, 1999), 511쪽에 잘 나와 있다.

있다. 그중 '동의학'은 한의학 전반에 관한 내용을 설명한 글이다. 한의학의 내용을 서양의학의 학과목처럼 '병리학', '진단학', '약물학', '외과학', '상한학(傷寒學)' 등으로 제목을 붙여 서술하는데, 여기에 '상한학'이라는 과목을 병기한 것은 이채롭다. 이 책에 나오는 상한학의 내용은 탕종하이(唐宗海, 1862~1918)가 지은 『상한론천주보정(傷寒論淺注補正)』이라는 책의 일부 내용을 차례로 실은 것이다. 중국의 탕종하이는 동서의학회통학파(東西醫學匯通學派)로 분류되는 인물로 중의(中醫)의 입장에서 중서의(中西醫)의 회통(匯通)을 주장한 바 있다.[3)]

일제시대 『상한론』 연구에서 중요한 인물로 박호풍(朴鎬豐, 1900~1961)이 있다. 박호풍은 1916년 경성제일고등보통학교를 졸업하고 1921년 경성공업전문학교를 졸업한 후에 그해부터 한의학을 전문적으로 연구하기 시작하였다. 1941년부터 구왕궁(舊王宮)의 전의(典醫)로 활동하기도 하였고, 1946년에 경기도(京畿道)의 의생(일제시대에 사용된 '한의사(韓醫師)'의 호칭)들을 대표하여 동양의학전문학교설립기성회(東洋醫學專門學校設立期成會)에 경기도의생회관(京畿道醫生會館)을 기부하는 등 교육계에 헌신하였다. 1948년 한의학 교육기관인 동양대학관(東洋大學館)(경희대 한의대의 전신)을 설립하는 데에 중추적 역할을 하였고, 이때 초대 학관장(學館長)을 맡았다. 1951년에는 동양대학관을 서울한의과대학으로 승격시키고 초대 학장으로 취임하였다. 그는 평생 동안 상한론을 중심으로 의학 연구에 헌신하면서 『상한론강의(傷寒論講義)』, 『의경학강의(醫經學講義)』, 『급성열성병(急性熱性病)』(*Acute Febrile Disease*로 영역(英譯)) 등 여러 편의 저술을 남겼다. 특히 사후에 그의 유고(遺稿)를 모아 발간한 『남천의학대전(楠梴醫學大全)』(1974)은 유명하다. 박호풍은 상한론을 한국인에 맞는 의학으로 거듭나게 하기 위해 상한 관련 연구를 하였다. 『남천의학대전』의 상한편을 살펴보면 상

3) 唐宗海에 관해서는 맹웅재 외, 『各家學說』(대성의학사, 2001), 662~683쪽에 상세하게 나온다.

〈그림 16〉 박호풍과 《동양의약》

박호풍은 일제시대 이래로 『상한론』 연구의 대표 주자였다. 그가 추구한 것은 한국 고래의 상한론 연구전통의 복원이었다.

한, 상풍(傷風), 춘온(春溫), 풍온(風溫), 온병(溫病), 서온(暑溫), 복서(伏暑), 습온(濕溫), 추조(秋燥), 동온(冬溫) 등 한국 의서에서 다루고 있는 상한병(傷寒病)의 내용들로 짜여 있다.

이 시기 일본인들의 상한론 연구는 한국인의 저술에도 많은 영향을 미치게 된다. 1939년 8월 10일에 발행된 《한방의약》 제27호에는 일본인 학자 야카즈(矢數道明)의 글이 전제되어 있다. 일본 황한의학(皇漢醫學)의 대가인 야카즈의 글은 《한방의약》에 거의 매회 실렸으며, 이운학인(怡雲學人)이라는 필명을 가진 한국인의 글인 「한의학의 외과」에서는 야카즈와 고이데(小出), 기무라(木村), 오츠카(大塚) 등 일본 의가들의 문답형식을 많이 볼 수 있다. 이것은 일본의 상한학이 당시에 많이 연구되었음을 말해주는 것이다.

9. 사상체질의학의 연구와 발전

『천유초(闡幽抄)』, 『제중신편』, 『광제설(廣濟說)』, 『격치고(格致藁)』, 『동의수세보원』 등의 저술을 남긴 이제마(1837~1900)는 한민족 고유의 "사상체질의학(四象體質醫學)"이라는 신영역을 개척했다는 의미에서 의학사상 걸출한 인물로 분류된다. 1837년 3월 19일 함경도 함흥에서 출생한 그는 사상체질의학의 창시자로서, 젊은 시절부터 국내외를 돌아다니면서 견문을 넓힌 후 고향에 돌아와 1872년(39세)에는 무과에 급제하여 무관으로 근무하였고, 의학을 연구하여 58세 되던 해에 『동의수세보원』을 저술하였다. 그는 1880년(44세)에 『격치고』를 집필하기 시작하였고, 1897년(61세)에는 『제중신편』을 저술하였으며, 1898년(62세)에는 관직을 사양하고 고향으로 내려와 보원국(保元局)이라는 한의원을 개설하고 진료와 의학 연구에 전념하였다. 1893년 7월 13일에 착수하여 이듬해 4월 13일에 『동의수세보원』(상하 3권)의 고(稿)를 마쳤고, 그다음 해 고향 함흥에 돌아가 의업에 종사하다가 1900년에 다시 본서의 「성명론(性命論)」부터 「태음인제론(太陰人諸論)」까지를 증산(增刪)하였으나, 「태양인(太陽人)」 이하 3론은 미처 증산하지 못하고 그해에 함흥에서 임종하였다. 그 책은 그다음 해 6월에 함흥군 율동계(栗洞契)에서 그의 문인 김영관(金永寬), 한직연(韓稷淵), 송현수(宋賢秀), 한창연(韓昌淵), 최겸용(崔謙鏞), 위준혁(魏俊赫), 이변원(李變垣) 등의 이름으로 간행하였다.[4)]

이제마 사후 함흥에서는 율동계가 중심이 되어 활동하였고, 이후 서울에서는 보원계가 중심이 되어 사상체질의학을 보급하였다. 이들은 주로 임상활동과 출판사업으로 명맥을 이어갔는데, 김용준(金容俊), 김중서(金重瑞) 등의 『동의수세보원』 출판과 행림서원 이태호의 사상체질의학서적 출판도 빠뜨릴 수 없는 업적이다. 특히 이태호는 당시의 사상체질의학 관련 지식을

4) 판본에 대한 내용은 안상우 외 2인, 『이제마 평전』(한국방송출판, 2002)에 잘 나온다.

모아 1940년 『동의사상진료의전(東醫四象診療醫典)』을 출간해서 장안의 지가를 높였다. 이외에도 유의 원지상은 1928년 자신의 임상 경험을 담아 『동의사상신편』을 집필하였고, 이민봉은 1936년 『사상금궤비방』을 편찬했다.[5)]

현대 중국에서조차 사상체질의학을 "조의학(朝醫學)", "조선민족전통의학(朝鮮民族傳統醫學)" 등으로 부르면서 한민족 고유의 전통의학으로 취급하고 있는 실정이다. 이제마는 특히 현대와 그다지 많이 떨어지지 않은 100여 년 전까지 생존하였기에 그의 사승관계에 대한 기록을 더듬어볼 수 있다. 황황(黃煌)〔남경중의약대학(南京中醫藥大學) 교수〕은 자신의 저술 『중의임상전통유파(中醫臨床傳統流派)』에서 「조의사상의학」이라는 별도의 장을 설정하고 그 계보를 상세히 밝히고 있다. 그에 따르면 이제마가 사상체질의학을 창시한 후에 그의 학설은 장봉영(張鳳永), 행파(杏坡) 등에게 전수되었고 이것이 중국의 연변(延邊)으로 전입(傳入)된 후에 연구하는 자들이 더욱 많아져서 김양수(金良洙)로 대표되는 연길파(延吉派), 김구익(金九翊)으로 대표되는 용정파(龍井派), 정기인(鄭基仁)으로 대표되는 동불파(銅佛派)로 갈라지게 되었다.[6)]

원지상은 1928년에 『동의사상신편(東醫四象新編)』이라는 책을 써서 사상의학 연구의 새로운 장을 열었다. 그리고 1898년에는 함태호(咸泰鎬)가 『제명진편(濟命眞篇)』을 저술하는데, 이것은 저자가 이제마를 만나 전수받은 내용을 서술한 것으로서 사상체질의학파(四象體質醫學派)에서 중요하게 다

5) 같은 책, 317~318쪽. 李泰浩는 『東醫四象診療醫典』의 내용과 간행 목적에 대해서 서문에서 다음과 같이 말하고 있다. "本書는 數年의 時日과 不斷의 勞力으로써 이제야 비로소 完成한 것이나 그 內容에 잇서서는 創造的도 個造的도 아모것도 아니오 다만 充實한 編輯, 이것을 主旨로 微力을 다한 것입니다. 그러나 참된 精神만은 가장 適切하게 가장 便利하게 그리고 될수잇는대로 僅少한 勞力과 時間에 四象醫學의 眞髓를 把握하야 實際의 治療라든가 斯術闡明에 一助가 되기를 希望하야써 붓을 잡은 것입니다."

6) 이상 中國의 四象醫學의 계보는 黃煌, 『中醫臨床傳統流派』(中國醫藥科學出版社, 1991), 318쪽에 나온다.

루어야 할 의서로 보인다.

10. 『의학입문』의 연구와 김영훈의 공헌

한국에서 많이 읽었던 의서 가운데 하나가 『의학입문』이다. 『의학입문』을 지은 이천은 유학자(儒學者)이기에 이 책에는 유학적(儒學的) 수양론(修養論), 양생론(養生論)이 많이 나온다. 그리고 그 의학적 내용 중에도 성리학적(性理學的) 세계관, 인간관을 담고 있는 것들이 많아서 조선시대 유의들이 애독한 것 같다. 그 대표적인 인물이 유성룡(柳成龍, 1542~1607)이다. 그는 퇴임 후에 고향에 내려가 『의학입문』을 중심으로 삼아 대민의료봉사를 실시하였다. 그의 저술 가운데 두 종류의 의서가 있으니, 『침구요결(鍼灸要訣)』과 『의학변증지남(醫學辨證指南)』이 그것들이다. 이들 두 의서는 『의학입문』이라는 의서의 내용을 기반으로 요점이 되는 것들을 적은 것이다. 본래 그는 건강이 안 좋아져서 의학을 연구하기 시작하였지만, 점차 의학의 연구가 진전되면서 주위의 백성들을 치료하여주기 시작하였고, 급기야 의서까지 편찬하게 되었다. 『침구요결』 서문에는 이 서적을 백성들을 위해 쓴다는 것을 분명히 하고 있고, 『의학변증지남』 서문에서는 이 서적을 위급할 때 쓰기를 바란다는 입장을 표명하고 있다. 이 두 서적의 출판 목적을 분명히 밝히고 있는 것이다. 그가 참고로 하고 있는 『의학입문』이라는 책은 우리나라에서 널리 읽힌 삼대의서 가운데 하나이다. 우리나라에서는 예부터 의학의 학습은 『의학입문』으로 하고, 이론은 『경악전서』로 세우고, 임상은 『동의보감』으로 한다는 것을 기본으로 하여왔다. 특히 『의학입문』에 나오는 심학적(心學的) 이론체계를 우리나라 유학자(儒學者)들이 애용하여 이 책은 유자(儒者)들에게 널리 읽히게 되었다. 유성룡은 『의학입문』 가운데 침구에 관한 내용은 『침구요결』에 요약하여놓고, 내상(內傷)과

〈그림 17〉 김영훈

김영훈은 『의학입문』 연구에서 중요한 비중을 차지하는 인물이다. 일제시대 전 시기 동안 그는 한의학의 발전을 위해 학술적 · 제도적 노력을 기울였다.

외감(外感)의 변증(辨證)에 관한 긴요한 내용들은 『의학변증지남』의 내상과 외감, 두 개의 권으로 요약하였다. 그가 내상과 외감의 변증을 천착(穿鑿)한 것은 내상잡병(內傷雜病)이 주로 발생하는 한국의 풍토에서 볼 때 매우 타당한 것으로 의학자로서 깊은 혜안(慧眼)이 있다 할 것이다. 외감병이 많이 발생하는 중국과 달리 내상병이 많은 우리나라의 의학적 환경을 이미 파악하고 있었던 것이다.

『의학입문』은 조선 중기 이후에 그 나름의 가치가 인정되어 널리 읽히게 되었다. 『의학입문』이 칠언절구 형식으로 암송이 편리하게 되어 있기 때문에 일반 식자층에서는 의학의 일반적인 내용을 교양 수준에서 습득할 수 있는 좋은 참고서로 활용되었고, 의학을 전공하는 학자들 사이에서는 내용의 특성상 의학에 입문할 때 기본적으로 보는 의서로 널리 활용되었다. 이렇게 하여 조선 후기에 와서는 『의학입문』으로 이학의 이치를 습득하고 『동의보감』을 중심으로 임상을 하는 풍토가 정착되었으며, 『의학입문』은 의과고시 과목의 하나로 채택되기도 하였다.[7]

『의학입문』 연구에서 중요한 인물로 취급된 의인(醫人)이 있다. 바로 김영훈(1882~1974)이다. 김영훈은 본래 강화도의 유학자 집안에서 유학을 수학하여왔지만 과거제도의 폐지와 신문명의 동점 등으로 유학을 계속 공부할 수 없게 되었다. 당시 강화도의 명의인 서도순(徐道淳)에게 때마침 병을 치료받고 완쾌된 것을 기화로 한의학에 입문해 서도순으로부터 『의학입문』을 전수받고 『의학입문』 연구에서 중요한 인물이 되었다. 그는 생전에 『수세현서(壽世玄書)』를 지었고 사후에는 그의 문인 이종형(李鍾馨)이 그의 처방과 의론들을 모아 『청강의감(晴崗醫鑑)』(1990)을 간행하였다. 『수세현서』는 2006년에 경희대 한의대 차웅석 교수에 의해 복원되어 간행되었다.

11. 부양론과 온보론: 이규준과 김홍제, 홍종철

부양론(扶陽論)은 이규준(1855~1923)이 선도한 신학설이다. 이규준은 경상북도 연일군 동해면 임곡리에서 출생한 의인(醫人)이다. 석동(石洞)으로 이주하여 살았기 때문에 호가 석곡(石谷)이다. 그는 어려서부터 성리학을 연구하여 제자백가에 달통하였는데, 송유(宋儒)들의 육경주소(六經注疏)를 비판하는 입장에서 『모시(毛詩)』, 『상서(尙書)』, 『주역(周易)』, 『춘추(春秋)』, 『주례(周禮)』, 『의례(儀禮)』 등과 『대학(大學)』, 『중용(中庸)』, 『예운(禮運)』, 『전예(典禮)』, 『논어(論語)』, 『효경(孝經)』, 『당송고시(唐宋古詩)』, 『후천자(後千字)』 등을 산정(刪正)하였다. 이외에도 서양 역법(曆法)을 논한 『포상기문(浦上奇聞)』, 당파의 시비를 논한 『석곡심서(石谷心書)』, 수학(數學)을 논한 『구장요결(九章要訣)』, 『신교술세문(神教術世文)』, 『석곡산고(石谷散稿)』 등

7) 차웅석, 「중국의 『醫學入門』이 한국의 『東醫寶鑑』에 미친 영향」, 《한국의사학회지》 13-1(2000), 126쪽. 비슷한 내용의 주장이 차웅석, 「李梴醫學思想의 學術系統 및 特徵에 대한 硏究」, 《한국의사학회지》 14-2(2001), 245쪽에도 나온다.

〈그림 18〉 이규준
이규준은 『황제소문절요』 등을 통해 부양론, 기혈론, 신유양장변 등을 주창하였다.

의 저술이 있다.

유학(儒學)에 대한 그의 깊은 조예는 의학이론과 임상치료 연구에도 유감없이 발휘되었다. 그가 저술한 『황제소문절요(黃帝素問節要)』〔일명 『소문대요(素問大要)』〕, 『의감중마(醫鑑重磨)』 등 의서에 기록되어 있는 의론과 처방은 바로 그의 학술적 능력을 그대로 보여주는 것들이다. 그의 주장은 이들 의서에 기록되어 있는 「부양론」, 「기혈론(氣血論)」, 「신유양장변(腎有兩藏辨)」 등의 세 논문에 집약되어 있다. 「부양론」은 양기(陽氣)를 기르는 것이 인체의 생명활동을 영위하는 데 기초가 된다는 주장을 근간으로 한다. 그는 화(火)가 기(氣)가 되어 지각운동(知覺運動), 호흡(呼吸), 소어(笑語) 등 일체의 활동뿐 아니라 피부를 윤택하게 하고 풍한을 방어하는 등의 생리작용까지 하여 일신을 주류하지 않는 곳이 없다고 주장하였다. 여기에서 그는 상화(相火)에 대해서, 심(心)은 군화(君火)라 하고 신(腎)을 상화라 하지만 별개의 화(火)가 아니라 군화가 수(水)에서 행한 것이라고 주장하기도 하였다. 나이가 듦에 따라 양기(陽氣)가 사그라들고 음기(陰氣)가 점차 자라나 결국에는 죽게 된다고 주장하였는데, 이것은 소아가 겨울에 다리를 드러내도 추위를 모르지만 노인은 여름에도 무릎이 시리다는 사실에서 증험된다고 하였다. 즉 이것이 인체에 양기가 많으면 건강하게 되는 증거라는 것이다. 「기혈론」에서는 생명의 근원은 화(火)라고 정의한 후, 음양이 상교(相交)하고 기혈이 소통되면 건강을 얻고 한기가 침범하면 질병을 얻게 된다는 것을 설명하고, 이러한 질병을 다스리기 위해서는 진화(眞火)를 잘 보전하는 부양강음(扶陽降陰)의 치방(治方)이 중요하다고 하였다. 마지막으로 「신유양장변」에서는 『난경(難經)』의 "왼편에 신수가 있고 오른편에 명문화가 있다는 설〔左腎水右命門火說〕"을 반박하고 신(腎)은 북방수(北方水)이므로 신화(腎火)가 별도로 있는 것이 아니고 군화를 제외한 다른 네 장기가 모두 상화(相火)를 얻어 그 기능을 발휘하는 것이라고 하였다. 신(腎) 또한 "물이 불을 얻으면 정이 생겨나고, 물이 불 기운을 이기면 정이 없어진다〔水得火則精生, 水勝火則精亡〕"고 하여, 화(火)로써 병을 발생케 한다는 종래의 설을 논박하고 있다.

온보론(溫補論)과 관련하여 김홍제(金弘濟)라는 인물이 눈에 뜨인다. 김홍제는 1887년에 태어났으며 사망연도와 출생지 등은 명확하지 않다. 그에 대한 기록이 별로 보이지 않기에 우리는 그의 유일한 저작인 『일금방(一金方)』에서 그에 대한 편린만을 알아볼 수 있을 뿐이다. 『한국한의학사 재정립』(한국한의학연구원, 1995)에서는 그의 저작 『일금방』이 "주로 함경도 지방에서 행해진 요법을 기재하고 있다."고 소개하고 있는데, 이것은 아마도 이 책의 뒷면에 적힌 저자의 주소를 보고 추측한 것인 듯하다. 그러나 본인이 생각하기에 『일금방』의 내용이 반드시 지역적 국한성을 지니고 있는 것은 아니다. 이 점은 이 책의 내용을 살펴보면 분명해진다. 『일금방』은 1928년 1월에 발행되었다. 목차는 대체로 이 시기에 나온 다른 의서들이 그러하듯이 『동의보감』을 따르고 있지만, 독창적인 내용들이 눈에 많이 띈다. 이 책에서는 『동의보감』에서 상세하게 언급되고 있는 의이(醫理), 도가적(道家的) 내용 등을 과감하게 삭제해버리고 실용적인 입장에서 『동의보감』을 요약하는 형식을 근간으로 삼았으며, 논리의 흐름이 이어질 수 있도록 새로운 내용을 첨가하고 있다. 이러한 측면을 통해 우리는 저자의 의도를 읽어낼 수 있다. 『일금방』에 나오는 의론 및 치법에는 온보학파(溫補學派)의 주장과 흡사한 내용들이 많다. 예를 들어 '정'(精)문(門)에서 유정(遺精), 몽정(夢精) 등의 질환 치료법으로 보양(補陽) 위주의 치법을 소개하고 있는데, 이는 『동의보감』의 '정'문에서 청심(淸心) 위주의 치법으로 같은 질환을 치료한 것과는 다르다. 이러한 보양 위주의 치법—즉 양(陽)을 보하여 음(陰)을 다스리는 방법—은 온보학파의 주장과 같은 것이다. 이를 통하여 우리는 『동의보감』을 중심으로 흘러온 조선 후기의 한국 의학이 어떠한 변화과정을 겪었는지를 엿볼 수 있다. 저자는 조선인의 체질과 당시의 질병 패턴의 변화를 목도하고 이를 『동의보감』의 체제 안에서 수용하는 형식으로 자신의 주장을 완성하여, 이를 『일금방』이라는 의서를 통하여 표출해내고자 한 것이다. 이러한 흐름은 아마도 구한말과 일제시대로 이어지면서 널리 보편화되었을 것이다.[8]

온보학설을 주종으로 삼고 있는 중국의 『경악전서』를 연구한 인물로는 홍종철(1852~1919)이 있다. 『경악전서』는 장경악(張景岳, 1563~1640)이 1624년에 저술한 종합의학전서이다. 이 책은 조선에 전래된 후에 많은 의가들이 읽었다. 하기태(河基泰)의 연구[9]에 의하면 『경악전서』가 인용되어 있는 조선의 의서에는 『의문보감』, 『제중신편』, 『마과회통』, 『의종손익』, 『방약합편』, 『의감중마』, 『동의수세보원』 등 조선 후기의 주요 의서 모두가 들어 있다. 이것은 조선의 의가들이 『경악전서』를 많이 애독하였음을 말해주는 증거이다. 조선 후기에 나온 것으로 추정되는 『팔진방(八陳方)』이라는 조선판

8) 상세한 내용은 정지훈, 「『一金方』에 보이는 溫補學說」, 《한국의사학회지》 15-1, 213~222쪽에 나온다.

9) 河基泰 · 金俊錡 · 崔達永, 「『景岳全書』가 朝鮮後期 韓國醫學에 미친 影響에 대한 硏究」, 《大韓韓醫學會誌》 20-2(1999).

의서는 『경악전서』를 그대로 필사한 것이므로 당시 조선에는 『경악전서』를 공부하는 집단이 있었으리라 추정해볼 수 있다. 홍종철(1852~1919)은 호(號)가 모경(慕景)으로 서울에 거주하면서 구한말에서 일제시대 초기까지 40여 년간 명의로 이름을 날린 의가이다. 그는 일찍이 12세부터 부모님의 권유로 한의학에 뜻을 두기 시작하였고, 『경악전서』를 많이 연구하여 호를 장경악을 사모한다는 의미인 '모경'이라고 하기까지 하였다. 그는 『경악전서』에 대한 자신의 연구를 바탕으로 『팔진신편(八陳新編)』 상하권을 저술하여 자신의 학술을 체계적으로 정리하기도 하였다. 그는 특히 매일 진료를 시작하기 전에 『경악전서』에 나오는 맥(脈), 음양(陰陽), 표리(表裏), 허실(虛實), 한열(寒熱) 등의 편(篇)을 한두 차례 읽은 것으로도 유명하였다.

12. 소아과에 대한 연구

조선 후기가 되면서 소아과(小兒科) 관련 전문 서적들이 출판되기 시작한다. 이것은 당시에 유행한 소아과 질환들의 퇴치에 대한 사회적 필요성이 대두되었기 때문이다. 이에 속하는 것들은 조정준(趙廷俊)의 『급유방(及幼方)』, 임서봉(任瑞鳳)의 『임신진역방(壬申疹疫方)』, 이헌길(李獻吉)의 『마진방(麻疹方)』, 정다산(丁茶山)의 『마과회통』, 이원풍(李元豊)의 『마진휘성(麻疹彙成)』 등이다.

일제시대에는 몇몇 소아과 관련 의서가 나온다. 먼저 『소아의방』이 있다. 이 책은 본래 최규헌(崔奎憲, 1846~?)이 지은 것으로, 1912년 광학서포(廣學書鋪)에서 처음 출판된 후에 1936년에 이기영(李基榮), 이명칠(李命七) 등이 언해하여 『몽암유고 소아의방(夢菴遺稿 小兒醫方)』이라는 이름으로 활문사(活文社)에서 간행하였다. 1943년에는 행림서원에서 현대적 문투로 재해석한 『신역주해 소아의방(新譯註解 小兒醫方)』이 간행되었다.[10] 최규

〈그림 19〉 최규헌의 저술과 최규헌에 관한 기록이 남아 있는 일제 시기 잡지들
최규헌은 일제시대 소아과로 유명하였는데, 대표적으로 『소아의방』이라는 저술을 남겼다.

헌은 자가 윤장(胤章), 호는 몽암(夢庵)이다. 그는 고종 원년인 1864년에 갑자식년(甲子式年) 의과(醫科)에 급제하여 태의원전의, 삼등군수를 역임하였는데, 특히 소아과로 유명하였다.

그의 저술 『소아의방』의 서문인 「소아의방원인(小兒醫方原因)」에는 그에 대해서 다음과 같이 적고 있다. "최규헌은 고종 시대에 명의(名醫)였다. 당시 황실의 어의(御醫)로 삼등군수(三登郡守)를 지냈으며 성인의 의방(醫方)으로도 유명하였지만 소아의 의방에 더욱 연단(練鍛)과 경험(經驗)이 많으시던 까닭에 세상 사람들이 소아명의(小兒名醫) 최삼등(崔三登)이라고 불렀다." 이를 보면 그가 궁중에서 어의를 하면서 소아과 의사로 이름을 드날린 것을 알 수 있다. 이 책은 그가 사용한 처방 가운데 효과가 있다고 생각한 처방들을 중심으로 소아의 생리와 호리법 등을 기록한 것이다. 특히 한문에 토를 붙이는 형식을 띠고 있어 의원들로 하여금 소아에 대한 지식에

10) 이상 판본과 서지사항은 이가은 · 안상우, 「小兒醫方의 板本比較 및 篇第 考察」, 《한국의사학회지》 17-1(2004)에서 상세히 언급하고 있다.

가까이 다가갈 수 있게 배려하고 있다. 내용 면에서도 소아조호법(小兒調護法), 찰색법(察色法), 맥법(脈法), 초생제증(初生諸證), 변증(變蒸) 등 소아의 생리와 진단에 대한 것을 앞에 놓고, 객오중악(客忤中惡), 천조(天弔), 야제(夜啼), 제토(諸吐), 제사(諸瀉), 일격(噎膈), 제리(諸痢), 탈항(脫肛), 산(疝), 임(淋) 소아상한(小兒傷寒) 등 소아들의 호발증상들을 써놓았다. 뒷부분에는 기(氣), 신(神), 혈(血), 몽(夢), 성음(聲音), 언어(言語), 진액(津液), 담(痰), 두(頭), 면(面), 안(眼), 이(耳), 비(鼻), 구(口), 설(舌), 순(脣), 아(牙), 치(齒), 인후(咽喉), 경항(頸項), 배(背), 흉(胸), 유(乳), 복(腹), 요(腰), 협(脇), 피(皮), 수(手), 족(足) 등 『동의보감』 내경편과 외형편의 순서에 따라 병증과 처방을 기록하고, 그 뒤에 잡병편 가운데 부종(浮腫), 창만(脹滿), 소갈(消渴), 황달(黃疸), 학(瘧), 옹저(癰疽), 제창(諸瘡), 제상(諸傷), 해백약백물독(解百藥百物毒)(『동의보감』의 해독에 해당) 등을 기록하고 있다. 특히 모든 증상과 처방은 소아질환에 맞추어 진단법과 용량을 적고 있어 임상을 통해 얻은 경험을 반영한 흔적을 보여준다.

『한방의학소아전과(漢方醫學小兒專科)』는 1928년에 민태윤(閔泰潤)이 편찬한 소아과 전문의서이다. 이 책은 한 권으로 구성되어 있다. 저자 민태윤의 상세한 활동상이나 의학이론 등을 알 수는 없지만, 1924년에 나온《동서의학연구회월보(東西醫學研究會月報)》 5호에 출석인원으로 "민태윤 예산군(禮山郡)"이라고 쓰여 있는 것으로 보아 예산군에서 활동했고 소아과에 정통한 한의사이었을 것이다. 『한방의학소아전과』는 먼저 운기유행법(運氣流行法), 객기방통(客氣傍通) 등의 제목을 단 글에서 운기를 설명한 다음에 소아총론(小兒總論), 실열(實熱), 허열(虛熱), 삼관맥법(三關脈法), 관형찰색(觀形察色), 청성법(聽聲法), 초생예치법(初生豫置法), 단제법(斷臍法), 세욕법(洗浴法), 경풍지후(驚風之候), 만경(慢驚), 만비풍(慢脾風), 객오(客忤), 중악(中惡), 전간(癲癇), 담궐(痰厥), 시궐(尸厥), 중풍습(中風濕), 변증(變蒸), 단독지후(丹毒之候), 제창(諸瘡), 나력(瘰癧), 질박(跌撲), 파상풍(破傷風), 복통

지후(腹痛之候), 교장통(交腸痛), 탈항(脫肛), 감질(疳疾), 기병(鬾病), 풍한(風寒) 등의 소아 병증에 대하여 서술하고 있다. 소아의 병증을 신체 각 부위, 즉 두부(頭部), 면부(面部), 비부(鼻部), 순부(脣部), 이부(耳部), 신부(身部), 수족부(手足部), 흉배요협부(胸背腰脇部), 제부(臍部), 대소음부(大小陰部) 등의 제목 아래 서술하고 있다. 마지막에는 약방(藥房)과 맥병총요시(脈病總要詩), 장부허실(臟腑虛實)에 관한 가결(歌訣) 등을 부록으로 싣고 있다. 이 서적은 활용성에 초점을 맞추어 소아과 질병의 진단과 치료의 요체가 되는 것들을 뽑아놓았다는 데에 그 의미가 있다.

1934년에는 한경택(韓敬澤)이 『치진지남(治疹指南)』을 간행한다. 이 책은 마진(痲疹)에 대한 치료법을 기록한 것으로 여기에는 박영효(朴泳孝)의 서문이 기록되어 있다. 박영효는 서문에서 "무릇 마진(홍역)은 소아의 넘어야 할 대관령이지만 이처럼 소홀히 여기는 것은 세상이 모두 탄식하는 바이다. 나의 벗 한경택이 이를 유감스럽게 생각하고 소아가 요절하는 것을 안타깝게 여겨 여러 해 동안 마음을 써 널리 모든 처방을 구해 모아 책을 만들었으니, 아프기 시작한 때부터 두드러기가 사라진 후의 모든 증상에 이르기까지 분류하고 모아서 손가락을 가리키는 것처럼 분명히 해놓았다. 마진(홍역)을 치료하려는 사람이 비록 의학에 어두워도 그 드러난 증상을 보아 책을 펴서 상고하여 열람해서 그 증상에 따라 약물을 쓰면 된다."라고 출판의 감회를 기록하고 있다. 책의 내용은 마진의 시작, 증상과 진소후(疹消後)의 후유증, 금기(禁忌) 등을 기록한 것이다. 말미에는 을미경험방(乙未經驗方), 임술경험방(壬戌經驗方), 임오경험방(壬午經驗方) 등이 부기되어 있는데, 이것은 을미년(1895), 임술년(1922), 임오년(1882)에 유행한 마진의 경험방을 기록한 것으로 보인다.

13. 동서의학 절충의 시도

개항 후 서양의학이 물밀듯이 들어오면서 한국의 한의학자는 낯선 새로운 의학에 대한 입장을 정리하지 않을 수 없게 되었다. 공생적 관계로 살아갈 것인가 아니면 배척하면서 자신의 순수성만 고집할 것인가가 고민거리로 등장한 것이다.

개항 이전에도 서양의학을 접한 인물들이 있었다. 이익(李瀷, 1681~1763), 정약용(丁若鏞, 1762~1836), 박지원(朴趾源, 1737~1805), 이규경(李圭景, 1788~?), 최한기(崔漢綺, 1803~1879) 같은 인물들이 그러하다. 이익은 『성호사설(星湖僿說)』 중 「서국의(西國醫)」라는 글에서 우리나라 최초로 서양의학의 생리학설을 긍정적인 입장에서 인용하였다. 또한 「본초(本草)」라는 글에서는 서양의사 애덤 샬을 소개하기도 하였다. 정약용은 『의령(醫零)』과 『마과회통(麻科會通)』에서 서양의학의 입장에서 한의학을 비판하는 논리를 펴고 있다. 그는 『의령』의 「근시론(近視論)」에서 음기(陰氣), 양기(陽氣)의 성쇠(盛衰)에 따라 근시(近視)와 원시(遠視)를 나누는 기존의 학설들을 서양의학의 입장에서 비판하고 있다. 박지원은 『열하일기(熱河日記)』 「금료소초(金蓼小抄)」에서 하란타소아방(荷蘭陀小兒方)과 서양수로방(西洋收露方) 등 서양 처방을 소개하기도 하였다. 이규경은 자신의 저술인 『오주연문장전산고(五洲衍文長箋散稿)』 중 「인체내외총상변증설(人體內外總象辨證說)」이라는 조문에서 서양의학의 학설을 소개하고 있다. 최한기는 서양의학의 입장에서 한의학에 대한 비판적 견해를 피력하였다.[11]

개항 후 일제시대를 거치는 동안 한의계는 서양의학이 주도적 지위를 차지하고 한의학이 주변으로 밀려나가는 현실을 직면하면서 어떤 식으로든

11) 崔漢綺의 의학사상에 대해서는 林泰亨, 「崔漢綺의 醫學思想에 대한 硏究」(원광대학교 한의학과 석사학위논문, 2000. 2)에서 상세하게 기술하고 있다.

자신의 존재를 유지하기 위해 노력하지 않을 수 없게 되었다. 그러한 노력이 살아나기 위한 자구책이었든 학문적 엄밀성을 만들어내기 위한 내부적 발전과정이었든 간에 한의계는 서양의학을 적극적으로 받아들이게 되었다. 어떤 학자들은 한의학의 순수성은 지켜나가는 상태에서 서양의학을 수용하자는 입장을 견지하였고 어떤 학자들은 한의학의 과학화만이 살길이기에 서양의학을 대폭 수용하고 한의학이 가진 비과학성의 구각을 벗자는 입장을 견지하는 등 여러 의견이 난립하였다.

동서의학을 절충하고자 하는 경향은 병명 대조, 해부학의 수용, 약물 비교 등 다양한 모습으로 나타났다.

남채우(1872~?)는 1924년에 『청낭결』을 지었는데, 그곳에서 서양 약물명, 전염병 예방법, 종두 시술법, 인체해부도, 병명대조표 등을 나열하여 동서의학의 절충을 시도하였다.[12)]

도진우는 1924년에 국한문 혼용으로 『동서의학요의』를 저술하였는데, 이 책은 병증을 구분하여 병증(病證)마다 동서의학을 비교하는 형식으로 되어 있다. 이 책은 일제시대에 동서의학연구회에서 강좌교재(講座教材)로 장기간 사용되었고, 의생시험의 기준서(基準書)가 되기도 하였다.

홍종철(1852~1919)의 『경락학총론』은 의생들을 교육하기 위해 만들어진 한의학의 신교재로서 경혈과 해부를 결합한 것이며, 한의학의 서양의학 수용 초기를 보여주는 자료이다. 『경락학총론』에서는 첫머리부터 12경락의 순행과 유주가 서술되어 있고 이어 오장육부 위기영혈의 전신순환과 음양기혈의 생리관계가 부연되며 수족 삼음삼양 경기의 흐름과 호흡에 따른 원기의 전신 주행 등 한방 경락생리의 요체까지 소개되고 있다. 그다음으로 소개된 인체형(人體形)에는 고전에서 볼 수 없던 서양 해부지식이 반영된 모습으로 소략하지만 분명하게 해부장기도(解剖臟器圖)가 실려 있다. 이것

12) 상세한 내용은 정지훈, 「青囊訣 研究」, 《한국의사학회지》 16-1(2003)에 나온다.

은 당시에 널리 보급된 『생리해부도설(生理解剖圖說)』뿐 아니라 『전체신론(全體新論)』, 『해체신서(解體新書)』 등 이전의 서양 해부학서에 비해서도 상당히 간추려진 형태이지만 이것이 한방의의 교육용 교재로 두루 쓰인 점을 감안할 때 그 비중은 자못 크다 하겠다.[13] 그는 서양의학 가운데 일부를 한의학 연구에 도움이 되는 한도에서 수용한 것이다. 그는 1916년에 간행된 학술잡지 《동의보감》에서 「생리설(生理說)」이라는 글을 통하여 인체의 생리에 대해 논술하기도 하였다. 이것은 서양의 생리학설을 수용한 것으로 보인다. 인체의 생리는 선후천(先後天)으로 갈리며 선천은 수면(睡眠)하는 시간이고 후천은 활동하는 시간이다. 인체의 근육은 수의근(隨意筋)과 불수의근(不隋意筋)의 두 가지로 나뉘는데, 수의근은 사지(四肢)와 같이 내 생각대로 움직이는 근육을 말하고 불수의근은 폐장(肺臟), 위(胃), 심장(心臟)처럼 내 마음대로 움직이게 할 수 없는 근육을 말한다는 것, 그리고 인체는 표리의 구분이 있어서 질병도 표리로 구분하여 파악하여야 한다는 것이 그 내용이다.

조헌영(趙憲泳, 1900~1988)은 해방 후에 제헌 국회의원으로 활동하면서 한의학의 제도권 진입을 위해 노력하기도 하였고, 한국전쟁 기간에 납북되었다. 그는 북한에서 평양의과대학 동의학부에서 교수를 지낸 것으로 전해진다. 그의 저술은 『통속한의학원론(通俗漢醫學原論)』, 『민중의술(民衆醫術) 이료법(理療法)』, 『폐병치료법(肺病治療法)』, 『신경쇠약증치료법(神經衰弱症治療法)』, 『위장병치료법(胃腸病治療法)』, 『부인병치료법(婦人病治療法)』, 『소아병치료법(小兒病治療法)』 등으로 다양하다. 특히 1934년 간행된 『통속한의학원론』에서는 그의 학술사상의 일면을 엿볼 수 있다. 그는 이 책에서 동양의학과 서양의학을 비교 고찰하고 있다. 그가 제시한 동양의학

13) 『경락학총론』에 대한 내용은 안상우, 「고의서 산책(137)—경락학총론」, 《민족의학(民族醫學)》 137호에서 재인용.

과 서양의학의 상대적 특징은 각각 종합의료(綜合醫療)와 국소처치(局所處置) 의술, 자연요법(自然療法) 의술과 인공치료(人工治療) 의술, 현상의학(現象醫學)과 조직의학(組織醫學), 정체의학(靜體醫學)과 동체의학(動體醫學), 치본의학(治本醫學)과 치표의학(治標醫學), 양생의술(養生醫術)과 방어의술(防禦醫術), 내과의학(內科醫學)과 외과의학(外科醫學), 응변주의(應變主義)와 획일주의(劃一主義), 평민의술(平民醫術)과 귀족의술(貴族醫術), 민용의술(民用醫術)과 관용의술(官用醫術)이다. 그는 이러한 논의를 통해 서양의학의 장점은 취하고 한의학의 우수한 점을 부각, 계승하고자 노력을 기울였다. 그는 특히 1930년대 《조선일보》 지면을 통해 장기간 벌어진 한의학 부흥논쟁의 중심에서 한의학의 부흥을 역설하기도 하였다. 《조선일보》를 통해 그는 당시 양의사인 장기무(張基茂), 정근양, 약사 이을호(李乙浩) 등이 제기한 한의학에 대한 견해들을 내용에 따라 찬동하기도 하고 비판하기도 하여 한의학에 대한 관심을 대중에게서 유도해내기도 하였다. 이 논쟁은 해방 후인 1947년에 한데 모아져 『한의학(漢醫學)의 비판(批判)과 해설(解說)』이라는 서적으로 출간되었다.

약물의 혼용을 통해 동서의학의 절충을 꾀한 몇몇 의서가 있다. 먼저 1928년 박용남의 『가정구급방』을 들 수 있다. 이 책은 한약과 양약 처방 중에서 구급에 필요한 처방을 엄선한 구급의학 전문서적이다. 특별한 자료가 없어서 저자 박용남의 행적이 분명하지는 않지만, 본인이 직접 쓴 서문의 내용을 볼 때, 그는 오랫동안 의학에 종사한 인물인 것 같다. 서문에는 다음과 같이 쓰여 있다. "내가 의약에 종사한지 대체로 수년이 지났는데, 환자들의 질병을 보거나 가서 진찰하여 증상을 살펴보면, 때가 늦어 기회를 놓쳐서 치료될 가망이 없는 경우가 가끔 있었다. 만일 평소에 구급의 개략적인 내용을 익혀서 알아 놓았었더라면 어찌 이와 같이 졸지에 비명횡사하겠는가. 이러한 까닭으로 학문이 거칠고 지혜가 얕은 것을 헤아리지 않고서 동서의방의 급할 때 필요한 것들을 모으고, 사이사이에 실험하여 여러 차례 효과를 본 것들을 덧붙여서 가정구급법이라고 이름 붙였다. 단지 쉽게 알 수 있기를 힘써 도모하였으므로 문장의 뜻이 속되고 매끄럽지 못하니 독자는 넓은 아량을 가지고 책상머리에 두고 본다면 가히 응급에 도움이 될 것 같으니 진실로 이것이 저자가 바라는 것이다." 이 책은 구급요법에 관한 지식을 효과적으로 일반인들에게 제공하는 것을 목적으로 하고 있으므로 쓸데없는 이론보다는 증상과 치료법, 약물 등을 간결하게 기록하는 형식으로 되어 있다. 모두 내과병의 구급법, 중독, 이물의 적출법, 화상 및 동상, 지혈법, 실기 및 가사, 인공호흡법, 외상, 교상의 9장으로 구성되어 있으며, 뒷부분 부록에서는 임신의 증후, 임신의 섭양법, 산부의 섭양주의, 초생아의 수호법, 유모의 선택법 등 부인과, 소아과 관련 지식을 기술하고 있다. 맨 끝에는 가정에 필요한 약품인 석탄산, 풍산, 명반, 글리세린, 와세린, 산화아연, 암모니아수 등의 특성을 설명하고 이의 사용법을 기록하고 있다. 내용들 거의 대부분이 서양의학 중심이고 삽화의 인물들 대부분이 서양인의 얼굴 모습을 하고 있는 것으로 보아 서양의 구급요법 서적을 많이 참고한 것으로 보인다. 인공호흡법, 지혈대를 사용한 지혈법 등은 서양의학의 방법을 그대로 전재한 것이다.

14. 근현대 한의서적 출판의 산증인——행림서원과 의서의 출판

근현대 한의학을 논할 때 언급하지 않을 수 없는 출판사가 행림서원이다. 행림서원은 1923년에 이태호가 서울 안국동에 한의서 출판과 침구 판매만을 목적으로 개점하면서 출발하였다. 이 출판사는 한국의 의서들을 중심으로 출판사업을 실천하여 한의학 발전에 지대한 공헌을 했다.

행림서원에서 간행하여 판매하는 의서들을 소개하고 있는 『의서총목록

(醫書總目錄)』은 일제시대 말기에 나온 것으로서, 거기에는 비중 있는 의서 40여 종의 제목이 포함되어 있다. 사관(謝觀)의 『동양의학대사전(東洋醫學大辭典)』, 최남선(崔南善)이 재간한 『향약집성방』 등과 허임(許任)의 『침구경험방』, 의생시험 준비를 위한 『신의학요감(新醫學要鑑)』, 안창중(安昶中)의 『고금실험방(古今實驗方)』, 도진우의 『동서의학요의』, 최규헌(崔奎憲)의 『소아의방』, 김해수(金海秀)의 『의방대요(醫方大要)』, 『운기학강의록(運氣學講義錄)』, 『만병만약(萬病萬藥)』, 행림서원편집부(杏林書院編輯部)의 『동의사상진료의전』, 『사상금궤비방』, 한병연의 『의방신감』, 이병모(李秉模)의 『광제비급(廣濟秘笈)』, 황도연의 『의종손익』, 『대방약합편(大方藥合編)』, 한경택의 『치진지남』, 남채우의 『청낭결』, 주명신의 『의문보감』, 조헌영의 『통속한의학원론』, 민태윤의 『한방의학소아전과』 등이 그것이다.

일제시대에 행림서원에서 간행된 의서들은 한의계에 여러 형태로 영향을 미쳤다. 먼저 꼽을 수 있는 것은 고전의서(古典醫書)의 보존과 계승이다. 이전에 국가에서 한정된 부수로 간행되어 많은 의가들에게 읽히지 못하고 필요에 따라 의가들이 직접 받아 적어서 필사본의 형태로 읽어온 의서들이 대량 공급되어 의서들이 널리 계승될 수 있게 된 것이다.

행림서원에서 의서들을 출간함에 따라 학술적 풍토가 진작된 것도 큰 의의가 있다. 한의사들이 개인적으로 만든 의서들도 행림서원에서 출간되어 많은 이들이 읽을 수 있게 되었고, 이에 따라 학술적 논의가 활발해졌다. 이것은 일제시대에 간행된 각종 한의학 학술잡지들에 실려 있는 학술적 논의를 통해 더듬어볼 수 있다.

게다가 행림서원은 당시 "당서(唐書)"라고 호칭한 중국의 의서도 수입, 판매하여 한의사들이 국제적인 안목을 갖게 하는 데에도 기여하였다. 상해(上海)에서 나온 중국의서로서 행림서원을 거쳐 판매된 의서는 『침구대성(鍼灸大成)』, 『본초비요』, 『만병회춘(萬病回春)』, 『의학심오(醫學心悟)』, 『의종금감(醫宗金鑑)』, 『의부전록(醫部全錄)』 등으로 다양하다. 특히 널리 판매

〈그림 20〉 행림서원 사장 이태호와 행림서원 도서목록집인 『의서총목록』

행림서원은 일제시기 한의학 서적의 발굴 및 발간을 위해 노력했다. 일제시대부터 현대까지 간행된 한의서적 가운데 행림서원에서 출판한 것이 절대 다수를 차지하고 있다.

된 중국판 『동의보감』은 민족적 자긍심을 심어주기에 충분하였다.

행림서원은 고정적 독자층을 확보하고 있었기에 전국 어디에서나 우편으로 주문하면 배달되는 형태의 판매망을 구축하고 있었다. 이렇게 해서 만들어진 인프라는 해방 이후 현재까지 이어지고 있는 것이다.

행림서원의 사장 이태호는 출판사업의 일환으로 경험비방(經驗秘方)을 현상모집하여 이를 출간하기 위해 노력하였다. 모집하는 취지는 “국민체질(國民體質)에 인습(因襲)이 깊은 한방의학(漢方醫學) 그것을 부활(復活)시켜서 보건위생(保健衛生)의 지지(支持)를 기도(企圖)하는 것”으로 정하고, 신구처방(新舊處方)과 민간요법(民間療法) 등을 총망라하여 수집하였다.

이태호는 지병으로 인해 1943년 낙향한 후 민간에 돌아다니는 의서들을 수집하여 출간하는 사업을 지속적으로 시행하였다. 그 결실 중 하나가 『사암도인침구요결(舍岩道人鍼灸要訣)』이다. 1959년 이 책의 출간으로 한국

침구학(鍼灸學)의 수준은 한층 높아지게 되었다. 여전히 사암도인(舍岩道人)의 실체에 대해서는 밝혀야 할 것들이 많이 남아 있지만, 이러한 독창적 침법(鍼法)이 고래로부터 한국의학의 전통 속에 자리 잡아 이어져왔다는 것을 분명하게 해준 것이라 할 것이다.

2007년 8월에 손자인 이갑섭(李甲燮) 씨(57세)가 조부 이태호가 생전에 산더미처럼 모아놓은 원고더미 속에서 송시열(宋時烈)의 『삼방촬요(三方撮要)』를 찾아낸 것은 민족사에 남을 쾌거를 이룬 것이었다.

그 어느 때보다 한국 한의학의 정체성 확립이 시급하게 요청되는 오늘날 행림서원이 일제시대부터 노력을 경주한 한국의서의 출판사업은 정당하게 평가받아야 할 것이다.

15. 맺음말

위에서 개항기부터 일제시대까지 간행된 의서를 중심으로 일제시대 한의학의 학술적 경향을 짚어보았다. 이 시기는 서양의학이 전래된 후, 일제가 편 서양의학 일변도의 정책으로 인하여, 서양의학이 주류 의학이 되어가고 한의학이 주변부 의학으로 밀려나던 시기이다. 그럼에도 불구하고 한의계의 학술적 활동은 그 어느 때보다도 활발하였다. 이러한 노력은 한의학의 명맥을 이어주는 자구적인 노력이기도 하였지만, 결과적으로 해방 이후 한의학 번영의 기초가 되기도 하였다.

7

조헌영의 동서절충적 의학론

박윤재

1. 머리말

삼국 시기 중국을 통해 수용된 한의학은 1876년 개항 이후 서양의학이 본격적으로 소개되기 전까지 한반도에서 주류 의학의 위치를 차지하고 있었다. 하지만 1906년 통감부가 설치되면서 존재의의를 부정당하기 시작하였고, 1913년 의료인 관련 규칙의 반포를 계기로 서양의학보다 열등한 의학으로 확정되었다. 이후 부흥의 계기를 찾지 못하고 있던 한의학이 다시 관심의 대상이 되기 시작한 것은 1930년대에 접어들면서부터였다.

전쟁의 확대에 따른 물자 부족, 그중에서도 약재 부족을 한약을 통해 보완하려던 일제의 의도, 부족한 의료인력을 한의사를 통해 보충하려던 총독부의 의도 등이 결합하면서 한약 혹은 한의학의 의의가 주목받기 시작한 것이다. 그 결과 한약 혹은 한의학에 대한 연구가 진행되었고, 일부이지만 총독부가 후원하는 교육이 진행되기도 하였다.[1] 일종의 한의학부흥운동이 전개되고 있었던 것이다.

한의학 부흥의 기운이 확산되는 가운데 1934년《조선일보》지면을 중심으로 한의학의 의의를 둘러싼 일련의 논쟁이 진행되었다. 동서의학논쟁으로 불리는 이 논쟁은 식민화 이후 침체의 길을 걸어오던 한의학이 서양의학과 차별화된 자신의 정체성을 반추하는 계기로 작용하였다. 특히 동서의학논쟁은 실용적으로 이용되던 한약이 아니라 한의학 자체에 대한 관심이 확대될 수 있는 계기를 제공하였다는 점에서 의미가 깊었다.

이 글의 연구 대상은 당시 동서의학논쟁에 활발하게 참여한 조헌영(趙憲泳)의 주장이다.[2] 한의학의 우월성을 주장하며 한의학 부흥운동에 적극적으로 참여한 조헌영에 대해서는 이미 선행 연구가 나온 바 있다. 이 연구들은 동서의학논쟁을 통해 한의학이 서양의학 헤게모니에 완전히 포섭되지 않았다는 사실을 확인하거나,[3] 조헌영의 의학사상이 의학의 범주를 넘어 당시 물질문명을 비판하는 문명사적 의미를 지닌다고 평가하거나,[4] 그 사상의 민중성에 주목하면서 조헌영이 궁극적으로 민중을 치료의 대상에서 주체로 '해방'시키려는 목적을 지니고 있었다고 설명했다.[5]

이 글은 기존 연구의 성과에 주목하는 가운데, 1930~40년대 조헌영이

1) 신동원, 「조선총독부의 한의학 정책」, 《醫史學》 12-2(2003).

2) 조헌영이 학력이나 경력의 측면에서 식민지 시기 한의학을 대표할 만한 위치에 있었는지는 의심스럽다. 스스로 고백한 대로 그는 나이 30세가 넘어서 한의학 공부를 시작한 만학도였다. 그가 공부를 시작한 계기도 한의학 자체에 대한 학문적 관심보다는 악화되고 있던 조선인들의 건강을 회복시키고 싶다는 현실적 관심에 있었다〔趙憲泳, 『通俗漢醫學原論』(乙酉文化社, 1949), 1쪽〕. 하지만 적어도 한의학부흥운동이 전개되는 과정에서 가장 활발히 자신의 견해를 표명한 논자였고, 스스로도 "한의학 진흥을 위하야 신바람꾼"이 될 것을 자임했다〔「한방의 좌담회」, 《新東亞》 5-10(1935), 157쪽〕. 비록 한의학계 전체를 대표한다고 할 수는 없지만 조헌영의 견해를 반박하는 의견을 한의학계 자체 내에서 찾기 어려웠다는 점, 각종 한의학 강습회에 강사로 초빙된 점 등을 통해 볼 때 그가 가장 중요한 논자였음에 틀림없다.

3) 정근식, 「일제하 서양 의료 체계의 헤게모니 형성과 동서 의학 논쟁」, 《한국사회사학회 논문집—한국의 사회제도와 사회변동》 50(문학과지성사, 1996).

4) 愼蒼健, 「覇道に抗する王道としての醫學」, 《思想》 905(1999).

5) 신창건, 「趙憲泳의 정치적 의학사상」, 『한국 근현대 과학기술사의 전개』(국사편찬위원회, 2005).

〈그림 21〉 조헌영

조헌영은 와세다 대학 영문학부를 졸업하였고, 신간회를 통해 민족주의 운동을 전개하였으며, 1930년대에는 한의학부흥논쟁의 핵심논객으로서 한의학의 부흥과 대중화를 위한 다양한 사업을 전개했다.

지향한 미래의 한의학이 전통적인 한의학이 아니라 서양의학이 첨가된 동서절충적 한의학이었음을 밝히는 것을 목적으로 한다. 그 목적을 위해 조헌영이 이론과 진료의 측면에서 한의학의 우월성을 주장할 수 있었던 근거와 내용을 살펴보고, 다음으로 조헌영이 서양의학을 수용하게 되는 과정과 동서절충적 한의학의 내용을 살펴보고자 한다. 그 결과 1930~40년대 한의학이 서양의학과 자신을 차별화하며 형성시켜간 정체성의 한 측면을 알 수 있을 것이다.

2. 음양오행론과 종합적 진료

1876년 국교 확대를 계기로 조선에 본격적으로 진출하기 시작한 일본에게 자신이 선차적으로 수용한 서양의학은 자기 문명의 우월성을 선전할 수 있는 주요한 수단이었다. 거류지마다 서양식 병원을 세우고, 그곳에서 자국민뿐 아니라 조선인까지 함께 치료한 목적 중 하나도 진료과정을 통해 조선인에게 자신의 의학적, 나아가 문명적 우수성을 각인시키려는 것이었다. 보호국화 이후 조선에 대한 실질적인 지배가 이루어지는 과정에서도 서양의학은 그 지배를 합리화하는 주요 수단으로 활용되었다. 그리고 그 과정에서 조선의 전통적 의학인 한의학은 상대적으로 부정적인 평가를 받았다.[6]

한의학에 대한 부정적 평가는 일제에 의해서만 내려진 것이 아니었다. 일반인, 그중에서도 신지식층들 사이에서 한의학은 "다만 경험에서 얻은 극히 유치한 원시시대의 의학"이었고, 따라서 당시 사회에서 "조금도 필요 없는 한 골동품적 존재"로 평가되기도 했다.[7] 한 발 양보하여 한방치료가 일정한 효과를 가진다는 점은 인정한다 하더라도 "한의학 그것은 도모지 이해할 수 없을 뿐 아니라 그 학설이 비과학적이고 불합리해서 하등의 취할 가치가 없"다는 것이 그들의 결론이었다.[8] 조헌영은 한의학에 대해 부정적 태도를 취하는 사람들, 특히 서양의사들을 '교만하고 오만하다'고 비평하였지만, 현실에서 서양의학은 거의 절대적인 가치를 인정받고 있었으며 한의학은 '무시'당하고 있었다.[9]

동서의학논쟁이 진행되는 과정에서 서양의학을 대변하던 정근양(鄭槿陽)도 한의학의 이론적 토대에 대해 의구심을 표시하고 있었다. 그는 한의학이 체계적이고 이론적인 근거를 가지고 있는지에 대해서 의문을 제기하면서, 한의학이 모호하지만 나름의 법칙성을 가지고 있다는 정도의 주장에

6) 박윤재, 『한국 근대의학의 기원』(혜안, 2005), 235~240쪽.

7) 조헌영, 「한방의학의 위기를 앞두고」, 『漢醫學의 批判과 解說』(소나무, 1997), 185~186쪽(124쪽)(이하 『漢醫學의 批判과 解說』. 이 책은 1942년에 東洋醫藥社에서 발간한 같은 이름의 책을 현대어에 맞게 고친 것이다. 하지만 그 수정은 문투에 머무를 뿐 문장의 의미까지 변형하지는 않았다. 따라서 이 글에서는 현대 연구자의 편의를 위해 기본적으로 1997년에 발간된 소나무 판을 이용하되, 직접 인용의 경우 1942년 동양의약사 판을 함께 이용하였다. 괄호 안의 쪽수가 동양의약사 판 쪽수이다).

8) 趙憲泳, 「洋醫學徒의 한방의학관」, 《東洋醫藥》 1-3(1939), 23쪽.

9) 조헌영, 「한의학론에 대하여」, 『漢醫學의 批判과 解說』, 126쪽; 趙憲泳, 『應用自在 通俗漢醫學原論』(東洋醫藥社, 1934), 30쪽(이하 『應用自在 通俗漢醫學原論』).

동의할 뿐이었다. 서양의학에서 중요시하는 실험적 근거를 가지지 못한 한의학이 만일 이용될 수 있다면, 그 이유는 수천 년의 경험이 축적되었기 때문이었다. 따라서 서양의학이 가지지 못한 치료법, 약재가 한의학에 있다면, 그것을 "좀 더 과학적으로 연구"하고 "그 미비한 점을 보충"하여 양방 중심의 진료법에 포함시키면 충분했다.[10)]

한의학이 가진 경험들 중에서 현실적으로 이용되던 것이 약재인 한약이었다. 한의학에 대해 비판적인 사람들조차 한약은 충분한 효과가 있어 이용이 가능하다는 논리를 전개하고 있었다. 한마디로 "한의학은 버리고 한약만을 취하자"는 것이었다.[11)] 특히 1931년 만주사변 발발 이후 중국으로부터 한약재 수입이 제한되자 총독부는 농촌에 약초 재배를 권장하고 있었다. 총독부가 볼 때, 약초 재배는 농가 소득을 증대할 수 있는 부업이기도 했다. "집 주변의 공터에 자가용(自家用)이나 관상용으로 적합한 것"을 심어 농촌의 미화와 함께 수익을 증대하는 것은 "시의에 적합한 사업"이었다.[12)]

동서의학논쟁을 촉발하면서 한의학 부흥을 주장한 장기무(張基茂) 역시 한의학이 이론적 기반을 가지고 있는지에 대해서는 의문을 표시하였다. 그는 한의학의 중요 이론인 음양오행론을 학설로 인정하지 않았다. 서양의학 교육기관이던 관립의학교에서 교육받은 그에게 음양오행론이란 이해하기 힘든 이론이었다. 한의사들의 "폐금신수(肺金腎水)이니 상화(相火)가 어떠니 군화(君火)가 어떠니 하(何) 장(臟)이 허(虛)하니 모(某) 부(腑)가 실(實)하

10) 정근양, 「조헌영 씨의 한의학론을 평함」, 『漢醫學의 批判과 解說』, 121쪽; 정근양, 「한방의학 부흥 문제에 대한 제언」, 『漢醫學의 批判과 解說』, 36~38쪽(7~9쪽).

11) 趙憲泳, 「洋醫學徒의 한방의학관」, 《東洋醫藥》 1-3(1939), 23쪽.

12) 水野直樹 編, 『朝鮮總督諭告 訓示集成』 5(東京: 綠蔭書房, 2001), 599쪽. 이을호는 총독부가 시행하는 약초재배정책이 한의학에 대한 진지한 학구적 관심이 아니라 농촌진흥을 위한 일시적인 정책적 고려에서 시작되었다고 평가하였다. 따라서 이런 정책은 "진실한 한방의학부흥운동과는 별개로 취급함이 타당"했다. 이을호, 「종합의학 수립의 전제」, 『漢醫學의 批判과 解說』, 46쪽(15쪽).

니" 하는 이야기는 "부허(浮虛)한", 즉 뜬구름 잡는 소리였다.[13] 사실 음양오행론에 대한 비판은 이미 서양의학이 본격적으로 수용되기 전인 조선 후기부터 일부 실학자를 중심으로 제기되고 있었다. 그들은 각종 질환을 음양 부족 등으로 설명하는 한의학이 실제와 부합하지 않는다고 비판하였다.[14] 비판자들에게 음양오행론은 과학과 대비되는 신비적인 이론이었다. 분석이나 실험과는 무관한 일종의 '종교'였다.[15]

그러나 한의학에 대해 우호적인 입장을 취하던 장기무조차 음양오행론을 부정하는 상황은 한의학의 입장에서 볼 때 심각한 것이었다. 장기무는 이미 1915년 『동서의학신론』이라는 책을 펴내면서 "동서가 장단(長短)이 각유(各有)"하다고 하면서도 한의학의 장점에 대해 "동의(東醫)의 약방(藥方)이 역(亦) 서법(西法)을 능가"한다고 서술함으로써 한의학의 이론보다는 약재에 관심이 높음을 밝힌 바 있었다.[16] 동서의학논쟁 과정에서 그가 한 주장이 한의학의 부흥을 위해 주로 제도적인 차원에서 서양의학의 성과를 수용하자는 것이었음을 고려할 때, 음양오행론을 부정한 그의 주장은 한의학의 경험 중 일부만 취하자는 주장, 즉 결국 한의학을 부정하는 주장으로 이어질 가능성이 있었다.

조헌영은 서양의사 중 일부가 한의학 자체가 아닌 한의학 중에서 일부분 치료 효과가 검증된 것만을 취득하려는 모습을 비판하였다. 조헌영의 생각에 한의학은 신비나 허구와는 거리가 멀었다. 한의학은 실용적인 측면을 넘어 체계적인 원리와 이론을 가진 의학이었다. 그가 바라본 한의학은 다

13) 장기무, 「한방의학의 부흥책」, 『漢醫學의 批判과 解說』, 28쪽(2쪽).

14) 三木榮, 『朝鮮醫學史及疾病史』(大阪: 自家出版, 1963), 233쪽.

15) 天台山人, 「古典涉獵隨感」 3, 《東亞日報》(1935. 2. 13). 조헌영이 보기에 한의학에 대한 부정적 평가가 나온 배경에는 한의사들의 잘못도 있었다. 한의사들 중 자신의 의술을 '신비화'하기 위하여 허구적인 사실이나 초인적인 진료를 선전하는 경우가 있었기 때문이다(『應用自在 通俗漢醫學原論』, 33쪽).

16) 張基茂, 「述者告白」, 『東西醫學新論』(和平堂藥房, 1915), 10쪽.

음과 같았다.

한약이 단순히 원시상태의 무의식적 자연적 경험에서 얻은 까닭 모르게 효과만 있는 것이 아니오 경험의 축적에 의하야 귀납적으로 얻은 원리를 다시 우주만유현상(宇宙萬有現象)의 통제적 법칙에 연결시키고 인체의 생리현상에 부합되도록 연역적으로 의식적으로 임상적 실험에 의하야 이론적으로나 실제적으로나 효과가 명확…….[17]

조헌영에 따르면 한의학은 수천 년 축적된 경험을 우주의 보편적인 법칙으로 승화시키고, 그 법칙을 인체의 생리현상에 연역적으로 적용하여 만든 의학이었다. 그리고 그 법칙의 중심에는 『황제내경(黃帝內經)』 이래 한의학의 기초이론으로 간주되던 음양오행론이 있었다. 조헌영은 한의학의 근본원리는 무엇인가라고 자문한 후 "그것은 곧 음양입니다"라고 자답하였다. 음양오행론은 "모든 학설, 모든 이론을 종합 통제할만한 최고의 진리를 파악한 가장 위대한 학설"이었다.[18] 한의학의 이론적인 근거에 대해 의문이 제기되는 상황에서 음양오행론이 조헌영에게는 서양의학과 대비되는 한의학의 존재 의의를 확인시켜주는 가장 중요한 이론체계였다.

음양오행론, 특히 음양론은 조헌영에게 한의술의 우위를 보증해주는 기

17) 趙憲泳, 「본초약리학과 嘗百草以制藥說」, 《東洋醫藥》 1(1935), 21쪽.

18) 조헌영, 「과학적으로 본 한방의학」, 『漢醫學의 批判과 解說』, 238쪽(166쪽); 조헌영, 「음양오행설에 대하여」, 『漢醫學의 批判과 解說』, 179쪽(119쪽). 이 과정에서 상대적으로 가치를 부여받지 못한 이론이 상한론이었다. 조헌영에 따르면, 일본에서 사용하는 공사약(攻瀉藥) 위주의 치료법은 외감(外感)에만 사용하는 방법을 내상잡병(內傷雜病)에도 사용하는 것으로 일종의 "양의적 한방요법"이었다. 한의학 전체를 이해하는 정도(正道)적 방법이 아니라 생존경쟁이 심한 패도(覇道) 시대에 어울리는 치료법이었다(신창건, 「趙憲泳의 정치적 의학사상」, 『한국 근현대 과학기술사의 전개』, 138~139쪽).

반이기도 했다. 동서의학논쟁이 진행되던 1930년대에는 외과술, 위생학 등의 효율성을 기초로 하여 서양의학이 자신의 영역을 확대해가고 있었지만, 진료에서 분명한 한계점도 보이고 있었다. 1930년대 의사들은 환자를 치료할 수 있는 뚜렷한 치료제를 가지고 있지 못했고, 따라서 일종의 '허무주의자'일 때가 많았다.[19] 한 서양의사는 병명 중심의 진료, 대증 치료, 개별화된 전문 치료, 진단 맹신 등 서양의학의 한계를 지적하며 자신을 '서양의학의 반역자'라고 소개하기도 하였다.[20]

조헌영이 보기에도 당시 서양의학이 한의학보다 우월한 효과를 보이는 분야는 몇 가지에 불과했다. 키니네에 의한 말라리아 예방, 살바르산에 의한 매독 치료, 기생충 구제, 우두법, 혈청요법 그리고 외과적 처치는 분명히 효과가 있었지만 그 숫자는 열을 넘지 않았다. 1930년대 공포의 대상이던 폐병, 즉 결핵 같은 경우 "거의 속수무책"이었다.[21]

서양의사로서 조헌영의 견해를 전면적으로 비판한 정근양 역시 서양의학이 치료 면에서 일정한 한계가 있다는 점은 인정하고 있었다. 만성병, 암, 정신신경병, 만성 위장병 등에서 서양의학은 "거의 무능에 가까웠다."[22] 한의학이 서양의학보다 치료 효과가 우월한 점이 있다고 인정하는 서양의사도 있었다. 강필모(姜弼模)의 경우 자신의 임상경험에 근거해 폐결핵, 결핵성 늑막염, 신경쇠약증, 만성 소화불량 등 만성적 허약증은 서양의술보다 한의술에 의해 치료되는 경우가 많다고 말했다.[23]

그러나 조헌영의 의견은 단순히 몇몇 분야에서 한의학이 서양의학보다 우월하다는 정도에 머물지 않았다. 그에 따르면 한의학은 서양의학보다 우

19) 제임스 르 파누, 『현대의학의 역사』(아침이슬, 2005), 266쪽.

20) 조병용(趙炳龍), 「현대의학에 대한 의의」, 《春秋》 4-6(1943), 92~104쪽.

21) 『應用自在 通俗漢醫學原論』, 31쪽; 趙憲泳, 「肺病의 漢方治療法」, 《新東亞》 5-12(1935), 214쪽.

22) 정근양, 「조헌영 씨의 한의학론을 평함」, 『漢醫學의 批判과 解說』, 108쪽(64쪽).

23) 강필모, 「양의가 본 한의학」, 『漢醫學의 批判과 解說』, 235~236쪽.

월한 진료법을 가지고 있었다. 그 우월성은 음양론에 의해 확보되는 것이었다. 변증에 의한 진료가 그 대표적인 예였다. 한의학에서는 병명의 결정보다 변증(辨證)을 중요시하고 있었는데, 음양허실(陰陽虛實)로 분간되는 증(證)은 인체의 전체적인 생리적 질서에 따라 종횡으로 종합하여야 알 수 있었다. "한방요법의 미묘한 점"은 바로 증에 따라 온량보사(溫涼補瀉)의 약을 조제한다는 데 있었다. 따라서 "증만 분명히 알면 병명은 몰라도 넉넉히 치료할 수 있었다." 증이 같으면 병명이 다른 질환에도 동일한 약을 쓸 수 있었고, 증이 다르면 병명이 같더라도 쓰는 약이 빙탄(氷炭)과 같이 달랐다.[24] 즉 음양론을 기초로 한 한의학은 질병에 대한 전체적인 분석을 가능하게 하였고, 따라서 근본적인 진료를 가능하게 하였다.

당시 식민지 조선의 의료계에는 서양의학의 세균론이 광범위하게 확산되고 있었다. 서양의학과 전혀 다른 병리관을 가지고 있던 한의사들조차 청결위생, 전염병 환자 진단 등을 위해 세균학을 학습해야 할 정도였다.[25] 하지만 조헌영이 볼 때, 서양의학에서 흔히 이야기하는 세균의 침입에 따른 질병의 발생이라는 설명은 일면적인 이해방식에 불과했다. 세균이 항상 존재함에도 불구하고 특정한 사람, 특정한 시기에 질병이 발생하는 이유를 설명할 수 없었기 때문이다. 조헌영이 보기에, 인체의 모든 기관은 신체 전체와 연결되어 있었다. 심지어 한 개의 세포까지도 마찬가지였다. 조헌영이 '종합생리학'이라 부른 이런 인식에 근거할 때, 질병이 발생하는 이유는 종합적인 "생리적 질서가 문란"해진 데 있었다.[26] 즉 음양의 부조화였다.

음양론을 기초로 할 경우 서양의학과 전혀 다른 진단이 가능했다. 예를 들면, 축농증의 경우 서양의학은 그 원인을 코 안에 번식한 화농균에서 찾

24) 趙憲泳, 「胃腸病의 漢方療法」, 《新東亞》 5-11(1935), 149~152쪽.
25) 신동원, 「세균설과 식민지 근대성 비판」, 《역사비평》(2002 봄), 358~360쪽.
26) 「한방의 좌담회」, 《新東亞》 5-10(1935), 160쪽; 趙憲泳, 「胃腸病의 漢方療法」, 《新東亞》 5-11(1935), 149쪽.

는 데 비해 한의학은 원인을 코 자체에서만 찾지 않고 "전체적으로 그 체질과 여러 가지 생리적 변조를 관찰 종합"하여 구명하였다. 그렇다고 조헌영이 화농균 자체를 부정하는 것은 아니었다. 다만 화농균이 항상 존재함에도 불구하고 특정인에게 축농증이 생기는 원인은 다른 원인이 부수되기 때문이고, 한의학에서는 음양의 부실을 그 원인으로 지목하고 있음을 지적할 뿐이었다.[27)]

따라서 중요한 것은 병소의 제거나 세균의 박멸이 아니었다. 생리적 질서를 회복하는 것이 우선이고 근본이었다. 조헌영에 따르면 한의학은 "한가지 한가지의 증세를 개별적으로 처치하랴고 하지 않고 그 증후군을 종합적으로 관찰하여 그러한 변조적 생명현상을 유래케 한 원인을 구명하여 전체적으로 그 체질을 바로 잡는" 것을 원칙으로 하였다. 이을호(李乙浩)의 표현을 빌리면 한의학의 치료는 "병적 상태를 원만 해소"하는 것이었다.[28)]

종합적 진료에 대한 자신감은 서양의사들이 볼 때 가장 시급히 수술을 해야 할 대상이던 맹장염이나 중이염조차 한약의 내복을 통한 완치가 가능하다는 주장을 하게 했다. "맹장염이나 중이염 같은 것은 한방요법에 의하면 수술을 하지 않고 약 한두 첩으로 낫는 예가 얼마든지 있"었다. 이런 입장에서 볼 때 한의학에서 외과가 쇠퇴한 것은 당연했다. 내복약으로 치료가 가능하기 때문이었다.[29)]

조헌영의 주장에 따른다면, 음양오행론을 기초로 한 한의학은 종합적이고 근본적인 진료방식을 취함으로써 서양의학과 대등한, 더 나아가 우월한 의학이 될 수 있었다. 하지만 조헌영은 한의학의 이론적 기반으로 음양오행론을 강조한 나머지 상호모순적인 주장을 제출하기도 했다. 그는 한의학

27) 조헌영, 「동 · 서의학의 비교 비판의 필요」, 『漢醫學의 批判과 解說』, 88~89쪽(49쪽).
28) 조헌영, 「한방의학의 위기를 앞두고」, 『漢醫學의 批判과 解說』, 189쪽(127쪽); 이을호, 「의학 개념에 대한 우리의 태도」, 『漢醫學의 批判과 解說』, 166쪽(109~110쪽).
29) 조헌영, 「동 · 서의학의 비교 비판의 필요」, 『漢醫學의 批判과 解說』, 91쪽(51쪽).

의 특징 중 하나로 획일주의와 대비되는 응변주의를 지적하고 있는데, 이 주장은 한의학에 음양오행론이라는 기본 법칙이 있다는 자신의 견해와 충돌할 가능성이 있었다. 즉 다음 주장은 그 자체로 모순이었다. "한의학에 보편타당적 치료법의 존재를 부인하는 가운데 보편타당적 정당성을 가진 법칙이 있는 것이다." 법칙성을 강조할 경우 증후에 따른 응변(應變)적 진료방식과 모순된다는 비판도 가능했다. 그 비판에 대해 조헌영은 "하여간 문제는 치료효과에 가서 결정"될 것이라는 식으로 마무리를 지을 수밖에 없었다.[30]

당시 조헌영에게 이런 모순은 우선적인 해결 과제가 아니었을 것이다. 중요한 것은 한의학이 서양의학과 비견되는 체계적인 이론에 입각한 의학임을 입증하는 것이었기 때문이다. 음양오행론은 식민지 조선의 주류 의학으로 확정된 서양의학에 맞서 조헌영이 기댈 수 있는 한의학의 가장 중요한 이론적 토대였다.

3. 민중성과 서양의학 수용

조헌영이 스스로 고백했듯이 서양학문인 영문학을 배운 그가 한의학으로 관심을 돌리게 된 직접적인 계기는 민중성에 있었다. 여기서 민중성이란 상대적으로 의료비용이 낮다는, 즉 경제적이라는 의미다. 그의 고백에 따르면, 그는 나이 30세가 넘어서 한의학 서적을 읽기 시작했는데, 그 이유는 "대중의료가 실로 비참한 상태에 있었으며 이 대중의료에 가장 공헌이 많고 위대한 공효(功效)가 있는 한의학이 날로 쇠퇴해 가는 것이 애석하고

30) 조헌영, 「동 · 서의학의 비교 비판의 필요」, 『漢醫學의 批判과 解說』, 98쪽(56~57쪽); 「한방의 좌담회」, 《新東亞》(1935. 10), 160쪽.

우려"되었기 때문이다. 즉 조헌영은 '대중의료'인 한의학이 당시 민중의 처지를 개선할 수 있다고 생각했다.[31)]

조헌영이 본격적으로 한의학부흥운동을 개시한 1930년대 중반은 1929년 대공황 이후 조선인, 그중에서도 농민들의 경제 사정이 어려워지던 시기였다. 식민화 이후 지주 위주의 농업정책을 실시하던 총독부가 자작농창정사업, 조선농지령 등 농민 보호를 위한 일련의 농정책을 내놓을 수밖에 없었던 것도 농민 몰락에 따른 사회불안을 방지하기 위해서였다.[32)] 종래 '하층민'들이 애용하던 민간요법이 '중산계급' 이상이 소비하는 의학이 된 것 역시 1930년대의 열악한 경제사정 때문이었다.[33)]

서양의학이 한의학에 비해 고가인 점은 분명했다. 1930년대 초반 당시 유명한 병원 중 하나인 세브란스병원의 경우 외래 1회 이용 시 대체로 2.97원의 비용이 소비되었다.[34)] 1930년대 안정된 생활을 영위하려면 최소 50원 정도의 생활비가 필요했던 점을 고려할 때, 병원 방문 1회당 3원은 일반인들이 감당하기 어려운 금액이었을 것이다. 소비자들이 서양의학 진료비, 즉 약값이 비싸다고 불평하면, 의사들은 그 약값에는 약의 원가, 조제비, 간호사 비용, 집세, 의사 생활비, 심지어는 수도비, 연료비 등 "병원을 유지해 가는데 필요한 제(諸)비용"이 포함되어 있다고 설명하였다. 의사는 "원래 비용이 만히 드는 직업"이었다.[35)]

나아가 서양의사들은 서양의료가 비싼 이유로 고액의 약값이나 원료가 아니라 자신들의 높은 사회적 지위를 지적했다. 그 논리를 따른다면, 한의사들의 사회적 지위가 서양의사들과 동등한 수준으로 높아질 경우 한의술

31) 趙憲泳, 『通俗漢醫學原論』(乙酉文化社, 1949), 1쪽.

32) 金容燮, 『증보판 韓國近現代農業史研究』(지식산업사, 2000), 418~436쪽.

33) 정근양, 「조헌영 씨의 한의학론을 평함」, 『漢醫學의 批判과 解說』, 108쪽.

34) *Severance Union Medical College, Catalogue 1932-1933*, 29쪽.

35) 「내가 이상(理想)하는 신랑후(新郎候) 조건」, 《三千里》(1935. 1), 138쪽; 尹日善, 「조선의학계의 장래」, 《新東亞》 3-1(1933), 14쪽.

역시 고가가 될 수밖에 없었다. 하지만 조헌영이 보기에 서양의학은 태생적으로 고가일 수밖에 없었다. 한의학에 대비하여 서양의학은 '인공적'인 치료를 하기 때문에 "그 노력의 양과 도(度)가 측정"되고, 일정한 의료시설이 없으면 진료가 불가능하기 때문에 "거액의 보수를 요구할 권리"도 생기며, 환자는 감사하는 마음과 함께 "그것을 지불할 의무도 느끼게 된다"는 것이다.[36)]

반면 한의학은 어떤 "기계적 설비를 요(要)치 아니함"으로 어디서나 이용할 수 있을 뿐 아니라 "그 재료가 초근목피"이므로 가격이 저렴하였다. 조헌영의 비유에 따르면, 한의사는 산소가 결핍된 환자에게 창문을 열어주는 사람이었다. 공기를 순환시킴으로써 근본적인 치료를 해주었지만 환자는 그것을 치료로 생각하지 못하기 마련이었고, 따라서 한의사는 고가의 비용을 청구할 수 없었다.[37)]

조헌영의 입장에서 볼 때, 설사 고가의 비용이 소비되더라도 한의사는 그 비용을 청구해서도 안 되었다. 고가의 비용을 지불해야 하는 제도적 장치를 만들어서도 안 되었다. 조헌영이 한의학 부흥을 위해 전문적인 한의학교를 만들자는 주장에 공감하면서도, 결론적으로는 일반 교육과정에 한의학을 첨가하는 방식의 한의사 육성을 주장한 것도 민중성과 연관되어 있었다.[38)]

조헌영에게 한의학의 대중적 보급은 전문적인 소수 한의사의 육성보다 중요했다. 전문가의 양성은 의약의 독점을 낳을 가능성이 있었고, 그렇게 되면 한의학이 민중들이 쉽게 이용할 수 있는 한의학이 아니라 일부 소비

36) 정근양, 「조헌영 씨의 한의학론을 평함」, 『漢醫學의 批判과 解說』, 105쪽; 조헌영, 「동 서의학의 비교 비판의 필요」, 『漢醫學의 批判과 解說』, 98쪽(57쪽).

37) 金明汝, 「의료제도 개선안에 대하야 한방의가의 취할 태도를 논함」, 《東洋醫藥》 1-5(1939), 3쪽; 조헌영, 「동 · 서의학의 비교 비판의 필요」, 『漢醫學의 批判과 解說』, 99쪽.

38) 조헌영, 「한방의학의 위기를 앞두고」, 『漢醫學의 批判과 解說』, 202~203쪽.

계층의 한의학으로 전락할 수 있었기 때문이다. 한의학부흥운동을 전개하는 논자 중에는 당시 민중들이 서양의학이 지닌 "외모의 미(美)"보다도 한의학이 지닌 "내용의 미를 찾는 진순성(眞純性)" 때문에 한의학을 선호한다고 해석하는 사람도 있었다.[39] 하지만 당시 의료기관의 혜택을 받지 못하던 조선인들에게는 한의사조차도 쉽게 찾아갈 수 있는 대상이 아니었다. 한약을 이용하는 이유는 서양의사는 물론 "의생의 분포도 많지 않기 때문"이었다.[40] 따라서 조헌영이 볼 때, 한의학은 그 장점을 살려 "민중을 위하고 음덕을 시(施)하"지 않으면 안 되었다.[41]

조헌영이 중시한 민중성은 그가 전통적 한의학이 아니라 서양의학까지 수용한 새로운 의학을 제창하는 배경이 된 것으로 보인다. 조헌영의 의학론에 비추어볼 때 서양의학은 본래 극복의 대상이었다. 물질문명이 극치에 이른 패도주의의 시대적 흐름이 의학과 관련해서는 서양의학으로 나타나고 있었기 때문이다.[42] 외과적 견혈요법(見血療法)이나 국소 치료, 인공치료 등이 그 예였다.[43]

그러나 민중의 진료에 도움이 될 수 있다는 점에서 서양의학이 완전히 배격해야 할 대상은 아니었다. 오히려 질병 치료라는 의학의 궁극적 목적 달성을 위해 상호 협조해야 할 대상이었다.[44] 서양의학에서 이루어진 혈청학과 세균학의 발달은 국가적 예방과 방역조치가 "거의 완전할" 수 있도록 해주고 있었다. 서양의학은 생명을 위협하는 외래적 침해를 방어하고 제거하는 데 우월하여 유행성 전염병의 참화를 면한 생명이 수억 명에 달할지도 몰랐다. 분석적이고, 물질적 조직의 탐사에도 능하여 구체적인

39) 이을호, 「종합의학 수립의 전제」, 『漢醫學의 批判과 解說』, 57쪽(24쪽).
40) 『生活狀態調査 (其三) 江陵郡』(朝鮮總督府, 1931), 297쪽.
41) 조헌영, 「동 · 서의학의 비교 비판의 필요」, 『漢醫學의 批判과 解說』, 99~100쪽(57~58쪽).
42) 愼蒼健, 「覇道に抗する王道としての醫學」, 《思想》 905, 80쪽.
43) 조헌영, 「신의학의 발전과 한의학의 금후」, 『漢醫學의 批判과 解說』, 228쪽.
44) 조헌영, 「동 · 서의학의 비교 비판의 필요」, 『漢醫學의 批判과 解說』, 95쪽.

분석기구인 시험관이나 현미경 등은 추측이나 억설을 방지할 수 있는 좋은 도구였다.[45] 서양의학의 치료법이나 분석방법의 수용을 시사하고 있는 것이다.

더구나 동서의학논쟁이 진행되는 과정에서 제출된 조헌영의 주장에는 이미 서양의학적 시각들이 내재해 있었다. 조헌영이 한의학의 정당한 이해를 위해 썼다는 「동 · 서의학의 비교 비판의 필요」는 조헌영의 서양의학적 시선을 알려주는 예가 될 수 있다. 그는 이 글에서 한의학은 종합적이요, 서양의학은 국소적이라는 구분에서 시작하여 서양의학은 귀족의술이자 관용(官用)의술이요, 한의학은 평민의술이자 민용(民用)의술이라는 구분에 이르기까지 동서의학을 아홉 가지 기준에 따라 비교, 설명하고 있다. 조헌영은 이 글이 의료계에 큰 반향을 일으켰다고 평가했다. 그동안 한의학에 전혀 신경 쓰지 않던 서양의사들이 긍정적이든, 부정적이든 일정한 관심을 가지게 되었기 때문이다.[46]

종래 일방적으로 침체, 쇠퇴의 길만 걸어오던 한의학의 입장에서 볼 때 서양의학을 한의학과 비교되는 어느 하나의 특징으로 규정하는 것 자체가 큰 의미가 있었다. 서양의학 헤게모니에 대한 비판의 의미를 지니고 있었기 때문이다.[47] 나아가 서양의학은 인공적이고 급속도적이요, 한의학은 평화적, 자연적이라는 표현에서 단적으로 나타나듯이 한의학을 긍정적으로 평가한 것은 한의학의 우위까지 전망하게 하는 시도였다.[48]

그러나 조헌영이 구체적으로 지목한 이론적, 진료적 장점들이 서양의학과 비교, 검토된 것들이라는 점에서 조헌영이 생각하는 한의학에는 이미

45) 조헌영, 「동 · 서의학의 비교 비판의 필요」, 『漢醫學의 批判과 解說』, 87쪽(47쪽); 『應用自在 通俗漢醫學原論』, 28쪽.

46) 조헌영, 「동 · 서의학의 비교 비판의 필요」, 『漢醫學의 批判과 解說』, 85~101쪽; 趙憲泳, 「洋醫學徒의 한방의학관」, 《東洋醫藥》 1-3(1939), 22쪽.

47) 정근식, 앞의 글, 292쪽.

48) 趙憲泳, 「長壽에 대한 漢醫 양생법」, 《新東亞》 6-1(1936), 207쪽.

서양의학적 시선이 들어가 있었다. 한의학의 이론적 기반으로 강조된 음양론의 경우 그는 서양과학을 통해 그 정당성을 입증하고 있었다. 즉 음양론은 "자연과학적 견지에서 보더라도 하등 불합리한 점이 없"다는 것이다. 자연과학의 구성 학문들인 화학, 물리학, 생리학의 이론 역시 음양론의 이해를 위해 동원되었다. 조장하는 힘과 억압하는 힘이 곧 음양이라는 것이었다. 조헌영의 고심은 "한의학 이론을 현대의학 이론으로 해석"하려는 데 있었다.[49]

한의학 이론뿐 아니라 진료에서도 서양의학적 설명은 이어졌다. 조헌영에 따르면, 한의학은 이미 수천 년 전에 서양의학적 개념인 내분비에 의해 신체의 생리적 활동이 조절된다는 점을 발견하여 치료에 이용하고 있었다. "한의학은 이 내분비 작용을 조절하야 근본적으로 자연적으로 건강을 회복케 하는 의학"이었다. 한약의 역할이 바로 그것이었다. 한약은 신경 중추와 내분비 기관의 호르몬 작용을 조절함으로써 일종의 음양 조화를 도모하여 근본적인 치료를 하였다. 민간요법은 신경해부학에 그 이론적 근거를 두고 있었고, 지압 안마는 혈액의 순환조정 및 생물전기의 전위(電位)변환과 관련이 있었다. 한의학의 정혈(精血)은 곧 호르몬이었다.[50] 즉 조헌영이 파악한 한의학은 서양의학의 개념과 용어로 설명이 가능한 것이었다. 그리고 이때 서양의학은 해부학을 토대로 한 조직의학이라고 설명된 점에서 단적으로 알 수 있듯이[51] 16~17세기 과학혁명 이후 형성된 근대 서양의학이

49) 조헌영, 「음양오행설에 대하여」, 『漢醫學의 批判과 解說』, 177~178쪽(118~119쪽); 조헌영, 「한의학론에 대하여」, 『漢醫學의 批判과 解說』, 143쪽(92쪽).

50) 『應用自在 通俗漢醫學原論』, 29쪽; 조헌영, 「한의학론에 대하여」, 『漢醫學의 批判과 解說』, 134쪽; 조헌영, 「과학적으로 본 한방의학」, 『漢醫學의 批判과 解說』, 238쪽. 서양의학에 대비된 한의학의 다른 장점 중 하나는 해부나 분석실험이 아닌 생체 그대로의 생활을 관찰, 질병을 판단, 치료하는 의학이라는 점이었다(조헌영, 「과학적으로 본 한방의학」, 『漢醫學의 批判과 解說』, 237쪽).

51) 조헌영, 「동 · 서의학의 비교 비판의 필요」, 『漢醫學의 批判과 解說』, 93쪽.

었다.

조헌영의 인식에 내재한 서양의학적 시각은 제도적 측면에서도 나타났다. 조헌영에 따르면, 전통적인 한의학이 쇠퇴한 원인은 총독부가 실시한 의생제도에 있었다. 한의사들에게 새로운 학설이나 치료법을 제공하던 유의들이 도태되었기 때문이다.[52] 그 결과는 한의학의 이론적 정체로 나타났다. 따라서 한의학의 발전을 위해서는 진료와 무관하게 한의학 연구를 진행할 의학자를 양성하고, 이들 의학자들의 연구 결과를 의서의 형태로 간행하며, 그것을 이용할 필요가 있었다. 한의학은 그 영역이 넓고, 그 학습은 간단하지 않기에 전문적인 의학자는 당연히 필요했다.[53]

그러나 조헌영에게 유의제도의 부활이 전통 한의학의 단순한 부활을 의미하는 것은 아니었다. 이때 한의사들은 서양의 의료제도에서 보이는 것처럼 국가가 평가하고 단속하는 대상이 될 수 있다는 점에서 전통적인 한의사들과 달랐다. 한의사들에 대한 규제는 서양의학이 수용된 후 지속적으로 제기된 요구 중 하나였다. 외국에서 의사로 활동하기 위해서는 "동리 판윤 압희 가셔 샹등 의원들을 쳥ᄒᆞ야 다시 시험"하고, "시험을 지낸 후라야 판윤이 인가쟝을 ᄒᆞ야 주어 비로쇼 민간에 나아가 의원 노룻슬 ᄒᆞ는 법"이었다.[54] 국가가 한 실력 평가와 인허가 필요하다는 주장이었다. 실력을 갖추지 못한 사람들이 의사로 자처하며 무분별하게 진료하는 상황을 막기 위해서는 "규측으로 범한을 뎡"해야 했다.[55] 의료인에 대한 자격규정

52) 조헌영은 유의를 다음과 같이 규정했다. "의학자는 의술의 학리(學理)를 구명하여 의술가와 요양가(療養家)에게 새 학설과 치료법을 제공하며 때로는 직접 병자를 보더라도 약을 팔거나 치료의 보수를 요구하지 않고 철두철미 그 의술이 인술이 되게 하였으니 이런 종류의 의가를 한의계에서도 유의라고 한다."(조헌영, 「한방의학의 위기를 앞두고」, 『漢醫學의 批判과 解說』, 182쪽)

53) 조헌영, 「한방의학의 위기를 앞두고」, 『漢醫學의 批判과 解說』, 182~184, 202~203쪽; 趙憲泳, 「한의학 諸流派의 장점과 단점」, 《漢方醫藥》 42(1942), 3쪽.

54) 「론셜」, 《독립신문》(1896. 12. 1).

55) 《뎨국신문》(1900. 2. 9).

도 필요했다.

조헌영은 의료인에 대한 국가 차원의 평가와 규제가 필요하다는 데 동의했다. 그에 따르면 직업적 한의사는 국가에서 시행하는 '인물 전형'과 '학술 고시'를 거쳐야 했다. 인물 전형의 경우 인격적인 측면을 판단하는 주체는 지방 관청이었다. 선정된 사람들은 한의학 전문 연구자들로 구성된 고시위원들에 의해 학문적 능력을 측정받아야 했다. 여기에 합격한 이들에게는 "의사와 동양(同樣)으로 사회적으로 제도상으로 그 의학적 권위를 인정" 해주어야 했다. 국가가 하는 평가의 필요성을 제기한 것이었다.[56)]

동시에 그는 전형과 고시를 거치지 않은 일반 한의사들에 대해 "엄격한 취체규정"을 설정하고 "계출(屆出)허가제를 채용"해야 한다고 주장했다. 일반적인 의료행위에 대한 철저한 단속과 인허의 필요성을 제기한 것이었다.[57)] 즉 조헌영의 구상에 따르면, 직업적 한의사들은 전형과 고시를 거쳐 서양의사와 같은 권위를 인정받는 한의사와 국가가 규정한 특정한 시험절차 없이 다만 허가와 단속의 대상이 되는 한의사로 구분되었다. 국가가 하는 평가와 단속의 개념이 가미된 새로운 한의사들이 구상된 것이다.

조헌영의 이런 구상은 서양의 제도를 수용한 것이지만 일방적인 수입은 아니었다. 왜냐하면 이때 권위나 인허는 서양의사들이 가지는 독점적 면허권을 의미하지 않았기 때문이다. 한의학의 민중성에 누구보다 주목한 조헌영에게 의약의 독점, 그 결과로 나타날 의료비용의 고가화는 반드시 피해야 할 요소였다. 따라서 그는 한의사에 대한 엄격한 단속, 허가제의 실시를 주장하면서도 그 강도를 총독부의 면허제도보다 훨씬 느슨하게 설정하였다. 조헌영은 그 제도의 핵심을 '해방주의'라고 명명하였다.[58)]

56) 조헌영, 「한방의학의 위기를 앞두고」, 『漢醫學의 批判과 解說』, 203~204쪽(138~139쪽).
57) 같은 글, 203~204쪽(138~139쪽).
58) 같은 글, 203~204쪽(138~139쪽).

해방주의를 채택할 경우 부적격한 한의사들이 무분별하게 의료행위를 할 가능성도 있었지만, 그 문제는 자연스럽게 해결될 수 있었다. "민중의 공평하고 자유로운 선택에 의하여 용의(庸醫)와 악덕의(惡德醫)는 자연히 도태"될 것이기 때문이다.[59] 즉 조헌영의 해방주의에서 궁극적인 단속의 주체는 국가가 아니라 민중이었다. 의료 공급이 부족한 현실에서 민중이 얼마나 선택권을 발휘할 수 있었을지는 의문이지만, 이 주장은 조헌영이 의료 독점권에 대한 거부감과 민중에 대한 애착을 그만큼 많이 가지고 있었음을 알려주는 것이기도 하다.

같은 한의학부흥운동을 전개하면서도 서양의학 수용과 관련하여 조헌영과 다소 다른 입장을 취한 논자는 이을호였다. 이을호 역시 서양의학에 우수한 점이 있다는 것은 인정하였다. 예를 들면, 서양의사들이 약재의 선택과 보관에 신중을 기하고 복약의 편리함을 추가하는 것 등은 한의학이 배워야 할 점이었다. 이런 "현대의학적 연구의 결과는 동양의학에 대한 보조적 지식을 제공"해줄 수 있었다.[60] 동서의학논쟁 과정에서 서양의학의 입장에 선 정근양과 정반대로 한의학에 유용한 서양의학의 일부 지식을 수용하자는 주장이었다.

그러나 서양의학 수용에서 이을호는 조헌영보다 배타적이었다. 서양의학은 본질적으로 "인체기구의 미묘한 통일적 생리작용의 전반을 물리화학적 규범하에 넣어서 설명해석"하려는 한계를 지니고 있기 때문이었다. 서양의학의 분석방법에 다소 호감을 표시한 조헌영과 다른 모습이었다. 서양의학이 모르핀의 추출이나 아드레날린의 발견 등 의학 발전에 공헌이 없는 것은 아니지만, 그 가치 역시 매우 낮았다. 종합적이 아니라 분석적인 까닭이었다. 요컨대 한의학은 "서양의학과 불상용(不相容)의 입장"에 서 있었다.[61]

59) 같은 글, 203~204쪽(138~139쪽).

60) 이을호, 「종합의학 수립의 전제」, 『漢醫學의 批判과 解說』, 56, 63쪽(29쪽).

특히 이을호가 조헌영과 달리 음양론을 넘어 오행론까지 강하게 지지하는 모습을 보인 것은 그가 전통적인 한의학을 더욱 강하게 고수했음을 의미하였다. 이을호에게 오행론은 상생(相生), 상극(相剋)이라는 관계 설정을 통해 한의학을 종합의학으로 만드는 기본 법칙이었다. 서양의학에 대한 이을호의 배타적인 인식은 "한방의학 부흥운동의 목적은 고전적 동양의학"으로 귀환하는 데 있다는 결론을 낳았다.[62] 한의학 자체보다는 그 민중성에 주목했기에 서양의학에 대해 다소 포용적인 모습을 가질 수 있었던 조헌영에 비해 이을호는 경성약학전문학교에서 서양약학을 전공하면서 그 한계성에 착목하였고,[63] 따라서 한의학 그 자체에 대한 애정이 조헌영보다 강했던 것으로 보인다.

그러나 이을호와 달리 서양의학에 대비하여 한의학의 장점을 강조한 조헌영의 주장에 이미 서양의학적 요소가 내재해 있었다는 것은 그가 고수하고자 한 한의학이 전통적 한의학이 아니라 서양의학을 수용한 새로운 한의학임을 시사하는 것이었다. 조헌영이 편집을 담당한 《동양의약(東洋醫藥)》은 창간호에서 발간 취지를 아래와 같이 밝혔다.

> 오인이 이제 본지를 간행하는 의도는 동양의학을 재인식하고 동시에 서양의학을 재검토하야 종래의 한의학을 무조건 멸시하던 과오를 고치고 양의학을 무조건 숭배하던 미망을 깨트려서 엄정한 비판 하에 양자의 단처를 버리고 장처를 취하야 의학의 새로운 경지를 개척하랴는 것이오 지방적 편견과 배타적 감정을 가지고 서양의학을 전적으로 배척하고 동양의학을 무조건으로 진흥시키랴는 의

61) 이을호, 「의학 개념에 대한 우리의 태도」, 『漢醫學의 批判과 解說』, 159쪽(104쪽); 이을호, 「종합의학 수립의 전제」, 『漢醫學의 批判과 解說』, 64, 53쪽(20쪽).

62) 이을호, 「의학 개념에 대한 우리의 태도」, 『漢醫學의 批判과 解說』, 163쪽; 이을호, 「종합의학 수립의 전제」, 『漢醫學의 批判과 解說』, 46쪽(15쪽).

63) 이을호, 「종합의학 수립의 전제」, 『漢醫學의 批判과 解說』, 61~62쪽.

사는 호말(毫末)도 가지지 않았(다).[64]

한의학을 무조건 멸시하거나 서양의학을 무조건 숭배하는 것이 아니라, 동서의학이 지닌 각각의 단점을 버리고 장점을 취하자는 이 취지는 바로 조헌영의 것이었다. 조헌영에 따르면 한의학은 서양의학과 협조하여 새로운 시대에 걸맞은 '신의학'으로 발전해야 했다. 그것은 지금까지 한의학의 역사를 보아도 알 수 있었다. 한의학은 자신의 발전을 위해 전통을 고수하기보다는 새로운 내용을 계속 보충해왔다. 즉 중요 고전으로 간주하는 『의학입문(醫學入門)』이나 『동의보감』에 없다 하더라도 새로운 진료법이 발견되면 보충했다. 『방약합편(方藥合編)』은 기존 고전의 내용을 보완한 좋은 예였다.[65]

새로운 의학에서는 물론 한의학이 주류, 주체가 되어야 했다. 종합적으로 진단을 하고 자연적인 치료를 하는 등 진료에서 서양의학에 우위를 보이고 있었기 때문이다. 하지만 서양의학 역시 장점을 지니고 있었고, 따라서 동서의학은 의학의 "진선진미(盡善盡美)를 기"하기 위해 서로의 장점을 취하며 상호 보완하여야 했다. 즉 새로운 의학은 "종래의 한의학도 아니오 종래의 양의학도 아"니었다.[66] 서양의학의 제도, 방법과 함께 한의학과 서양의학의 진료적 장점을 종합, 수용한 동서절충적 의학이었다.[67]

---

64) 《東洋醫藥》 1(1935), 1~2쪽.

65) 趙憲泳, 「한의학 諸流派의 장점과 단점」, 《漢方醫藥》 40(1942), 6쪽.

66) 조헌영, 「동 · 서의학의 비교 비판의 필요」, 『漢醫學의 批判과 解說』, 87쪽(48쪽); 조헌영, 「신의학의 발전과 한의학의 금후」, 228쪽(159쪽).

67) 위에서 밝혔듯이 조헌영이 구상한 동서절충적 신의학은 한의학이 주류가 되는 의학이었다. 조헌영은 진단에서는 비록 서양의학적 방법을 취하더라도 치료에서는 한의학적 내용을 고수하였다. 그가 식민지 시기에 저술한 의학서 5종류의 내용 역시 한의학 처방으로 일관하고 있다. 예를 들면, 폐결핵의 경우 결핵균의 존재를 인정하면서도 그 진단과 처방에서는 한의학을 이용하는 식이었다〔趙憲泳, 「폐병한방치료법」, 『東洋醫學叢書五種』(杏林書院, 1963), 3~4쪽〕. 따라서 조헌영의 동서절충적 구상은 기존 한의학에 서양의학의 분석방법을

4. 맺음말

식민지배 이후 침체, 쇠퇴해가던 한의학을 부흥시키기 위해 조헌영은 이론적 기반이나 실제적 치료에서 한의학이 서양의학에 결코 뒤지지 않는, 더 나아가 우월한 측면을 가지고 있음을 강조하였다. 당시 서양의사 중 일부는 한의학 진료에 대해 다소 우호적인 입장을 보이면서도, 그 이론적 토대에 대해서는 비판적인 입장을 취하고 있었다. 그들이 볼 때, 한의학은 경험의 집적에 불과한 일종의 경험의학이었다. 이런 비판에 대해 조헌영은 수천 년 축적된 경험을 우주의 보편적인 법칙으로 승화시키고, 그 법칙을 인체의 생리현상에 연역적으로 적용하여 만든 의학이 한의학이라고 반박하였다. 그리고 그 기초에는 음양오행론이 있음을 강조하였다.

음양오행론, 특히 음양론은 한의학이 서양의학보다 우월한 진료를 할 수

••••••••••••••••••••••

이용하는 식으로 귀결되었을 가능성이 크다. 민중들이 쉽게 치료를 할 수 있도록 하기 위해 「민중의술이료법(民衆醫術理療法)」을 서술하면서 그 기초를 "심리학, 생리학, 생물물리학, 생물화학"에 두고 있으며, "육체방면은 서양의 자연과학으로 구명"했다고 표현한 것 역시 서양의학의 분석방법론을 수용하고 있었음을 보여주는 예이다〔趙憲泳, 「民衆醫術理療法」, 『東洋醫學叢書五種』(杏林書院, 1963), 序 2쪽〕. 하지만 조헌영의 동서절충적 구상이 그가 지닌 의학론의 궁극적 귀결점이었는지에 대해서는 의문이 있다. 신동원의 연구에 따르면, 1950년대 후반 북한에서 활동 중이던 조헌영은 북한 의료계에서 동서의학의 절충이 논의되는 중에도 서양의학과 한의학의 연계에 대해 "전혀 언급하지 않았"기 때문이다〔신동원, 「해방 이후 북한 한의학의 변천, 1945-1960」, 《한국과학사학회지》 25-2(2003), 166~167쪽〕. 동서의학과 관련하여 이 시기 조헌영의 입장은 절충보다는 병존에 가까웠던 것으로 보인다. "병 치료에서 서의학이 효과가 우수한 것도 있으며 동방의학이 효과가 우수한 것도 있는 것"이라는 서술이나, 한의학이 "서의 치법의 부족한 면을 담당"하자는 주장 등이 그 예이다〔조헌영, 「동방 의학의 중요성과 그 발전 전망에 대하여」, 《조선과학원통보》 3(1957), 21, 25쪽〕. 하지만, 적어도 1930~40년대 한의학부흥운동을 전개하는 과정에서 조헌영의 의학론이 동서의학의 절충을 지향했던 것만은 분명하다. 시기에 따라 견해차가 보이는 이유로는 해당 시기 한의학이 서양의학에 대해 가지고 있던 비중의 차이와 동서의학 절충의 현실적인 어려움 등을 생각할 수 있다. 1930~40년대의 한의학은 해방 후 북한의 한의학보다 서양의학에 대한 지위가 더 열등했으며, 서양의학의 분석방법만을 독립적으로 수용하는 일 역시 쉽지 않았을 것이기 때문이다.

있는 이유이기도 했다. 개별적인 증세를 검사한 후 국소적인 치료를 하는 서양의학에 비해 한의학은 인체의 전체적인 생리적 질서를 음양으로 분간함으로써 병인을 종합적으로 구명할 수 있고, 따라서 생리적 질서를 회복하는 방식을 통해 근본적인 치료를 한다는 것이었다. 한의학의 이론적인 근거가 부정당하는 상황에서 조헌영에게 음양오행론은 서양의학과 대비되게끔 한의학의 존재 의의를 확인해주는 가장 중요한 이론 체계였다.

조헌영이 한의학의 특질 중 하나로 강조한 것은 민중성이었다. 경제적으로 열악한 처지에 있던 조선인에게 한의학은 인공적 치료가 아닌 자연치료를 하는, 그래서 더 낮은 가격으로 이용할 수 있는 민중의료였다. 민중성은 전통적인 한의학이 아니라 서양의학까지 수용한 동서절충적 의학을 조헌영이 제창하는 데 배경이 되었다. 진료나 제도의 측면에서 장점을 가지고 있던 서양의학은 배제할 상대가 아니었다. 더구나 한의학의 장점을 운위하는 조헌영의 주장 속에 이미 서양의학적 시각들이 내재해 있었다는 점은 그가 고수하고자 한 한의학이 전통적 한의학이 아니라 서양의학을 수용한 새로운 한의학이었음을 시사하고 있었다.

요컨대 조헌영에게 서양의학은 일방적인 배격의 대상이 아니었다. 오히려 수용의 대상이었다. 그 결과, 조헌영은 한의학의 부흥을 주장하면서도 기존 한의학의 묵수가 아니라 서양의학을 수용한 새로운 의학의 창조를 구상하게 되었다. 그것은 한의학이 주체가 되면서도 서양의학의 성과를 수용한 동서절충적 의학이었다.

제4부

한약과 근대화

8

한약업자의 대응과 성장

양정필

1. 머리말

개항 이후 정부는 물론 민간인들도 서구의 충격에 어떤 방식으로든 대응하지 않으면 안 되었다. 정부는 근대 개혁을 추진함으로써 독립국가를 유지하려고 하였다. 그러나 그 개혁의 속도가 대단히 지지부진한 가운데 소기의 성과를 거두지 못하고 결국 일본 제국주의의 식민지가 되었다. 민간의 경우 어떤 부문은 대응이 효과적이어서 식민지 시기에도 세력을 유지할 수 있었다. 반면 그렇지 못한 부문은 쇠락과 몰락으로 내몰렸다. 서구문명의 충격이 있기 전까지 각 부문이 확보하고 있던 자체의 역량, 해당 부문이 받은 충격의 강도 그리고 충격 이후 대응 능력과 방법 등에 따라서 식민치하에서 심한 부침을 경험해야 했다.

이 글의 목적은 위와 같은 격변 속에서 한약업과 그 관련자들의 대응 양상을 살펴보려는 것이다. 한약업 역시 개항 이후 근대적인 의료시설과 서양 의약품이 도입되고, 정부가 근대적 개혁의 일환으로 새로운 약업정책을 추진하면서 새로운 환경에 놓이게 된다. 그리고 식민지 시기에는 식민지 권력의 강화된 정책과 우세한 자본력을 앞세운 일본인 약업자와의 경쟁이라는 새로운 변수에 직면하였다.

이처럼 국내외에서 새로운 물결이 밀려드는 상황 속에서 한약업자들의 대응은 다양하게 나타났다. 우선 그들 대부분은 기존의 한약재 유통업을 포기하지 않고 계속 유지하였다. 대한제국과 일제에 의해 근대적인 약업 제도와 시설 도입이 추진되었지만 그 속도가 매우 느렸기 때문에 한약재에 대한 수요는 여전하였고, 그런 만큼 한약재 유통업을 위한 공간이 마련되어 있었던 것이다.

그렇지만 한약업자 가운데 일부는 기존 관행에 머물지 않고 서양 약품을 취급하기 시작하였다. 서양 약학에 대한 지식이 부족한 상황에서 쉽지 않은 일이었지만, 상인 기질이 농후한 약업자들은 부족한 전문지식을 상술로 극복하면서 서양 약품을 판매한 것이다.

그리고 한약업자 가운데 한약재 및 서양 약품의 단순 판매에 만족하지 못하던 도전적인 일부 사람들은 '매약(賣藥)'의 제조와 판매로 진출하기도 하였다. 서양 약학에 대한 소양이 거의 없는 한국인 한약업자들이 자신들이 전통적으로 가지고 있던 한의학과 한약재에 대한 지식을 바탕으로 서구에서 들어오기 시작한 서양 약품에 대한 일부 지식을 이용하여 만들 수 있는 것이 바로 매약이었다. 매약은 직접 대량으로 제조하여 판매할 수 있다는 점, 또 사용하기 간편하다는 점 등의 이유로 한말 이후 크게 성행하였다. 따라서 적지 않은 약업자들이 이 부문에 뛰어들었고, 일부 한약업자는 크게 성공을 거두기도 하였다.[1)]

1) 한국인 약업자들은 한약재, 서양 약품, 매약 등에 대해서 영역을 구분하여 어느 하나만을 판매하는 방식을 택하지는 않았다. 오히려 일정한 규모가 있는 약방이라면 대부분 위 세 종류의 약품을 모두 취급하는 경우가 많았다. 어느 것이나 수요가 존재하였기 때문이다.

이처럼 개항 이후 한약업자들은 변화를 모색하고 있었는데, 그 변화의 산물 가운데 하나라고 할 수 있는 매약은 이 시기 한국인 약업자들의 근대 적응 양상을 잘 보여주는 소재이다. 왜냐하면 유통의 단순 매개자 이상을 기대할 수 없던 서양 약품과 달리 매약의 경우 한국인 약업자들이 직접 여러 종류의 매약을 제조하고, 또 제조한 매약을 판매하기 위하여 여러 가지 판매촉진책을 구사하는 등 새롭게 직면한 환경을 매약을 매개로 하여 적극적으로 활용하는 모습을 보여주기 때문이다. 따라서 이 글에서는 매약의 제조 판매에 초점을 맞추어서 근대 이행기 한국인 약업자들이 보여준 근대 대응 양상의 일단을 살펴보려고 한다.

이 시기 약업에 대한 연구는 많지 않다. 제약회사의 사사(社史)를 제외하면[2] 홍현오의 『한국약업사』[3]가 아마도 한국 약업사의 전모를 알려주는 유일한 책일 것이다. 다만 최근에 통감부 및 총독부의 의약품 정책에 대한 연구가 이루어져서 이 시기 약업 정책의 성격을 살피는 데 도움이 되고 있다.[4]

2. 18세기 후반 한약업의 성장

18세기 중 · 후반 민간 의료는 빠르게 발전했다. 이에 따라 약재 유통망이 확대되고 약국 역시 꾸준히 증가하였다. 이 시기 한약업의 성장은 당시의 의료 환경뿐 아니라 정치, 경제, 문화, 사상 등 제반 관계 속에서 파악해

2) 식민지 시기의 상황을 포괄하고 있는 대표적인 사사로는 『유한오십년』(유한양행오십년사편찬위원회, 1976); 『동화약품백년사』(동화약품 100년사 편찬위원회, 1998) 등을 꼽을 수 있다.

3) 홍현오, 『한국약업사』(한독약품공업주식회사, 1972).

4) 박윤재, 「청심보명단 논쟁에 투영된 통감부의 의약품 정책」, 《역사비평》 67호(2004); 박윤재, 『한국 근대의학의 기원』(혜안, 2005), IV장 3절.

야 그 의미가 온전히 밝혀질 것이다. 그러나 이 글에서는 일단 의사학적인 접근에서 이루어진 연구 성과들을 기초로 하여 18세기 중후반의 한약업 상황을 간략히 살펴봄으로써 이를 한말-일제 초에 있었던 한약업의 변모를 이해하기 위한 배경 지식으로 삼고자 한다.[5)]

18세기 중 · 후반 민간 의약 시장의 확대, 한약업의 발전은 여러 요인이 복합적으로 작용한 결과였다.

우선 이 시기에 의학지식이 폭넓게 보급되기 시작하였다. 의학지식의 보급은 대체로 구급방의 발간 · 보급과 단방에서 비롯된 처방의 간략화 등을 통해서 이루어졌다. 구급방은 위급한 병을 의원 없이 치료할 수 있도록 한 의서의 한 종류이다. 관에서는 부족한 의료 인력의 현실을 감안하여 전문적인 의학지식이나 의자(醫者)의 도움 없이도 향촌 자체 내에서 의약지식에 접근할 수 있도록 구급방 등을 간행 반포하였다. 아울러 향촌에서 활동하던 유의(儒醫)와 의자들은 간편 의서를 활발히 편찬하였다. 이 과정에서 민간처방으로만 남아 있던 지식들이 정리되면서 확산될 수 있었다.

그리고 이 시기 편찬된 의서들의 한 특징인 단방에서 비롯된 처방의 간략화 역시 주목할 필요가 있다.[6)] 쉽게 구할 수 있는 한두 가지 약재를 이용한 처방은 높은 의학지식을 요구하지 않으면서 약재에 대한 접근을 더욱 쉽게 하였기 때문에 약재의 보급 활용에 기여하였다.[7)]

5) 이하 조선 후기 특히 18세기 후반의 한약업 및 의약 이용 실태는 다음의 연구성과들을 참조하여 정리하였다. 허재혜, 「조선후기 의관의 경제적 활동양상—영 · 정조대를 중심으로」(이화여대 사학과 석사논문, 1990); 김호, 「조선전기 대민의료와 의서 편찬」, 《국사관논총》 68(1996); 김대원, 「18세기 민간의료의 성장」(서울대 국사학과 석사논문, 1997); 김호, 「18세기 후반 거경 사족의 위생과 의료—『흠영』을 중심으로」, 《서울학연구》(1998); 신동원, 「한국 의료사에서 본 민중의료」, 《사회비평》 29(2001); 신동원, 「조선 후기 의약생활의 변화: 선물경제에서 시장경제로—『미암일기』, 『쇄미록』, 『이재난고』, 『흠영』의 분석」, 《역사비평》 75(2006년 여름호), 344~391쪽.

6) 단방의 유행은 그 반대 효과로서 의약지식의 심화와 전문화를 어렵게 하는 문제점도 지니고 있었다.

다음으로 민간 의료 인력이 확충되고 있었다. 확충은 여러 방면에서 이루어졌다. 우선 중인 의학생도의 경우 그 정원이 80명에서 118명으로 증가하였다. 이들은 관의 의료 업무를 보조할 뿐 아니라 영리활동의 일환으로 민간의료에도 종사하였다. 다음으로 몰락 양반층 가운데 일부가 의원으로 전업하였다. 주지하듯이 18세기 후반에는 양반층 가운데서도 경제적 곤란으로 그 신분을 유지하기 힘든 자들이 많았고, 이들은 떠돌이 훈장 혹은 의원 등으로 전신함으로써 생계를 해결할 수밖에 없었다. 이들은 앞의 의학생도보다 그 수가 많았을 것이므로 이들에 의한 의약지식 보급 역시 주목할 필요가 있다.

마지막으로 상인 가운데 그 취급 물품이 약재이기 때문에 약업에 종사하게 되는 약포(藥鋪) 주인, 행상 등이 있었다. 이들에게 높은 수준의 의학지식을 기대하는 것은 무리였다. 그렇지만 기본적으로 상인이었기 때문에 특히 행상은 돈 되는 곳이면 지역을 불문하여 찾아다녔고, 또 그들은 부족한 의약지식을 덮기에 충분한 기민한 상술로 경향 각지 사람들의 의약 수요를 이끌어냈다. 이상과 같은 의료 인력들은 민간에서 의약 이용의 확대에 중요한 역할을 하였다.

한편 18세기 중후반 이후 한약업의 성장, 즉 약재 유통 활성화의 직접적인 배경으로 약령시와 약계의 등장을 꼽을 수 있다. 약령시는 17세기 중반 처음 대구부에서 개설된 것으로 알려지고 있다.[8] 이전 시기의 진상 등으로 대표되는 관 주도 약재 유통체계 내에서는 민간의 약재 접근과 이용이 제한적이었다. 그러나 약령시가 비록 왕실과 관청에서 필요로 하는 약재를

7) 이와 관련하여 이 시기 약성가(藥性歌)의 존재는 흥미롭다. 약성가는 약의 성질과 효능을 16자로 적어서 이것을 외우고 있으면 간단한 처방을 응용하거나 한두 가지 약재만을 이용하여 병을 치료할 수 있었다. 전문적인 의학지식 없이도 약성가를 외우는 것만으로 처방할 수 있는 비전문 의료인, 특히 약국(=약종상)의 확산을 가능케 한 당시의 시대적 분위기를 엿볼 수 있다.

8) 약령시에 대한 좀 더 자세한 내용은, 대구약령시사편찬위원회 편, 『대구약령시』(1984); 권병탁, 『약령시연구』(한국연구원, 1986) 등 참조.

〈그림 22〉 개성 약령시

조선 후기 등장한 약령시는 한약재의 유통을 크게 활성화했다. 일제강점기에 들어서도 약령시가 새롭게 개설되었는데, 개성 약령시가 그 사례이다.

안정적으로 공급받기 위한 방편으로 시작되었지만, 그 애초 의도와 달리 약령시 개설은 민간에서 약재가 유통될 수 있는 여지를 확대했다. 실제로 사대부와 재력자들은 당시부터 그것을 이용하고 있었다. 반면 일반 민들은 개설 초기에는 높은 가격 등으로 약령시 이용이 쉽지 않았다. 그러나 약령시 개설 이후 시간이 흐르면서 민간 유통망을 통해 약재에 접근할 수 있는 민간인 층은 크게 확대되어갔다.

약계는 성리학에 대한 이해가 심화되고 그에 따라 병에는 약을 써야 한다는 생각이 강해지면서, 지방 양반층을 중심으로 약을 안정적으로 확보하기 위한 방법으로 등장하였다. 이처럼 애초에 약계는 양반층 중심으로 조직되었다. 하지만 시간이 흐르면서 차츰 평민들도 약계를 조직하여 활용하기 시작하였다.[9] 약령시가 전국을 대상으로 한 약재 유통 경로였다면, 약계는 약령시와의 연계 속에서 지방 단위에서 성립한 약재 유통의 한 형태였다고 할 수 있다.

이처럼 약령시 개설, 약계의 등장과 확산 등을 통해 약재의 민간 유통망이 점차 구축되어갔다. 이는 18세기 중후반 의원과 약국의 증가와 맞물린 현상이었다. 예컨대 황윤석(1729~1791)의 『이재난고』에서 보이듯이, 18세기 후반이 되면 약을 구하지 못하는 어려움은 거의 없게 되었다. 『경도잡지』의 다음과 같은 묘사는 당시 한약업의 모습을 잘 보여주고 있다. "약포는 갈대로 만든 발을 늘어뜨리고 신농유업 · 만병회춘(神農遺業 · 萬病回春) 등의 호(號)를 내걸며, 약 파는 사람은 모두 봉사(奉事)라고 부른다."[10] 당시 서울에는 약국들의 메카인 구리개와 종로는 물론이고 상업활동이 활발한 지역들, 즉 남대문, 용산, 서대문 일대에도 약국들이 많이 들어서서 약재시장을 형성하고 있었다. 서울보다 환경이 열악하기는 하였지만, 지방에서도 약국이 고을마다 한둘씩은 존재하고 있었다.[11] 대체로 개항 이전 약업계와 약업종사자의 상황은 이와 같았다.

3. 한말 근대적 약업 환경과 매약 제조업자의 등장

1) 서양 약품의 유입과 약업정책의 시행

한약업은 개항 이후 대한제국을 거치면서 새로운 환경에 놓이게 되었다.

9) 계의 형태로 시작된 약계가 고정적인 점포를 두는 약방으로 전화했다고 한다〔신동원, 「한국의료사에서 본 민중의료」, 《사회비평》 29(2001)〕.

10) 藥舖垂葦簾 揭神農遺業萬病回春等號 賣藥者 皆稱奉事(유득공, 「시포」조, 『경도잡지』).

11) 신동원, 「조선 후기 의약생활의 변화: 선물경제에서 시장경제로—『미암일기』, 『쇄미록』, 『이재난고』, 『흠영』의 분석」, 《역사비평》 75, 368~386쪽 참조.

이 절에서는 서양 약품의 유입과 근대적인 약업정책의 실시에 초점을 맞추어 새로운 약업 환경의 구체적인 내용을 살펴보고자 한다.

개항 이후 한국인 약업자들은 대체로 세 가지 경로를 통해서 서양 약품을 접할 수 있었다. 첫째는 일본인들이 개항장에 세운 병원을 통해서, 둘째는 1885년 제중원 설립 이후 서양 선교사들이 개원한 선교 병원을 통해서, 마지막은 일본인 약종상들의 활동을 통해서이다.

개항장 부산에는 1877년 일본인들에 의해서 제생의원이 설립되었다.[12] 부산에 이어 원산에서도 1880년에 생생의원이 개원하였고, 서울에서는 1883년에 공사관 부속 병원이 개원하였다. 일본이 세운 이들 관립 병원에서는 서양의학을 시술하였다. 따라서 서양 약품이 자연스럽게 조선에 소개되었고, 이를 계기로 한국인들도 서양 약품을 접할 수 있었다.

위 병원들의 일차적인 목적은 거류민 치료였지만, 한국인 진료를 병행하였다. 생생의원의 경우 개원 첫 해 일본인보다 한국인을 더 많이 치료할 정도였다.[13] 그리고 부산의 제생의원에서는 약국장 제도를 두고 일본에서 약제사를 초빙하였다.[14] 이들 병원을 통해서 한국인들 가운데 일부는 서양의학과 서양 약품을 경험하고 그 효능의 우수성을 인식하게 되었다. 그러나 이들 병원을 통한 서양 약품의 유입과 소개에는 한계가 있었다. 우선 장소가 개항장 주변으로 국한되었고, 무엇보다도 1880년대 중반이 되면 일본 국내 사정의 변화에 맞물려 이 병원들이 문을 닫았기 때문이다.

서양 선교사들이 세운 병의원을 통해서도 서양의학과 함께 서양 약품이 소개·유입되었다. 당시 대표적인 선교계열의 의료시설로 제중원을 꼽을

12) 이 의원은 1885년에는 민단 경영의 공립병원으로 바뀌고 강점 이후에는 1914년 부산부립병원으로 발전해갔다.

13) 박윤재, 『한국 근대의학의 기원』, 61쪽.

14) 홍현오, 『한국약업사』, 157쪽. 초대 약국장은 유미스리(弓削龍藏)였다. 당시 27세로 일본 약제사 번호 2번이었다고 한다.

수 있다. 이전에 개원한 일본 관립병원들과 달리 제중원은 조선의 중심지 서울에 있었고, 왕실의 전폭적인 지원을 받았다는 점에서 서양의학의 도입뿐 아니라 서양 약품의 유입 · 소개에서도 중요한 역할을 하였다.[15]

다음의 일화는 서양 약품이 제중원을 통해서 민간에 확대되는 과정을 보여준다. 1886년 7월 진성 콜레라가 전국에서 창궐하자, 알렌은 약을 나누어줄 사람이 밤낮으로 병원에 있도록 조치했고, 외국인들도 집에서 조선 사람들에게 약을 분배했다. 또 진성 콜레라 환자들에게 퀴닌을 복용케 했고 별 효력이 없으면 필로카르핀을 사용하기도 하였다. 그리고 제중원 초기 알렌과 헤론이 사용한 약제는 틸프, 석탄산용액, 요오드포름, 고무 고약, 퀴닌, 파울러용액, 복합 요오드용액, 브롬화물 소다수, 황산구리용액, 필로카르핀, 모르핀, 아편제, 감홍, 피마자기름, 황산연고, 대구간유, 럼주, 브랜디, 살롤, 장뇌, 이서, 코카인, 클로로포름, 클로랄 등이었다.[16] 제중원에서는 금계랍 회충약 등을 신문 광고를 통해서 홍보 발매하기도 하였다.[17] 이처럼 제중원에서는 다양한 계기를 통해 많은 한국인을 치료하였기 때문에 제중원을 통해 처음 서양 약품을 접한 한국인과 한약업자가 적지 않았을 것이다.

서양 약품 유입의 또 다른 경로로 일본인 약상(藥商)의 활동을 들 수 있다. 전체적으로 강점 이전 일본인 약상의 활동 양상은 한 · 일간 정치 및 외교관계의 변화에 따라 성쇠를 되풀이하였지만, 한국인 한약업자들에게 끼친 영향만큼은 지대하였다.

일본인 약상은 개항장 주위에 처음 나타나기 시작하였다. 부산의 다이코쿠(大黑), 인천의 아라이(新井), 원산의 이시다(石田) 등이 그들이다. 당시

15) 제중원에 대한 자세한 내용은 박형우, 『제중원』(몸과마음, 2002) 참조.
16) 박형우, 『제중원』, 110~127쪽 참조.
17) 《황성신문》(1899. 8. 9), 3면.

이들은 약보다는 치약, 비누 같은 것으로 한국인에게 접근하였다. 이후 이들은 취급 품목을 매약으로 넓혔고, 청일전쟁 이후에는 전국에 가지 않는 곳이 없다는 평가를 받을 정도로 적극적으로 매약을 판매하였다.[18] 일본인 약종상들은 한국인들이 아직 약품을 대량으로 조제할 만한 시설을 갖추지 못한 것을 이용하여 서양 약품과 자국에서 제조한 약품을 판매하였다.[19] 당시 일본인 무역상 중에서 규모가 있는 부류는 주로 미두(米豆) 무역에 종사하였고 반면 재산이 거의 없거나 떠돌이 신세인 부류는 주로 매약활동에 종사하고 있었다.

그러나 대한제국 수립 이후 일본인 매약상(賣藥商)의 활동은 주춤하였다. 대한제국은 일본인의 경제적 진출을 억지하는 정책을 추진하였는데, 일본인 매약상도 이 정책의 영향을 받았다. 예컨대 대한제국 정부는 외국인 약업자에게 대한제국의 인허장을 받고 영업하도록 하였다.[20] 그 결과 1901년경 일본인 내지 행상자 전체 수는 전국에 걸쳐 300명 정도에 불과하게 되고, 이들은 거의가 매약상으로 몇 명씩 다니는 데 불과하게 되었다.[21]

18) '작년(1895)의 행상자는 대개 보통의 행상자로서 가까이는 수원, 파주, 개성에서 멀리는 서도, 의주에 이르기까지 도처에 본국인의 행상자를 보지 못하는 곳이 없다'〔「이십팔년중 경성상황연보」, 《통상휘찬》 52호(1896. 7)〕.

19) 박윤재, 「청심보명단 논쟁에 투영된 통감부의 의약품 정책」, 《역사비평》 67호, 194쪽. 예컨대 1896년 인천항의 행상자는 298명이었는데, 이 가운데 미두 매입상은 95명, 잡화판매상은 155명, 매약상은 48명으로 구성되어 있었다. 한편 이 관찰자는 이들 매약상의 존재에 대해서 일정한 근거가 없어서 장래 크게 기대할 만한 상인 세력은 못된다고 부정적으로 평가하고 있다〔이병천, 「개항기 외국상인의 침입과 한국상인의 대응」(서울대 경제학과 박사논문, 1985), 156쪽〕.

20) 「시약인허장」, 《황성신문》(1900. 3. 9), 2면. "내부에서 한성부에 훈칙하기를 오서 내 의사 약제사에게 시술 인허장을 수여하는데 외국인은 각기 영사관에 지조하여 본부 소정 약제사규칙을 통실케 한 후 내지에 행판코저 하는 자는 본부 위생국 인허장을 지유케 함이 타합하다고(하략)"

21) 유승렬, 「한말 · 일제초기 상업변동과 객주」(서울대 국사학과 박사논문, 1996), 84쪽.

그러나 러일전쟁을 거치면서 일본인 매약업자의 수는 폭발적으로 증가하였다.[22] 전쟁 이후 일본인 제대군인과 상이군인들 가운데 본국으로 돌아가지 않고 조선에서 직업을 찾은 자들이 있었다. 그리고 이들 가운데 일부가 약 장수가 되어 일본인 약업종사자가 크게 증가한 것이다. 그러나 1907년 이후 의병전쟁이 격해지는 등 항일운동이 확대되면서 다시 매약상은 자취를 감추어 강점 직전에는 내륙의 경우 철도 연선의 도읍지에 점포를 설치하는 외에는 영업하는 자가 거의 없었다. 부산항 주변이나 진남포 근처 지역의 경우 상당히 성행하던 매약 행상도 거의 자취를 감추고 소수만 남은 정도였다.[23] 이처럼 일본인 매약상들의 활동은 한·일 관계에 따라 부침이 심하였지만, 이들은 당시 약업 현장에서 한국인 한약업자들과 직접적인 경쟁관계에 있었기 때문에 한국인 한약업자들에게 끼친 영향은 매우 컸다.

서양 약품과 일본인 약상의 등장 못지않게 갑오개혁과 대한제국을 거치면서 본격적으로 시행된 정부의 근대적인 약업정책 역시 한약업자들이 전에는 경험하지 못한 새로운 환경이었다.

조선 정부가 제도적 차원에서 민의 건강 관리에 관심을 갖게 된 것은 갑오개혁을 통해 근대적인 의료체계를 받아들이기 시작하면서부터였다.[24] 갑오개혁에서 전의감을 혁파하고 내부에 위생국을 설치하여 근대 의료를 본격적으로 수용할 수 있는 중앙기구를 설치하였다. 그리고 실무적인 위생업무를 담당할 기관으로 경찰기구를 마련하였다. 이로써 근대 의료를 도입할 수 있는 제도적 틀이 마련되었다. 그렇지만 갑오정권이 단명하였기 때

22) 이용선, 『거부실록』 1(양우당, 1983), 249쪽.

23) 유승렬, 앞의 글, 84쪽.

24) 갑오개혁 이전까지 조선 정부는 진상과 관련된 부문, 즉 왕실·관청의 수요를 위한 약재의 공급 그리고 중국에서의 당약재 수입 등에 중점을 두고 약업정책을 시행하였다. 그리고 동시에 조선 초기부터 제생원과 혜민서를 통해 민간에 약재를 판매하였고, 조선 후기에는 약령시를 통해 약재 유통의 활성화를 추진하였다.

문에 근대적 의학정책을 시행하는 데는 한계가 있었다.[25]

대한제국은 갑오개혁에서 시작된 근대적 의학체계 도입정책을 이어받아 본격적으로 추진하였다. 이 과정에서 한약업에 대한 정책도 수립 · 시행하였다. 우선 대한제국 정부는 한약업 관련 법령을 제정하였다. 정부는 약종상을 약품을 판매하는 자로 정의하고 지방관청의 인허가를 받은 후에 판매업에 종사하도록 규정하였다.[26] 이 규정은 모호하기 때문에 법령 그 자체로는 한계가 적지 않다. 그러나 약종상에 대한 최초의 규정이라는 점과 지방관청의 인허가를 통해서 관리하려고 했다는 점에 주목할 필요가 있다.

약종상 규칙은 실제로 시행에 옮겨졌다. 예컨대 허가를 통한 관리 방침에 따라 경청(警廳)에서는 사전에 한성 오서(五署) 내의 약포와 의국에 대한 조사를 실시하여 '한약업 관계 267호'를 내부(內部)에 보고하였다.[27] 이러한 조사 등을 바탕으로 내부에서는 13도에 훈칙하여, 관하 각군의 의사와 약제사를 모아서 시재(試材)하고 성명과 주소를 소상히 보고하여 후일 고시에 착오가 없도록 하라는 지시를 내리기도 하였다.[28] 그리고 아울러 내부에서는 한성 오서의 의사와 약제사를 직접 소집하여 시재한 후 준허장(準許狀)을 수여하여 시술케 하였다.[29] 이처럼 대한제국 정부는 약업 관련 법령을 제정하고 그에 의거하여 소정의 시험을 치르고 그 결과에 따라 준허장을 수여하여 약업에 종사하도록 하는 정책을 실시하였다.[30]

그리고 대한제국 정부는 한국인의 한약업을 보호 · 육성하기 위한 정책

---

25) 박윤재, 『한국 근대의학의 기원』, 81~90쪽 참조.

26) '약종상규칙', 《관보》(1900. 1. 17).

27) 「의약조사」, 《황성신문》(1900. 1. 25), 2면. 내부는 이 조사 결과에 대해 조사가 미흡하다며 조사 지역을 확대할 것을 지시하였다.

28) 「칙시의약」, 《황성신문》(1900. 2. 10), 2면.

29) 「의약시재」, 《황성신문》(1900. 3. 3), 2면; 「의약사의 소청」, 《황성신문》(1900. 3. 10), 2면.

30) 약종상 영업에 대한 지방관청의 시험과 인허가 제도는 일제에 의해서도 그대로 채택되었다. 대한제국기에 신고 · 인허가 제도를 경험한 한국인 약종상들이 일제에 의한 재도입에 적응하는 일은 그리 어렵지 않았을 것이다.

을 시행하기도 하였다. 이는 일본인 매약상에 대한 단속 강화로 나타났다. 그 결과 앞서 언급했듯이 대한제국기 일본인 약종상의 활동은 크게 위축되었다.[31] 또 정부는 약령시 등을 통해 약재 시장의 활성화를 도모하였다. 그 결과 이 시기 각지에 약령시가 개설되었다. 약령시는 광역시장으로서 이 시기의 상업사적 측면에서도 의미가 큰 것이었다.[32]

대한제국의 한약업 정책은 근대적인 법령을 제정하고 이에 따라 실제로 정책을 시행하였다는 점과 일본인 약업자에 대한 단속을 강화함으로써 한국인 약업자들을 보호하려 한 점에서 긍정적으로 평가할 수 있다. 그렇지만 대한제국 정부의 통치력 및 물리력 자체가 전반적으로 약화되는 속에서 강력하고 효과적인 약업정책의 추진을 기대할 수는 없었다.

이처럼 한말 한국인 약업자들이 직면해 있던 근대적인 약업 환경이란 새로운 서양 약품과 외국인 약업종사자의 등장 그리고 근대적인 정부 정책의 시행이었다. 다시 말하면 이는 외부적으로는 강력한 경쟁자의 등장이며 내부적으로는 정부의 관리 감독 강화로 요약할 수 있는 것이다. 한국인 한약업자들은 개항 이후 근대적 약업 환경이 강화되는 속에서 이에 대응하여 활로를 모색하였다.

2) 매약 제조업자의 등장과 활동

새로운 약업 환경에 직면하여 한약업자 다수는 기존의 한약재 유통을 그대로 유지하였다. 약재에 대한 민간의 수요가 여전하였기 때문이다. 그러나 새로운 환경에 적극적으로 대응하려는 일부 한약업자들 사이에서 매약에 주목하여 매약의 제조 · 판매, 더 나아가서는 제조 매약에 대한 상표등

31) 유승렬, 앞의 글, 84쪽.
32) 같은 글, 76쪽.

록 등을 통해 활로를 찾으려는 움직임이 나타났다.[33]

당시 현업으로 활동하던 한약업자들의 경우, 새롭게 소개되고 있는 서양의 의약학 지식을 습득하고 이를 토대로 활동한다는 것은 거의 불가능하였다.[34] 서양의 약학 지식을 배우고 싶어도 배울 곳 자체가 없었다. 이들은 기존에 자신들이 갖고 있던 전통적인 한약학 지식을 바탕으로 활동할 수밖에 없었다. 그리고 여기에서 좀 더 나아가다면 새롭게 들어오는 서양 약학 지식과 일본 약상(藥商)들의 상업 수단을 적절히 이용하는 선에서 변화된 환경에 적응해가는 것이 최선의 방법이었다.

당시 한약업자들이 처한 위와 같은 조건 속에서 새롭게 등장한 것이 바로 매약이다. 근대적 의미의 매약이란 영어로는 'patent medicine'으로 의사의 지도를 받지 않고 효능과 용법을 쓴 포장 혹은 설명서를 보고 환자가 직접 사서 쓰는 약이다.[35] 한말 한국인 한약업자들 가운데 일부가 이 매약에서 자신의 활로를 찾았다. 매약은 그 자체가 당시 한약업자들이 처한 환경을 그대로 반영한다. 왜냐하면 매약은 한약업의 전통 위에 위치하면서, 서양 약품과 일본 약상들의 영향을 받아들인 결과로 등장한 것이기도 했기 때문이다.[36]

매약이 한약업의 전통 위에 서 있는 측면을 살펴보자. 한말 새롭게 한국인 한약업자들에 의해서 제조된 '매약'은 우선 그 형태 측면에서 보면 전통 한의학의 환제(丸劑), 산제(散劑), 단제(丹劑)의 전통을 이어받고 있다. 환제

33) 매약을 제조 판매하던 약업자들이라고 매약에만 전념한 것은 아니다. 이들 역시 한약재 유통에 관여하고 있는 경우가 대부분이었다. 대체로 일제강점기에 들어서면서는 한약재 유통과 매약의 제조 판매를 병행하는 것이 일반적인 추세가 되어갔다.

34) 이들의 자식 세대에서는 그것이 가능하였다. 자식 세대의 몇몇은 실제로 1920~30년대 서양 의약학을 학습하여 활동하였다.

35) 정병선, 「신용키 어려운 매약의 효과」, 《동아일보》(1927. 10. 9), 3면.

36) 이 시기 매약은 거의 대부분 한의학의 전통 위에 서 있었다는 점에서 서양의 약학 지식을 토대로 서양 약품을 배합하여 제조되는 매약과는 구분할 필요가 있다.

와 산제 등으로 미리 제조해두었다가 판매하는 매약 형태의 제제(製劑)는 조선 후기에도 이미 이용되던 것이다. 이와 관련하여 『경도잡지』 등에서 세시풍속의 하나로 소개되고 있는 납약의 존재가 주목된다.[37] 내의원 등에서 제조하던 납약은 대량 생산되기도 하였다.[38] 그러나 납약 등은 인삼, 녹용 등 고가의 약재가 들어갔기 때문에 가격이 매우 높아서 일반화되기 어려웠다. 한편 한약국이나 건재약국 등에서도 유명한 처방의 환(丸), 산(散)약들을 각기 정제 조제하여 사용하고 있었다.[39] 개항 이후 한약업자들은 재래의 납약 등의 환 · 산제 형태의 전통을 이어받아 매약을 환제 등의 형태로 만들었다.

형태뿐 아니라 매약 제조로 나선 사람들의 출신 자체가 한의학과 깊은 관련이 있었다. 예컨대 당시 대표적인 매약 가운데 하나인 활명수의 경우를 보자. 이를 만든 이는 민병호였다. 민병호는 20대 초반에 무과에 급제하여 선전관 벼슬을 하였고, 한문에 조예가 깊고 특히 의약서적을 통독하여 한약에 능통하였다. 뿐만 아니라 선전관이란 벼슬을 하여 궁중을 출입하면서 궁중처방을 알 수 있었고, 궁중에서 사용되는 여러 가지 비약도 익힐 수 있었다. 민병호는 이러한 한의학적 소양을 바탕으로 개항 이후의 상황 변화에 따라 양약을 적절히 가미한 활명수를 만든 것이다.[40]

일제 시기 천일약방의 '조고약'을 처음 만든 조근창의 출신 배경도 한의

37) 18세기 중 · 후반 유명한 납약으로는 청심원 · 안신환 · 소합원 · 제중단 · 광제환 등을 들 수 있다. 이 가운데 제중단과 광제환은 이 시기(1790년경)에 정조의 명으로 새롭게 만들어 나누어주던 것이다(유득공, 「납평」조, 『경도잡지』).

38) 특수한 경우이기는 하지만, 정조대인 1786년 홍역이 대유행하자 내의원에서 만든 안신원 37,000환을 하사하기도 하였다. 신동원, 앞의 글, 376쪽에서 재인용.

39) 그러나 이는 대체로 자가용으로 소량만 만들었고 또 약재의 품질도 고르지 못한 문제점이 있었다. 1910년대 초반이 되면 이러한 문제를 해결하고 안정적으로 매약을 공급받기 위한 하나의 방편으로 여러 약업자가 공동으로 투자하여 한곳에서 만들어 분배하는 방식을 택하기도 하였다. 후술하는 조선매약의 경우가 그렇다〔홍현오, 『한국약업사』, 16쪽〕.

40) 동화약품 100년사 편찬위원회, 『동화약품백년사』, 92~93쪽 ; 홍현오, 『한국약업사』, 3쪽.

학의 전통 위에 서 있었다. 조근창은 원래 종의(腫醫)였다. 그리고 조고약은 조씨 집안의 가전비약으로 대대로 이어 내려온 것이라고 한다.[41] 조고약 역시 한의학의 전통을 토대로 한말에 매약의 형태로 거듭난 것이다.

민병호, 조근창과 달리 전문적인 한의학 지식이 없는 약재상의 경우에도 매약 제조에 적극적이었다. 한말 청심보명단으로 유명한 이경봉이나 1910년대 조선 약업계를 주름잡은 이응선은 한의학 소양을 쌓을 기회를 갖지 못한 사람들이다. 그러나 두 사람 모두 어려서부터 인천 등지에서 약재상 영업과 관련을 맺고 있었기 때문에 약재에 대한 지식이 풍부하였다. 이를 토대로 그들은 청심보명단, 태양조경환 등의 매약 제조로 나아갈 수 있었다.[42]

약재상뿐 아니라 조선 후기 이래 서울 한약업계를 주름잡던 구리개의 한약업자들도 시대의 변화에 따라 매약 제조업으로 진출하였다. 즉 구리개의 굵직한 한약업자 몇몇은 이석모의 주도 하에 공동 투자로 매약 제조 전문 회사를 설립하였다. 1913년에 설립된 조선매약주식회사가 바로 그것이다. 조선매약의 대주주는 거의가 구리개의 한의나 한약업자들이었다. 회사 설립 후 이들은 고방약(古方藥)과 신진 명의의 처방을 불문하고 효과가 있는 처방이라면 이를 매약으로 조제하는 데 적극적이었다.[43] 이처럼 이 시기 새롭게 등장한 매약업자들은 한약업의 전통에 크게 기대고 있었다.

한말 한약업자들이 한의학 혹은 약재상의 전통 위에 있으면서도 새로운 형태의 매약 제조로 나아갈 수 있었던 것은 그들이 전통의 묵수에 머무르지 않고 시세의 변화를 적극적으로 받아들였기 때문이다.

앞 절에서 살펴본 서양 약품 유입 경로 가운데 하나인 제중원의 존재는

41) 홍현오, 앞의 책, 15쪽.
42) 같은 책, 13~14쪽.
43) 같은 책, 16쪽.

〈그림 23〉 약초 제조
매약업자들은 한의학과 그에 기반을 둔 전통적인 약초 제조 지식을 매약 제조에 적극 활용하였다.

민병호가 활명수를 만드는 데 직접적인 영향을 끼쳤고, 민병호는 그 영향을 받아들이는 데 주저하지 않았다. 민병호는 제중원에 근무하던 친구로부터 서양 약품의 우수성에 대해 듣게 되었고, 이를 계기로 기존 한약재 추출물에다 클로로포름과 멘톨(박하) 등 양약을 묘미 있게 혼합하여 활명수를 만들 수 있었다.[44)]

또 한말 일본 약상들의 활동에서 영향을 받은 대표적인 사례로는 인단과 이경봉의 청심보명단의 관계를 꼽을 수 있다. 러일전쟁 이후 제대 군인들이 판매하던 약품 가운데 한국인들한테 단연 인기를 끈 것은 인단이었다.

44) 「동화발전」, 《황성신문》(1910. 6. 20), 1면(서부 차동 동화약방에서는 한약의 재료로 양약을 가하여 인소환 등 80여 종을 신발명하였는데……); 『동화약품백년사』, 94쪽.

전쟁을 거치면서 인단의 판매고는 갑자기 두세 배로 늘었다.[45] 인단이 세상에 처음 나온 것은 1905년 2월이었다. 인단을 만든 모리시타(森下博)는 당시 일본의 빈약한 의료 환경 속에서 만병에 효과가 있고 먹기 쉬우며 게다가 휴대 · 보존하기 편리한 약의 필요성을 절감하고 인단을 만들었다. 이 인단이 러일전쟁에 참가한 일본 군인을 통해서 조선에 유입되었고, 이러한 인단의 인기에서 자극을 받은 이경봉은 청심보명단 제조로 나선 것이다.[46]

이처럼 한말 한국인 한약업자들은 서양 약품의 유입, 일본 약상의 등장 그리고 매약의 유통 등으로 새롭게 조성된 환경에 적응하기 위해 가전비약 혹은 고방(古方) 등의 전통 한의학 처방을 토대로, 당시 새롭게 유입되던 서양 약품을 묘미 있게 배합하여 매약을 제조하기 시작하였고, 여기에서 활로를 찾고 있었다.

매약 제조로 나선 한국인 한약업자들은 정부의 새로운 시책을 적극적으로 이용함으로써 제조 매약의 판매 확대를 위해 노력하였다. 그들은 제조 매약에 대한 상표등록 · 특허제도 등을 활용하여 독점적인 판매권을 획득하려고 하였다.

한국에서는 갑오개혁파들이 상표등록 · 특허제도를 처음 도입하였다. 이들은 관제를 개정하면서 농상아문에 장려국(奬勵局)을 두어 그 소관 업무 가운데 하나로 전매특허를 명시하였다.[47] 그러나 갑오개혁 정권이 단명하면서 실행으로 옮기지는 못했다.

특허제도가 다시 문제가 되는 것은 통감부 시기 미국의 문제제기에 의해서였다. 미국은 조선에서 활동하는 미국인들의 특허권 등을 보장받기 위하여 일본에게 조선에서도 일본에서와 같은 제도를 실시하도록 요구하

45) 이용선, 『거부실록』 1(양우당, 1983), 249쪽.

46) 청심보명단에 대해서는 박윤재, 「청심보명단 논쟁에 투영된 통감부의 의약품 정책」, 《역사비평》 67호 참조.

47) 『고종실록』〔고종 31년(1894) 6월 28일〕.

였다. 이에 일본은 한국에 있는 미국인의 발명, 제품도안, 상표, 저작권 보호 등을 위한 조약을 미국과 체결하게 된다.[48] 이 조약의 내용은 일본에서와 꼭 같은 지적 재산에 관한 여러 법령을 한국의 관리와 국민에게도 적용하며, 일본 법령 개정 시에도 이에 따라 한국 법령을 수정하도록 규정하였다.

이 조약 체결 후 몇 달 지나서 통감부는 '내각 고시 제39호'로 '특허 의장 상표 실용 신안에 관한 일본국의 법령 등을 게시 공포할 것에 대하여'를 발표하였다.[49] 그리고 며칠 후 '내각 고시 제44호'로 특허법, 의장법, 상표법 등에 대한 일본 법령을 고시하였다.[50] 이로써 한국에서도 특허, 의장, 상표 등의 권리에 대한 법적 근거가 마련되었다.

당시 한국인 약업자가 적극적으로 이용한 제도는 상표등록이다. 같은 시기 509건의 상표등록 가운데 한국인이 관련된 것은 24건에 불과하였지만, 여기에는 한약업자의 상표등록도 포함되어 있었다. 즉 제생당의 이경봉은 청심보명단에 대한 상표를 특허국에 출원하여 허가받았고, 동화약품의 활명수 역시 상품등록을 한 사실을 확인할 수 있다. 약업자들은 상표등록이라는 근대적인 제도를 활용함으로써 자신이 만든 매약의 독점 판매권을 확보하려고 하였다. 실제로 제생당의 청심보명단이 크게 인기를 끌자 자혜약방에서 '청신보명단'을 만들어 판매하였는데, 총독부 당국은 청심보명단이 상표등록되어 있다는 이유로 이름이 유사한 '청신보명단'의 제조 · 발매를 금지했다.[51]

이처럼 한국인 약업자들 가운데 일부는 변화된 환경 속에서 매약에 주목하고 이를 제조하기 시작하였다. 나아가서는 제조 매약을 상표등록함으로

48) 『순종실록』〔순종 2년(1908) 8월 13일〕.
49) 『순종실록』〔순종 2년(1908) 11월 2일〕.
50) 『순종실록』〔순종 2년(1908) 11월 16일〕.
51) 박윤재, 「청심보명단 논쟁에 투영된 통감부의 의약품 정책」, 《역사비평》 67호 참조.

써 독점적 판매권을 확보하는 등 변화된 환경을 적극적으로 이용하면서 활로를 모색하였다.

4. 일제 초 약업정책과 매약 제조업자의 성장

1) 일제의 약업정책과 그 한계

통감부 설치 이후 한약업 · 한약업자는 일제의 식민지 정책 하에 놓이면서 또 다른 환경에 직면하게 되었다. 약업 더 나아가서는 의약에 대해 일제가 어떠한 정책을 채택하느냐에 따라 한국인 한약업자들의 운명이 또 한번 달라질 수 있게 된 것이다. 일제가 식민지 조선의 의약체계를 급속히 근대적인 것으로 재편해간다면 한국인 한약업자들의 입지는 좁아질 수밖에 없다. 반면 일제가 근대적 의약체계의 도입 속도를 늦추면 늦출수록 한국인 한약업자들이 활동할 수 있는 시간과 공간이 확보될 수 있었다.

일제의 식민지 약업정책과 관련하여 우선 약업 관련 법령의 정비과정과 내용을 살펴보자. 통감부 시기 일제는 이미 의약업을 조사하고 그 결과를 바탕으로 새로운 법령을 제정하려고 했다. 일본인들이 보기에, 당시 조선의 의사는 의술 졸업장도 없이 양약국을 신설하고 약품의 양부(良否)도 모르면서 시술 제약하여 인민의 위생상에 도움이 되지 않는 존재였다.[52] 그래서 통감부는 대한의원 등을 동원하여 양약국을 조사함으로써 제반 약품을 분석하고, 이를 바탕으로 의약법을 새롭게 제정하고, 아울러 불량 의약품 등을 단속할 수 있는 법적 근거를 마련하려고 하였다.[53] 그러나 통감부

52) 「양약분석」, 《황성신문》(1908. 2. 9), 2면.

53) 「의약법제정」, 《황성신문》(1908. 12. 24), 2면; 「약품발매취체방법」, 《황성신문》(1908. 12.

시기에는 조사와 논의가 있었지만, 실제로 법령을 마련하지는 못했다. 그것은 총독부에 의해서 가능하였다.

총독부에서는 1912년 3월 28일 '약품급약품영업취체령'과 '약품급약품영업취체시행규칙'을, 같은 해 5월 22일에는 경무총감 훈령으로 '약품급약품영업취급수속'을, 같은 해 7월 16일에는 역시 훈령으로 '매약검사규정'을, 1913년 7월 16일에는 '약품감시규칙'을, 마지막으로 1914년 2월 13일 훈령으로 '약품순시규칙시행수속'을 제정하였다. 이로써 식민지 시기 약품 관련 법규의 대강이 정비되었다.[54)]

일제는 '약품급약품영업취체령'과 '약품급약품영업취체시행규칙'을 통해 매약과 매약업자를 관리하기 위해서 다음과 같은 규정을 두었다. 우선 매약업자를 매약을 조제, 이입 또는 수입하여 판매하는 자로 정의하였다. 이러한 매약업 혹은 매약청매업을 하기 위해서는 경찰관서의 허가를 받아야 했고, 폐업하는 경우에는 10일 이내에 면허증 또는 허가증을 반납해야 했다. 그리고 매약업자는 제조하려는 매약의 방명(方名), 원료, 분량, 제조방법, 용법, 복용량, 효능, 정가를 쓴 서면 및 매약 견본을 첨부하여 허가를 받아야 했고, 이를 변경하고자 할 때 역시 경무부장에게 출원하여 허가를 받아야 했다. 그리고 매약에는 그 용기 또는 포장지에 정가를 표기해야 했고, 정가를 초과하여 판매하는 것을 금지하였다. 조선 총독은 약품 또는 매약을 감시하는 감시원을 두어 약품 또는 매약을 제조, 조제, 판매 또는 진열한 장소를 순시시킬 수 있었고, 경찰관서에는 부정 매약을 제조, 조제, 이입, 저장, 진열, 판매 등의 행위를 금지 또는 정지할 수 있는 권한이 부여되었다. 그리고 규정을 위반하는 행위에 대해서는 금고 또는 벌금 등에 처

16), 2면.

54) 총독부에 앞서 갑오개혁 및 대한제국에서도 약품 관련 법령을 제정하였다. 이에 대해 일본인들은 그 내용에 볼 만한 것이 있지만, 제대로 준수되지 않아 볼 만한 것이 없었다고 평가하였다(「의약의 취체」, 《매일신보》(1912. 7. 2), 1면).

하도록 하였다.[55)]

이러한 매약 관련 법령이 제정된 후 매약업자들은 대한제국 시기보다 훨씬 강화된 당국의 관리와 감독 하에 놓이게 되었다. 통감부 시기부터 위생행정을 맡은 경찰서에서는 수시로 약종상을 모아놓고 매약 시 위생상 주의할 사항을 설유(說諭)하거나 혹은 약재를 청구하는 환자의 병의 원인과 제급(製給)한 약품의 명칭 등을 경찰서에 신고하도록 하였다. 이를 이행하지 않으면 당연히 벌금이 뒤따랐다.[56)]

법령 제정 이후에는 식민지 약무 행정 당국의 관리와 감독이 한층 강화되었다. 법규에 근거하여 허가에서 영업 일반에 이르는 제반 과정에서 한약업자에 대한 감시와 감독을 철저히 하였다. 예컨대 법규에 따라 매약을 만들어야 했을 뿐 아니라, 법령에 근거하여 일제는 직접 상점을 방문하여 약품 검사를 실시하였다. "총독부로부터 출장 온 약품검사 기수 1명은…… 경부를 따라 시내 각 사립병원 및 약종상점의 약품 검사를 시행하였다더라."[57)]라는 기사는 그러한 사실을 보여준다. 또 이전과 마찬가지로 수시로 경찰 혹은 헌병 분대에서는 약업자들을 불러 모아서 훈시를 하거나, 약업자의 단체 모임에 참석하여 동정을 염탐하기도 하였다. 즉 "재작일 하오 이시에 동대문경찰 분서장이 관내 한약업자 일동을 소집하고 거번에 발표한 약업취체령의 대요와 전염병 진찰과 제약(劑藥)에 대하여 각별 주의 건을 일장 설유하였다."[58)] 1910년대 이와 비슷한 내용의 신문기사를 찾는 것은 어렵지 않다.

이처럼 일제는 법령과 주무 관서를 설치하고 한약업정책을 집행해갔다. 따라서 한국인 한약업자들은 총독부의 강화된 관리와 감독 하에서 활동하

55) '약품급약품영업취체령', '동 시행규칙', 《조선총독부관보》(1912. 3. 28) 참조.
56) 「약상초유」, 《황성신문》(1906. 6. 15), 2면; 「청약진보」, 《황성신문》(1909. 9. 16), 2면.
57) 「지방매일—평양」, 《매일신보》(1914. 3. 19), 4면.
58) 「한약업자 소유」, 《매일신보》(1912. 9. 13), 3면.

지 않으면 안 되었다. 물론 대한제국 시기에도 인허가 등의 정책이 실시된 적이 있어서, 일제의 한약업정책이 낯선 것은 아니었다. 그렇지만 식민지 권력의 집행력은 물리력에 의해서 뒷받침되고 있었기 때문에 대한제국의 그것보다 치밀한 면이 있었다. 때문에 한약업자들이 느끼는 분위기는 크게 달랐다.

그러나 관리와 감독의 강화 속에서도 한약업, 매약업은 1910년대 크게 성장하였다. 성장의 배경에는 총독부의 식민지 의료정책이 지니는 한계가 놓여 있었다. 총독부는 약업 관련 법령을 제정하였지만 이는 당시 조선 약업계의 상황에 대한 충분한 이해를 바탕으로 이루어진 것이 아니었다. 그런 만큼 총독부의 정책 집행이 철저하기 힘들었다. 그리고 일제의 식민지 조선에 대한 약업정책 자체가 서구 약학의 급속한 도입을 위한 것이 아니었다. 그 결과 전통적 기반이 강한 한약업과 매약업자가 활동할 수 있는 공간이 마련될 수 있었다.

조선 한약업계에 대한 총독부의 이해 부족을 보여주는 대표적인 사례로 한약업 종사자의 성격과 유형에 대한 법령 조문의 모호함을 들 수 있다. 법령의 정의에도 불구하고 실제에서는 약종상과 매약상의 구별이 모호했던 것이다. 이는 법령 공포 직후 시행에 들어가면서 바로 표면화되었다. 일선 약업자들이 영업 허가를 청원할 때 자신의 영업 활동이 약종상과 매약상 가운데 어느 것에 속하는지에 대한 혼란이 발생한 것이다. 이에 《매일신보》에서는 기사를 통해서 약종상과 매약상의 구별을 안내하고 있다. 즉 '일반 병든 자를 진찰하여 약을 쓰는 자는 약종상으로 남의 진찰함에 따라 약만 파는 자는 매약상으로' 구별하라고 설명하고 있다.[59]

또 법령에는 한약에 대한 명확한 규정이 존재하지 않았기 때문에 한국인

59) 「약업상의 구별」, 《매일신보》(1912. 7. 18), 3면; 「약종상과 매약상」, 《매일신보》(1912. 7. 19), 1면.

한약종상의 한약 판매 행위와 조제 행위를 어떻게 처리할 것인가도 문제가 되었다. 총독부에서는 조선의 관습을 용인하는 식으로 이 문제를 정리하였다.[60] 그러나 한약종상의 진료 행위에 관한 내용과 극약·독약의 취급에 대한 규정이 모호해서 다시 혼란이 발생하였다. 이에 대해 일제는 1914년에 "의생의 처방전에 의해 한약을 조합하는 것과 조제 비슷한 행위라도 관습을 인정할 것"이라는 훈령을, 1916년에 "극약·독약의 사용을, 비록 약제사가 아니지만, 관습에 따라 제한없이 할 수 있도록 하라"는 훈령을 내렸다.[61] 결국 이러한 시행착오를 거쳐 1918년에 간행된 『조선위생요의』에서는 의생, 한약종상, 약제사의 관계를 종합하여 한약종상의 업무와 권한을 다섯 가지로 정리함으로써 이를 해결할 수 있었다.[62]

이처럼 일제는 조선 약업계의 상황에 대한 이해가 부족하였기 때문에 법령을 마련하였음에도 불구하고 실제 정책을 집행하는 과정에서는 시행착오를 겪지 않을 수 없었다. 이러한 상황에서 총독부의 한약업 행정이 철저하게 시행되기는 힘들었다.

한약업에 대한 당국의 이해 부족 못지않게 일제강점기의 근대 의료시설 및 양약 종사자의 절대 부족 역시 한약업, 매약업이 성황을 이루게 하는 한 원인이었다. 즉 '개명한 나라에서는 의사가 어떠한 지방에라도 있기 때문에 매약을 복용하는 자가 없지만, 상당한 의사가 각 지방으로 보급되지 못한 금일의 조선에서 매약에 대한 수요가 어떠할 지는'[63]는 명약관화하다는 기사에서 알 수 있듯이 근대적인 의료시설의 부족은 매약, 한약업 성황의 주요 원인이 되고 있었다.

60) 신동원, 「1910년대 일제의 보건의료 정책 — 한의학 정책을 중심으로」, 《한국문화》 30(2002), 353~356쪽 참조.

61) 행림서원 편집부 편, 『한약종상시험정복 전』(행림서원, 1938), 18~19쪽.

62) 白石保成, 『조선위생요의』(1918), 101~124쪽.

63) 《매일신보》(1914. 6. 20), 1면.

〈그림 24〉 성은당약방

일제의 서양 의술과 약학 도입에도 불구하고 근대적인 의료시설은 매우 부족하였기 때문에 대중들은 여전히 약방에서 한약과 매약을 찾았다.

1917년 당시 한국인, 일본인, 외국인 모두 합쳐서 병의원 수는 326개소, 의사는 993명이었다.[64] 당시 인구를 1700만명으로 추정하면 대략 52,000여 명에 대해 병의원 1개 소, 17,000여 명에 대해 의사 1명 정도였다.[65] 근대적인 의료기반이 대단히 취약하였음을 알 수 있다. 뿐만 아니라 이들 병의원, 의사들의 도별 편중도 심하였다. 병의원의 경우 일본인 경영 병의원의 55%, 일본인 의사의 42%가 경기도와 경상남도에 편중되어 있었고, 한국인 경영 병의원의 60%, 한국인 의사의 46%가 경기도와 평안남도에 편중되어 있었다.[66] 도별 편중뿐 아니라 주지하듯이 도내 편중도 문제

64) 『조선총독부통계연보』(1916년 판), 456쪽.

65) 1917년 당시 일본에서는 인구 1,174명당 의사 1인의 비율이었다. 참고로 1953년 당시 의사 1인당 인구는 3,347명, 2004년에는 468명이었다[《동아일보》(2006. 8. 15)].

66) 『조선총독부통계연보』(1916년 판), 456~459쪽.

였다. 도시와 농촌 사이의 근대적 의료시설 격차 문제가 더욱 심각했던 것이다.

약업과 직접 관련이 있는 약제사의 경우에는 병의원 · 의사보다 상황이 더욱 열악하였다. 1917년 당시 일본인 약제사가 71명, 외국인 약제사가 1명 있었다.[67] 근대적 약학교육을 받은 한국인 약제사는 전무하였다. 그리고 일본인 약제사 역시 도별 편중이 심각하여 경기도와 경상남도에만 71명의 60%에 해당하는 43명의 약제사가 거주하고 있었다.

그리고 1910년대 식민지 조선에서는 한국인 약제사를 배출하지 못했다. 의사의 경우에는 통감부 시기부터 대한의원을 개원하고 또 한국인에게 의술개업인허장을 수여하였고, 총독부에서는 '의사시험규칙' 등의 반포로 조선 내에서 의사를 배출할 수 있는 제도적 기반을 마련하여 1910년대부터 한국인 의사를 배출하고 있었다. 그렇지만 약제사를 배출하기 위한 교육시설 및 제도 마련을 위한 총독부의 정책적 고려가 대단히 미약한 가운데 1910년대 조선에서는 한국인 약제사를 배출할 수 없었다.

약제사 양성을 위한 교육은 결국 한국인 약업자가 주동이 되고, 이후 일본인 약업자가 이에 호응하면서 이루어지기 시작하였고, 이 성과를 토대로 1920년에 가서야 식민지 조선 자체적으로 한국인 약제사를 배출할 수 있었다.[68]

이처럼 1910년대 근대적인 의료시설이 취약하였고, 근대적인 약업제도의 도입과 관련하여서는 총독부의 관심이 크지 않았기 때문에 일반 민이 근대적인 의료의 혜택을 받는 것은 특별한 경우가 아니면 거의 불가능하였다. 이러한 총독부의 정책과 시설 하에서 일반 민은 결국 한의학 혹은 매약

67) 『조선총독부통계연보』(1916년 판), 457쪽.

68) 홍현오, 『한국약업사』, 92쪽. 물론 1910년대 후반 '약제사규칙'이 제정되고 약제사 시험이 있었지만, 당시에는 10명도 안 되는 일본인만 합격하였다.

을 이용할 수밖에 없었고, 이러한 환경이 1910년대 매약업 성황의 배경이 되었다.[69]

2) 매약 제조업자의 판매 촉진 활동과 그 성장

1910년대 총독부의 약업정책이 근대적 약사제도의 도입과 약제사 육성에 관심이 없었고, 그 결과 한약업과 매약업이 활동할 수 있는 공간이 마련되고 있었다. 이렇게 확보된 공간 속에서 매약업자들은 다양한 근대적 방법을 동원하여 매약업의 성장을 이끌었다.

이 시기 매약업 성장의 배경에는 무엇보다도 높은 수익률 구조가 있었다. 높은 수익률은 다음 기사를 통해서 확인할 수 있다. "정가 10전의 매약이 있다고 하면 1전 2리 약품 및 제조비, 8리 용기 또는 포장 합계 2전 가량의 제조함을 득할지라. 이는 극상등 부분이요 약품과 포장지를 합하여 3, 4리에 제득(製得)하는 것도 적지 않은 고로 매약의 이익은 원가의 몇 배 되는 이익이 유한 즉 판매만 잘 되면 이처럼 양호한 영업은 다시 없을지라."[70] 이 기사를 보면 당시 매약의 수익률은 500%, 즉 5배였다. 그런데 이러한 수익률도 낮게 잡은 것이라고 한다. 이처럼 당시 매약은 원가에 비해서 몇 배의 이익이 보장되고 있었다. 따라서 매약 제조업은 대단히 유망한 제조업 가운데 하나였다. 언론에서는 연재기사로 매약의 제조, 판매와 관련된 내용을 다루면서 매약 제조를 권유하기까지 하였다.[71]

따라서 많은 사람이 매약 제조에 뛰어들었고 그런 만큼 경쟁은 치열할 수밖에 없었다. 치열한 경쟁 속에서 성공하기 위해서는 제조 매약의 판매

69) 이 외에도 서양 의료시설 혹은 약을 이용하는 것은 당시로서는 대단히 많은 비용을 필요로 하였기 때문에 이 역시 일반 민이 근대적 의료혜택에 접근하는 데 장애가 되고 있었다.
70) 「유리 상품 제조 판매법 매약」, 《매일신보》(1914. 6. 20), 1면.
71) 《매일신보》(1914. 6. 20; 6. 24; 6. 25).

고를 높여야 했다. 즉 매약 판매는 곧 높은 수입으로 연결되기 때문에 매약 업자들은 판매 촉진에 심혈을 기울이지 않을 수 없었다. 이를 위해 다양한 방법이 동원되었다. 매약업자들은 신문과 잡지 등에 돈을 지불하고 광고를 하였다. 이러한 신문 잡지 광고는 가장 기본적인 방식이었다. 당시의 신문과 잡지를 펼치기만 하면 쉽게 약 광고를 볼 수 있는 것은 이처럼 높은 수익률이 있었기 때문이다.

몇몇 유력 약방에서는 신문 기사 자체를 광고로 활용하기도 하였다. 이는 간접 광고로 일반 광고보다 기대할 수 있는 효과가 훨씬 컸을 것이다. 예컨대 다음은 《매일신보》의 기사 가운데 하나이다. "전라남도 창평군 지면 마전리 이통 삼호에 거주하는 이기영 씨는 경성 종로 화평당에서 제조한 태양조경환을 다년 단산한 부인에게 시용하였더니 수태하여 지금 오삭이 되었으니 그렇게 신효함이 없다고 감사함을 말한다더라."[72] 이는 광고 내용이 아닌 사실을 공정하게 알리는 신문 기사의 내용이다.

다음의 기사는 일반인 투고 형태의 기사인데, 이 역시 간접 광고의 효과를 노린 것으로 보인다. "양약이라면 극구 타마하고 근처도 아니 가려고 하던 인민들이 한번 두번 양약에 효험을 보더니 이제는 무슨 병이던지 들기 곧 하면 의례히 양약을 먹을 줄 아는데 제생당 이흥국 씨는 각종 약을 열심 연구하여 각색 병에 적당하도록 발명도 하고 값도 싸게 팔아서 자기 영업은 예사가 되고 일반 인민의 공익을 주장한다 하니, 우리 약을 사려거든 제생당으로 모다 갑시다—일병자(一病者)"[73] 이 기사에서는 노골적으로 제생당으로 약 사러 가자고 권유하고 있다.

이러한 기사들은 특정 매약을 대상으로 광고하는 것이었다. 그런데 약방 혹은 약국 전체를 소개함으로써 선전과 광고 효과를 극대화하는 경우도 적

72) 「화평당의 영약」, 《매일신보》(1912. 9. 25), 3면.
73) 「사면팔방」, 《매일신보》(1912. 10. 20), 3면.

지 않았다. 이 역시 해당 업체를 소개하는 차원에서 기사화되었지만, 해당 약국으로서는 더없는 홍보 효과를 얻을 수 있었다. 예컨대 1912년 12월 8일자 《매일신보》에 실린 기사 「공화당본포 건재 약국」은 이러한 사례에 해당한다. 이러한 종류의 기사는 당시 언론에 적지 않게 실렸다. 「화평당약방의 호평」[74] 같은 기사 역시 같은 유형으로 볼 수 있다. 이처럼 홍보성이 짙은 신문 기사가 종종 등장하게 되는 배경을 정확히 알기는 어렵다. 그러나 신문사와 해당 약방 간에 모종의 관계가 있었을 것으로 생각된다. 왜냐하면 신문 기자가 종종 약방을 방문하고 있고 소개되는 약방이 몇 개에 한정되어 있기 때문이다.[75]

신문 혹은 잡지를 활용한 홍보 방법에서 한 걸음 더 나아가서 직접 소식지를 발간하여 전국의 관련 업자들 및 미래의 소비자들에게 발송하는 방법을 도입하기도 하였다. 약보(藥報) 형태의 홍보방법은 통감부 시기부터 등장하였다. 1908년 3월 3일에 《경성약보》를 발행하려 한다는 신문 기사가 있고,[76] 공애당약방에서는 《의약월보》를 간행하다가 재정 문제 때문에 잠시 정간하였다가 속간하기도 하였다.[77] 의학교 3회 졸업생으로 서양의사인 장기무 역시 의약상에 관한 잡지로 《중외의약신보》를 발간하려고 하고 있는데,[78] 이는 제생당 이경봉과의 밀접한 관계 속에서 이루어졌을 것이다.

일제 시기에 들어서서는 약보 발간이 더욱 보편화되어서 웬만한 규모의 약방에서는 거의 대부분 소식지를 발간하고 있었다. 예컨대 "종로 화평당약방에서는……금월부터 한약의 당초재 및 양약의 각종 원료에 대한 시가표를 중외의약신보지에 게재하여 각방 의약업가에 발송하"기 시작하였다

74) 《매일신보》(1913. 9. 14), 2면.
75) 「영창당대약방」, 《매일신보》(1914. 6. 19), 2면.
76) 「약보발행」, 《황성신문》(1908. 2. 20), 2면.
77) 「의약보속간」, 《황성신문》(1908. 9. 18), 1면.
78) 「의약보발행」, 《황성신문》(1907. 7. 29), 2면.

〈그림 25〉 일제강점기 약보

한말에 처음 등장한 약보는 일제강점기에 크게 유행하였다. 웬만한 규모의 약방에서는 거의 대부분 발행할 정도였다.

는 기사를[79] 통해서 약보 발행의 사정을 확인할 수 있다. 어떤 약방에서는 "각 지방 동업자를 편리키 위하여 의사약업취체령과 선내 병명 대조표와 의약에 관한 각항 청원 서식을 다수 인쇄하여 무료 발송"하기도 하였다.[80] 이러한 작업에는 적지 않은 비용이 들었겠지만, 그를 보상하고도 남는 수익이 기대되었기 때문에 당시 약업자들은 광고 비용 지출을 아까워하지 않았다.

약업자들은 판매를 촉진하기 위하여 경품을 내걸기도 하였다. "경품을 부쳐 신단(神丹)을 매출하던 환정약방에서는 지난 10일 남부서 사법계원 및 본사원의 입회 하에 엄정히 추첨을 행하였는데, 그 결과 당선 번호는 본지 광고란에 게재하였거니와 번호 당선자는 본월 중에 약방 본점에 가서

79) 「화평당 약방의 호평」, 《매일신보》(1913. 9. 14), 2면.
80) 「영창당대약방」, 《매일신보》(1914. 6. 19), 2면.

경품과 인환(引換)함이 가하더라."[81] 이 기사를 보면 경품을 추첨하면서 공정성을 기하려고 경찰까지 동원하고 있다. 이러한 경품을 붙인 판매는 '인단'에서 처음 시작되었다고 한다. 당시 먹고 난 인단 포장지 스무 장을 모아 가게에 가지고 가면 요강을 하나씩 준 것이다. 당시 요강을 사다가 어머니에게 바치면 어머니가 장수한다 하여 요강을 달리 '명다리'라고 불렀다. 이러한 명다리를 사서 드리면 효자로 통했다. 또 보약의 경우는 "3제 이상 공동 주문을 하면 주문을 주선해 준 분에게 보약 1제를 무료 증정 하나이다" 하는 것이 한때 유행하였다고 한다.[82] 이 역시 일종의 경품을 내걸고 판매를 촉진하는 방법이었다.

약업계의 권위자를 동원하여 상품의 신뢰성을 높임으로써 판매를 촉진하는 방법도 이용되었다. 즉 이경봉은 약학계의 권위자의 명성을 동원하여 매약의 신뢰성을 높이고 그럼으로써 판매를 촉진하는 방법을 활용하기도 한 것이다. 즉 청심보명단에는 육군 군의 김수현 씨가 실험 제조하고 역시 육군 군의이던 장기무 씨가 유효 증명을 한다는 단서를 붙였다.[83] 당시로서는 획기적인 발상이었다고 하겠다. 즉 약장수가 떠벌리는 대로 덮어놓고 약이 좋다고 하던 방식에서 이경봉은 재빨리 육군 군의 두 사람의 이름을 갖다 붙여서 믿음을 줌으로써 제품의 권위를 획득하려고 한 것이다.[84]

이처럼 당시 매약업자들은 판매 확대를 위해서 다양한 방법을 동원하여 선전과 광고에 주력하였고 그 결과 1910년대 매약업은 큰 호황을 누리게 된다. 당시 매약업계를 대표하는 대약방 가운데 하나인 화평당약방의 회사

81) 「환정약방의 추첨식」, 《매일신보》(1913. 10. 12), 2면.

82) 홍현오, 앞의 책, 51~52쪽.

83) 이경봉과 장기무는 일종의 동업자 관계였다. 둘은 통감부 시기에 약업계의 대단체를 조직하였고[「약업계단체」, 《황성신문》(1909. 7. 28), 2면], 앞서 보았듯이 장기무는 《중외의약신보》를 발간하고 있는데 그 비용은 제생당에서 마련하였을 것이다. 반면 장기무는 제생당에서 본인의 이름을 홍보 수단으로 활용하는 것을 인정하고 있었다.

84) 이용선, 앞의 책, 244~245쪽.

상황을 통해 호황의 구체적인 모습을 살펴보자. 1918년 현재 화평당약방의 점원 수는 20명 이상인데, 이는 점포에서 일하는 인원이고 제조공장의 직공을 더하면 그 수는 훨씬 늘어난다. 매약 제조는 이전에는 수작업으로 하였지만, 1918년 당시에는 제약기계를 이용하고 있었다. 그리고 이해 매상액은 10만 원에 달하고 있었다.[85] 그리고 제조 매약의 판로는 국내 주요 각지는 물론 만주, 해삼위, 홍콩 등지를 포괄하고 있었다.[86]

한편 1920년대 초반 자료를 통해서 1910년대 매약업의 상황을 유추해 보자. 1922년 당시 경기도 내에서 매약을 제조하여 파는 사람이 350인, 일본에서 약을 수입하여 판매하는 사람이 150인, 이런 매약을 도매로 사서 산매하는 장사가 2,543명이었다. 그리고 경기도를 대상으로 할 때 경성에서 만들어 판 매약의 약값은 403,400여 원, 일본에서 들여온 매약 값이 396,700여 원, 외국에서 사들인 약값이 700여 원 정도로 도합 800,800여 원이었다.[87] 이처럼 수천 명에 이르는 종사자 수는 물론이고 80여만 원에 이르는 판매고는 1910년대 매약업의 성행을 잘 보여주고 있다.[88]

1910년대 호황을 이룬 매약업이 도달한 최고 수준을 보여주는 사례로는 1926년에 《동아일보》 광고부에서 실시한 제1회 도안광고 현상투표에서 이응선의 화평당약방이 3등으로 당선된 사실을 들 수 있다.[89] 당시 1등은 《동

85) 참고로 1918년 무렵 10만 원의 가치를 따져보자. 일제강점기 호남 재벌로 유명하던 김성수 집안 일부에서 1918년 9,717.2두락에서 벌어들인 지대가 118,000여 원이었다. 이는 김씨가 전체 지대수입의 절반 이하의 규모이기는 하지만, 당시 10만 원의 가치가 9,000두락에서 거두어들일 수 있는 지대수입과 같다는 점은 확인할 수 있다. 김용섭, 「고부 김씨가의 지주경영과 자본전환」, 『증보판 한국근현대농업사연구』(지식산업사, 2000), 227쪽 참조.

86) 「회사급공장평론」, 《반도시론》 2-5(1918. 5), 70쪽.

87) 「매약가 팔십만원」, 《동아일보》(1923. 3. 21), 3면.

88) 물론 매약업은 한약과 병원 처방 약값에 비해 그 절대적 비중은 작았다. 위의 《동아일보》 기사는 경기도 관내에서 약으로 소비되는 돈이 500만 원은 될 것으로 짐작하고 있다. 그렇다면 매약의 판매고는 당시 전체 약업계에서 16% 정도의 비중을 차지하는 데 그친다. 이는 매약의 가격이 저렴한 반면 한약값과 양약값은 상대적으로 고가인 데서 비롯한 현상으로 이해된다.

89) 《동아일보》(1926. 12. 7), 3면.

아일보》와 관련 있고 또 일제강점기 한국인 경영의 회사로는 최대이던 경성방직이 차지했고, 2등은 역시 일제 시기 유수의 회사이던 최남의 동아부인상회였다. 당시를 대표하는 유수의 회사들과 화평당이 어깨를 같이한 것이다. 이러한 사실은 당시 조선에서 매약업, 약업 및 그 관계 회사들이 실업계에서 차지하고 있던 위상을 단적으로 보여준다. 당시 화평당의 자본금은 20만 원 정도였다.

위의 몇 가지 사례를 통해서 한말 처음 소개된 매약업이 그리고 한국인 매약업자들이 1910년대를 거치면서 크게 성장하고 있는 모습을 확인할 수 있다. 그러나 일본인 매약업자들의 성장 속도 및 자본 규모에 비하여 한국인 매약업자들의 성장은 일정한 한계를 지니는 것이었다. 식민지 시기 서울에서 일본인 경영 대약방으로 유명하던 아라이(新井)약방과 야마기시(山岸)천우당의 사례를 통해 일본인 매약업자의 규모를 간단히 살펴보자. 한 회고에 따르면 1910년대 초중반 아라이약방의 연간 매상은 50만 원 정도였고, 1915년경 야마기시천우당의 종업원은 30명, 매상 역시 50만 원 수준이었다고 한다.[90] 앞서 보았듯이 가장 규모가 있던 화평당약방의 경우 10만 원의 매상을 기록하고 있던 것과 비교하면 그 규모에서 한국인 약업자와 몇 배나 차이가 있음을 알 수 있다. 이들 일본인 약업자들은 일본 본국의 약업계로부터 다양한 형태의 지원을 받고 있었기 때문에 빠르게 성장할 수 있었다. 이처럼 자본 등의 여러 조건에서 훨씬 유리한 위치에 있던 일본인 약업자과 경쟁하면서 한국인 매약업자들은 성장을 도모해야 했기 때문에 그 성장에는 일정한 제약이 따를 수밖에 없었다.

90) 홍현오, 앞의 책, 159~160쪽.

5. 맺음말

18세기 중후반 이후 한약업은 성장하고 있었다. 서울은 말할 것도 없고 각 고을에 한두 개의 약국이 들어서고 있었다. 따라서 한약업에 종사하는 약업자들도 그 수가 점차 증가하고 있었다. 그런데 개항 이후 서양 약품의 유입 그리고 당국에 의한 근대적 약업정책의 추진으로 한약업자들은 새로운 환경에 놓이게 되었다. 이제 이 새로운 환경에 어떻게 대응하느냐에 따라 운명이 갈리게 되었다.

한약업자의 경우 대부분 기존의 약재업을 유지하는 경향을 보여준다. 그러면서도 일부의 약업자들은 외부의 충격에서 자극을 받으면서 매약의 제조판매업으로 진출하였다. 서양 약학에 대한 지식이 부족한 당시 한약업자들로서는 자신들이 갖고 있던 한의학 및 한약재에 대한 지식을 바탕으로 서양 약품에 대한 일부 지식을 적절하게 이용할 수밖에 없었다. 당시 한약업자들이 처한 이러한 상황 속에서 등장한 새로운 형태의 약이 바로 매약이다. 매약업자들은 정부의 새로운 시책에 호응하였고, 일부는 더 나아가서 상표등록 제도 등 유리한 정책을 적극적으로 활용하여 판매의 안정성을 확보하려고 하였다.

일제는 대한제국 정부보다 한층 강화된 약업정책을 실시하였다. 법령을 정비하고 행정력을 동원하여 관리와 감독을 수행하였다. 그러나 1910년대 총독부의 약업정책은 조선 한약업에 대한 이해 부족으로 일정한 한계를 노정하고 있었다. 또한 총독부의 근대적 의료시설 및 제도 도입이 대단히 지지부진하였기 때문에 한약업은 물론 매약업이 존재할 수 있는 공간이 확보되었다.

매약은 수익성이 매우 높았기 때문에 매약업자들은 다양한 방법을 동원하여 판매 촉진에 힘을 쏟았다. 지면 광고는 가장 기본적이었다. 신문 기사를 활용한 간접광고, 약보 발행, 경품 추첨, 업계 권위자의 명성 활용 등이 판매촉진책으로 동원되었다. 위와 같은 다양한 요인을 배경으로 1910년대 매약업은 꾸준히 성장하였다. 매약업 발전의 한 결정을 보여주는 사례가 1926년 이응선의 화평당약방이 《동아일보》 광고부 주최 광고도안 현상투표에서 경성방직 등과 어깨를 나란히 하면서 3등으로 당선된 사실이다.

이처럼 근대 이행기에 매약을 통해 새로운 활로를 모색한 일부 한약업자들의 시도는 식민지라는 조건 속에서 이룬 성공적인 변신이었다고 생각된다. 이들은 여기에서 벌어들인 자본을 토대로 약업강습소를 개최하기도 하고, 그들 자식들에게 근대적인 약학교육을 시킬 수도 있었다. 아울러 이 시기 매약업의 성행을 배경으로 1920년대 이후 한국인에 의한 본격적인 서양 의약품 제조업이 등장할 수 있었다. 그러나 이러한 성공에도 불구하고 당시의 매약업계를 주도한 것은 한국인 매약업자들이 아니라 일본인 경영 대약방들이었기 때문에 그 성공에는 일정한 한계가 있었다.

9

청심보명단 논쟁

박윤재

1. 머리말

1876년 개항으로 조선이 서양문명을 전면적으로 수용하기 시작한 후, 서양의학은 조선의 의학체계에서 한의학의 영향력을 약화시키면서 자신의 영역을 확대해갔다. 그러나 일제 시기까지도 서양의학을 진료수준에서 접할 수 있는 사람들은 극히 적었다. 의료인력이 충분히 배출되지 않은 상황이었기에 개업의사들이 주로 활동하고 있던 대도시 주민들만 혜택을 받을 수 있었다. 서양의학은 진료보다는 오히려 매약 형태를 통해 민간에서 이용되고 있었다. 서양식 병원을 통해 약품들이 수입 · 판매되고 있었고, 판매 수익을 노린 약종상들이 약재를 유통시키고 있었기 때문이다.

서양의학을 기초로 한 약품들이 유통되면서 조선인들 사이에서는 전통의학을 기초로 하되 대규모 판매를 목적으로 한 약재 생산 움직임이 나타나기 시작했다. 이들은 서양의 약품 지식까지 수용하려는 모습을 보였고, 각종 법률을 통한 규제가 확대되는 것을 이용하면서 자신의 유통망을 넓혀

갔다. 그 움직임들 속에 한말 · 일제하 조선의 제약산업을 이끈 동화약방(同和藥房), 제생당(濟生堂), 화평당(和平堂), 천일약방(天一藥房) 등이 있었다. 이들이 제조한 약재들은 기존 한의학이 주지 못한 편리함이나 효능 때문에 민간의 주요 소비품이 되어갔다.

이 글의 목적은 약재의 대규모 생산이 본격화된 대한제국 시기 민간에서 소화제로 유통되던 제생당의 청심보명단(淸心保命丹)을 둘러싸고 전개된 논쟁을 살펴보는 것이다. 그 논쟁은 자혜약방(慈惠藥房)이 청심보명단에 대항하여 청신보명단(淸神保命丹)을 판매하려 한 데서 촉발되었다. 논쟁은 자신들이 제조한 약품을 선전할 목적으로 한 광고 형식으로 전개되었고, 따라서 각 주장의 타당성을 그 자체로는 입증하기 어렵다. 그러나 이 글에서 주목하고자 하는 점은 주장의 타당성이 아니다. 논쟁과정에서 제생당과 자혜약방이 자신들이 생산한 의약품의 신용과 권위를 어떤 방식과 내용으로 얻고자 했는지에 주목하고자 한다. 당시 논쟁은 약품의 신용과 권위 획득에 초점을 두고 있었고, 그 매개는 통감부가 주도한 약품 검사와 등록제였다. 따라서 이 글의 목적은 논쟁이 전개된 1909년 조선의 약업계가 통감부권력을 어떻게 인식하고, 나아가 어떻게 이용하고자 했는지 알아보는 데 있다.

2000년 의약분업이 실시되기 전까지 민간에게 약국은 병원보다 친숙한 의료기관이었다. 더 보편적인 의료형태는 매약이었던 것이다. 따라서 각종 약품에 대한 연구는 한국 근대의학사의 중요 부분이다. 나아가 그 연구는 민간의 생활을 밝힐 수 있다는 점에서 사회문화사의 측면에서도 큰 시사점을 줄 수 있다. 그러나 중요성에 비해 현재까지 한국 근대약업사에 대한 연구성과는 극히 미미한 편이다.[1] 이 글의 소재가 한말 · 일제하 민간에서 인

1) 일부 제약회사에서 발행한 社史를 제외한다면, 본격적인 연구서는 아니지만 洪鉉五, 『韓國藥業史』(韓獨藥品工業株式會社, 1972)가 한국약업의 역사를 알려주는 유일한 책이라고 할

〈그림 26〉 제생당약방 본점

개성 출신 이경봉은 한말 최대의 약업 본산지 중 하나인 제생당약방을 설립하였고, 청심보명단을 비롯하여 삼용대보원, 회생단 등 다양한 매약을 제조하였다. 그중에서도 청심보명단은 크게 인기를 끌어 다른 매약업자들이 앞다투어 효과나 명칭이 유사한 모방상품을 출시했다.

기가 높던 청심보명단이라는 점에서, 이 글은 한국 근대약업사 연구에 한 사례를 더할 수 있을 것이다.

2. 조선인의 식습관과 청심보명단

조선에 서양의학이 정착하는 계기는 1885년 제중원 설립에서 비롯하였다. 알렌(H. N. Allen)이 책임을 맡은 제중원은 1886년 의학교를 부설하여 서양의학을 교수함으로써 서양의학을 서양인이 아니라 조선인의 것으로

수 있다.

만들어갔다. 이 제중원에서도 매약은 중요한 진료과정 중 하나였다. 당시 제중원의 진료순서를 보면 일종의 진찰료에 해당하는 원패(元牌) 혹은 빈패(貧牌)를 사거나 받은 환자들은 외래진찰소에서 진찰을 마친 후 약국에 들러 약을 타 갔다.[2)]

제중원에서 판매하는 약품 중 퀴닌(quinine)은 가장 인기가 높았다.[3)] 처음에 약값을 받던 제중원은 시료기관의 성격을 살리기 위해 약값을 없애버렸다. 아주 적은 약값마저 지불할 수 없는 빈민환자의 사정을 고려한 조치였다. 그러나 이 조치에서도 퀴닌은 예외였다. 퀴닌의 경우 10알에 500푼을 받고 팔았다. 처음 제중원이 모든 조제약에 매긴 100푼의 5배였다. 알렌의 회고에 따르면 "사람들은 퀴닌의 가치를 알기 시작했으며, 이것을 사고 싶어하는 사람들로부터 신청이 많이 들어왔다."[4)] 제중원을 찾은 외래환자 중 말라리아에 걸린 사람들이 가장 많았던 이유도 치료제인 퀴닌에 대한 소문 때문이었을 것이다.

서양의학을 기초로 한 약품의 효험이 알려지면서 수요 역시 증가하기 시작했다. 일본인들의 활발한 매약행위는 그 수요를 촉진하는 역할을 했다. 일본인들은 이미 1890년대에 전국에 가지 않는 곳이 없다는 평가를 받을 정도로 적극적인 매약 활동을 벌였다. 일본인 약종상들은 조선인들이 아직 약품을 대량으로 조제할 만한 시설을 가지지 못한 것을 이용하여 서양 약품과 자국에서 제조한 약품을 판매하고 있었다. 당시 상황에 대한 『한국약업사』의 서술이다.

2) 박형우, 『제중원』(몸과마음, 2002), 107~108쪽.
3) 퀴닌은 키나나무에서 추출한 분말로 말라리아의 예방 · 치료에 널리 사용되었다. 이외에 진통작용이나 해열작용도 가지고 있었다〔李宇柱, 『제2판 영한 · 한영 의학사전』(아카데미아, 1996), 895쪽〕.
4) 「제중원 일차년도 보고서」, 《延世醫史學》 3-1(1999), 12, 36쪽.

해관세칙이 정해지고 통상이 열리게 됨에 따라 일본 매약은 많이 들어오고 있었다. '인단'뿐만이 아니라 용각산(龍角散), 건위고장환(健胃固腸丸), 오따위산(太田胃散), 중장탕(中將湯), 건뇌환(健腦丸), 대학목약(大學目藥), '로오도목약' 등도 줄이어 우리나라에 상륙하여 쏟아져 들어왔다.[5]

일본과의 통상이 본격화되면서 각종 일본 약품들이 수입된 것이다. 일본인 매약상들은 부족한 의료 공급이라는 환경과 맞물려 자격 이상의 평가를 받았고, 그 결과 "약제사 자격이 있는 자는 고등한 의사의 업무를 하고, 매약자는 평범한 의사 혹은 적어도 약제사 정도의 업무를 맡고 있었다."[6]

일본에서 수입되던 약품 중에서 인단(仁丹)이 처음 거론되고 있는 점에서도 알 수 있듯이 소화제는 인기약품 중 하나였다.[7] 조선인들은 소화불량으로 많은 고통을 받고 있었기 때문이다. 소화불량의 원인은 조선인 특유의 식습관과 관련이 있었다. 제중원에서 1년 동안 1만여 명의 환자를 진료한 후 알렌은 조선인들 사이에서는 "쌀을 주식으로 하는 다른 나라에서와 같이 소화불량이 많다"고 지적했다. 거기에 더하여 과음과식하는 습관마저 있었다. "사람들은 과음하고 과식하는 경향이 있으며, 다른 즐길 거리에서도 절제하지 못하는 경향이 있다."[8]

서양의학을 기초로 하여 최초로 조선인의 질병 분류를 시도한 고이케 마사나오(小池正直)에 따르더라도 조선인의 소화불량은 내과 질병 중 최고 지위를 차지하고 있었다. 그의 진단이다.

5) 洪鉉五, 앞의 책, 12쪽.

6) 『明治官報拔萃 駐朝鮮日本國 領事館報告』 下(國學資料院, 1992), 472~473쪽.

7) 조선에서 활동하던 대표적인 일본 약방인 新井藥房에서 인단을 소개한 광고는 다음과 같다. "仁丹은 소화력이 最强ᄒᆞ야 식후에 叶茶吸下ᄒᆞ면 위장병이 疊募치 아니ᄒᆞ고 또ᄒᆞᆫ 香味가 佳絕ᄒᆞ야 香劑 중에 제일 最優ᄒᆞ오"〔《大韓民報》(1909. 7. 29)〕.

8) 「제중원 일차년도 보고서」, 《延世醫史學》 3-1(1999), 14~15쪽.

내과병 중 소화기병은 한 · 일 모두 제일의 지위를 점하고 있다.…… 한국인은 위약(胃弱) 및 위경(胃痙)이 가장 많은 것 같다. 이것은 조선이 대식국(大食國)이라는 말을 듣는 것과 어긋나지 않는다. 사람들이 즐겨 대음(大飮) 대식(大食)할 뿐 아니라 항상 고추를 먹는데 처음에는 위경을 마비시킬 수 있지만 점차 익숙해짐에 따라 위신경이 점차 둔화되고 드디어 위약에 빠지는 것 같다.[9)]

알렌과 마찬가지로 과음과식을 소화불량의 원인으로 지적하면서 아울러 고추를 즐겨 먹는 식습관 역시 원인 중 하나임을 지적하고 있다. 이렇듯 소화불량은 조선인들의 보편적인 질병 중 하나였다. 소화제에 대한 수요가 광범위하게 내재해 있었던 것이다.

이 글에서 다루고자 하는 청심보명단은 조선인 특유의 소화불량을 치료해주는 소화제의 일종이었다. 대한제국 시기에 발매되기 시작한 이 약은 소화신약(消化新藥)으로 가래나 기침을 잦아들게 하고, 체증을 없애주는 효능을 가지고 있다고 선전되었다.[10)] 청심보명단은 당시 성장하던 제약업체 중 하나인 이경봉(李庚鳳)의 제생당의 대표 약품으로 자리 잡아갔다. 청심보명단의 인기는 아주 높아 다음과 같은 광고가 나올 정도였다.

어머니 “복히야 그 꽃을 왜 따느냐?”
딸 “어머니 이 꽃에 향취가 대단해요”
어머니 “그럼 그보다 더 향기로운 것을 사주랴”
딸 “그것이 무엇이야요 그런 것을 사주셔요”
어머니 “청심보명단이란다 가서 사줏게 이러나거라”[11)]

9) 小池正直, 『鷄林醫事』 下篇(1887), 8쪽.
10) 《每日申報》(1910. 12. 1).
11) 洪鉉五, 앞의 책, 45쪽에서 재인용.

꽃을 좋아하는 사춘기 나이의 딸이 향기에 취해 꽃을 따려 하자 어머니가 딸을 말리며 대신 청심보명단을 사주겠다고 말을 건넨다. 광고의 의도를 그대로 따른다면 딸은 아마 꽃밭에서 스스로 어머니의 손을 잡고 일어났을 것이다. 청심보명단을 사기 위해서다. 광고의 성격상 여기에 일정한 과장이 포함되어 있으리라는 것은 분명하다. 그러나 광고가 일반이 수용할 수 있는 수준에서 선전된다는 점을 고려하면 비록 꽃을 대신할 정도는 아닐지라도 청심보명단이 그에 버금가는 향취를 지녔으리라는 것 역시 분명하다. 청심보명단에 첨가된 용뇌(龍腦), 박하 등이 향취의 비결이었다.[12)]

청심보명단의 인기는 단지 향취라는 외적 요소에만 기인하지 않았다. 무엇보다 중요한 것은 효험이었을 것이다. 소화제의 대명사로 이용되어오던 활명수의 전신인 인소환(引蘇丸)이 민간에서 널리 유행하게 된 원인은 편리함과 신속한 효험에 있었다. 그동안 한약을 달여 먹는 것이 주요 치료법이던 상황에서 동그랗고 작은 환 형태이기에 복용하기 편리했고, 거기에 더하여 약효가 신속히 나타남에 따라 민간에서 환영받기 시작한 것이다.[13)] 청심보명단 역시 환 형태를 띠었다는 점을 고려하면 그 인기는 복약의 편리함과 효험의 신속함에서 나왔을 것임을 추정할 수 있다.

청심보명단이 인기를 얻어가자 유사 상품이 나왔다. 자혜약방의 청신보명단이었다. 이름마저 유사했다. 그러나 청신보명단은 곧 발매가 금지된다. 이경봉이 이미 통감부 특허국에 청심보명단의 상표등록을 마쳐놓았기 때문이다. 특허국은 이름의 유사성으로 인해 분별이 어렵다는 이유를 들어 청신보명단의 제조와 발매를 금지하는 조치를 내렸다.[14)] 이 조치에 자혜약방이 반발하면서 두 업체 사이에 자사 약품의 신용과 권위 획득을 위한 논

12) 같은 책, 12쪽.
13) 같은 책, 4쪽.
14) 「淸神禁賣」, 《大韓每日申報》(1909. 9. 4).

쟁이 전개된다.

자혜약방은 제생당이 "본래 타인의 약명을 탈취ᄒᆞ기로 장기를 작(作)"한다고 비판했다. 약품명 도용에 능하다는 비판이었다. 그 예로 자신들이 제조·판매하던 백응고(百應膏), 지족한취약(止足汗臭藥), 촌충약(寸虫藥), 해열환(解熱丸) 등도 중복 판매하고 있다고 비난했다. 문제가 된 청심보명단 역시 일본에서 제조한 약품인 청심단과 보명단을 합쳐서 지은 이름일 뿐이라고 덧붙였다. 그러나 이미 제생당의 청심보명단이 특허국에 등록된 상품인 점은 인정할 수밖에 없었다. 자혜약방의 대안은 "상표특허국 법률을 복종ᄒᆞ야 건위보명단(健胃保命丹)으로 발매"하는 것이었다. 청신보명단을 건위보명단으로 개명하겠다는 것이다. 영효한 신약이니 많은 이용을 바란다는 선전이 더해졌다.[15]

자혜약방의 비판에 대해 제생당은 우선 자혜약방이 독점권을 가지고 있다고 주장하는 각종 약품이 모두 '보통 약명'이라고 답변했다. 누구나 제조·판매할 수 있는 일반적인 약품명일 뿐이라는 것이다. 하지만 청심보명단이 일본 약품의 이름을 차용했다는 주장에는 일견 타당성이 있다고 동의했다. 그러나 그 약품명의 뜻을 빌려 왔을 뿐이지 자혜약방의 주장처럼 '탈취(奪取)'한 것은 아니라고 주장했다. 제생당은 약품명 탈취의 장기를 발휘하는 쪽은 오히려 자혜약방이라고 공격하면서, 엄연히 상표법 위반으로 판매가 금지된 약품을 단지 이름만 건위보명단으로 바꾸어 판매하는 것은 용납할 수 없다고 결론 내렸다.[16]

논쟁은 개업 시기를 둘러싸고도 전개되었다. 자혜약방이 "대한매약계에 약품 다수 제조자도 자혜약방이오 각 신문에 선창 광고자도 자혜약방은 세소공지(世所共知)ᄒᆞ신 바"라며 자신의 역사성을 자랑하자, 제생당은 반박

15) 「賣藥界紛雜」, 《大韓民報》(1909. 9. 5).
16) 「可付一笑」, 《大韓民報》(1909. 9. 11).

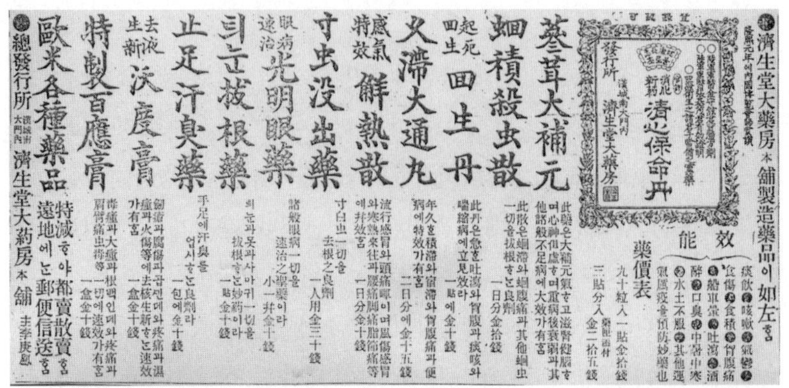

〈그림 27〉 청심보명단 광고

제생당약방은 소화제인 청심보명단을 제조하여 공전의 히트를 기록하였다. 이 광고는 《대한민보》 1909년 9월 24일자에 실렸으며, 제생당이 판매하고 있던 각종 약품들을 알려준다. 그중에서도 청심보명단은 테두리를 둘러 독자의 이목을 붙잡고자 하였다. 청심보명단은 환약으로 제조되어 먹기에 편리했고 효과도 신속했다. 용뇌나 박하가 첨가되어 향취도 좋았다.

광고를 실었다. 자신의 개업 시기는 1903년으로 자혜약방의 1907년보다 앞선다는 내용이었다.[17] 이 주장에 대해 자혜약방에서 '제생당 개업 5주년'을 기념하는 광고가 1909년에 나온 점을 지적하며 제생당이 거짓말을 하고 있다고 말하자, 제생당은 자신이 이미 1903년부터 약업 개시의 기초를 세웠으며 1905년은 공식적으로 영업을 개시한 해일 뿐이라고 반박했다.[18] 자사의 신용과 권위를 획득하기 위해서는 다른 업체보다 단 1년이라도 오래된 역사를 가지고 있어야 했던 것이다.

17) 「賣藥界紛雜」, 《大韓民報》(1909. 9. 5); 「可付一笑」, 《大韓民報》(1909. 9. 11).
18) 「下愚難言」, 《大韓民報》(1909. 9. 12); 「不足可責」, 《大韓民報》(1909. 9. 14).

3. 통감부의 약품정책과 약업계의 반응

1) 대한의원의 약품 검사와 공신력 획득

제생당과 자혜약방 사이의 논쟁은 자사 약품명의 타당성 여부, 개업 시기 등을 둘러싸고 전개되었다. 그러나 이 글에서 주목하고자 하는 점은 두 약방 모두 약품의 신용과 권위를 획득하기 위해 대한의원 위생시험부, 내부 위생국의 검사를 받았다고 주장했다는 것이다.

자혜약방은 자사가 제조한 청신보명단이 "대한의원 위생시험부에셔 검사관이 허ᄒᆞ야 쥬시고 내부 위생국에셔 검사관이 허ᄒᆞ야 주신 영약"이라고 자랑했다. 청신보명단뿐이 아니었다. 다른 판매약품 역시 "대한의원 위생시험부에 각종 약의 검사관허를 수(受)ᄒᆞᆫ 문적(文蹟)이 자재(自在)"하다고 말했다. 자신들이 제조 · 판매하는 약품들이 대한의원 위생시험부에서 실시하는 검사를 통과한 점을 신뢰성 획득의 주요 근거로 내세우고 있는 것이다.

제생당 역시 마찬가지였다. 청심보명단이 "내부 위생국 검사를 수(受)ᄒᆞ고 통감부 특허국 등록상표로 전매권을 수(受)ᄒᆞ고 경시청 인허"를 거쳐 전국에 발매되고 있다는 점을 강조했다.[19] 대한의원 위생시험부의 관장 사무가 1909년 관제 개정을 통해 내부 위생국 시험과로 이관되었다는 점을 고려하면[20] 내부 위생국의 검사를 받았다는 주장은 대한의원 위생시험부의 시험을 거쳤다는 말과 같은 뜻이라고 할 수 있다.

대한의원 위생시험부란 1907년 3월 '대한의원 관제'가 반포되면서 설치된 대한의원 위생부의 후신이다. 통감 이토 히로부미의 제안으로 설립된

19) 「賣藥界紛雜」, 《大韓民報》(1909. 9. 5); 「可付一笑」, 《大韓民報》(1909. 9. 11); 「下愚難言」, 《大韓民報》(1909. 9. 12).

20) 「朝鮮總督府醫院ノ狀況」, 《朝鮮總督府月報》 1-1(1911), 89쪽.

대한의원은 새로운 중앙 의료기관으로 내부에 치료부, 교육부, 위생부를 두고 있었다. 대한의원의 특징은 위생부에 있었다. 위생부는 종래 경무국 위생과가 담당하던 각종 위생 관련 업무를 이관받아 처리하게 되었는데, 이 이관으로 대한의원은 "위생행정의 중추기관으로서 일반 위생행정사무를 통할하고 위생경찰사무도 관장"하게 되었다.[21] 위생부의 업무 중에는 매약에 관한 조사가 있었다.

대한의원 위생부가 약품 단속 등 더욱 전문적인 분야에 진력하는 계기는 1907년 '한일신협약'(정미7조약)의 체결로 만들어졌다. '한일신협약' 체결로 일본인이 대한제국 정부의 관리가 될 수 있는 길이 열림에 따라 위생행정 분야는 다시 내부 위생국으로 이관되었고, 위생부는 새로이 전염병과 기타 병원(病源)의 분석, 치료방법의 연구, 위생상의 분석 검사, 두묘 제조 등의 활동을 담당하게 되었다.[22]

새롭게 체제를 갖춘 대한의원 위생시험부는 자체 활동의 하나로 본격적인 약품 조사에 나섰다.[23] 처음 조사대상은 서양약품을 판매하는 약국이었다. 당시 약국을 개설한 사람들 중에 정식 자격증도 없고 약품의 성분도 모르는 채 약품을 조제 · 판매하는 사람들이 있다는 판단 때문이었다. 한약을 취급하는 약방에 대한 조사도 이어질 것이라는 소문 역시 퍼져나갔다. 한약방의 경우 책임자의 자질이 부족하다고 생각될 경우 영업 자체를 금지하는 조치가 내려질 것이라는 예상이 나오기도 했다.[24]

일본인 약종상들이 각 지방에서 판매하던 약품 역시 시급히 검사를 받아

21) 『朝鮮總督府救濟機關』(朝鮮總督府, 1913), 4쪽.

22) 신동원, 『한국근대보건의료사』(한울, 1997), 349~350쪽.

23) 대한제국에서도 1900년 '약품순시규칙'을 제정하고 위생관리, 경찰관리, 약제사 중에서 내부대신이 임명하는 감시원이 약품 판매 및 제조하는 장소를 순찰하도록 하였다. 약품에 관한 사항, 약품 영업 및 의사규칙 · 약제사규칙에 관한 사항, 공사립병원과 약품저장소의 검사에 관한 사항 등이 그들의 조사 대상이었다. '藥品巡視規則', 《官報》(1900. 1. 17).

24) 「양약분석」, 《皇城新聞》(1908. 2. 9); 「庸醫宜禁」, 《大韓每日申報》(1908. 2. 18).

야 할 대상이었다. 약종상들 중에는 성분이 불량한 약품을 판매하거나, 일본 약국방의 개정에 따라 더 이상 일본에서 취급할 수 없게 된 약품을 판매하는 경우가 있었다.[25] 심지어 외래 약품에 대한 조선인들의 호기심을 이용하여 치약분말을 섞은 약재를 판매하는 경우까지 있었다.[26] 성분과 효능이 불분명한 약품이 판매되는 상황은 조선에 대한 본격적인 통치를 앞둔 통감부가 개선해야 할 대상 중 하나였다.

한약을 포함한 각종 약품에 대해 단속이 필요하다는 판단을 통감부만 내린 것은 아니었다. 개항 이후 서양의학이 유입되면서 한의학은 서양의학과 대비되었고, 그 결과 각종 문제점을 지적받고 있었다. 약품의 조제와 판매 역시 마찬가지였다. 위생에 특히 관심이 많던 독립신문의 경우 의료인들이 "화학을 모론즉 약이 엇지 효험이 잇눈지 약을 쓰면 그 약이 엇더케 사룸의 몸에 관계가 되눈지 도모지 모로고 덥허 노코 약을" 준다고 비판하고 있었다.[27] 약리학과 화학에 대한 지식이 없기에 약 조제가 올바르게 이루어지지 않는다는 비판이었다. 비록 한의학 자체에 대한 부정까지 이르지는 않았지만, 약품을 포함한 한의학 체계 전체에 대한 개선이 필요하다는 인식은 의료계와 민간에서 공유되고 있었다.[28]

그러나 제생당이나 자혜약방이 대한의원 위생시험부의 검사를 받은 이유가 당시 의료계에 대한 비판을 고려한 데 있지만은 않았다. 오히려 대한의원이 한약방 철폐까지 운위할 수 있을 정도로 강력한 권한을 가졌다는 데 실질적인 이유가 있었을 것이다. 당시 언론에는 양의 동서를 막론하고 향후 약국영업을 위해서는 대한의원에서 평가하는 시험에 합격해야 한다는 기사가 실리고 있었다.

25) 「漢城製藥所 廣告」, 《京城藥報》 3(1908. 5. 3).
26) 「日韓藥業家大會」, 《京城藥報》 4(1908. 6. 3).
27) 「론셜」, 《독립신문》(1896. 12. 1).
28) 박윤재, 『한국 근대의학의 기원』(혜안, 2005), 99~109쪽.

한약 급 양약국을 설치ᄒᆞ고 영업 자생(資生)하는 제시를 대한의원에셔 의술을 시취ᄒᆞ야 합격ᄒᆞᆫ 자이면 내부 위생국에서 합격자에게 영업 인허증을 선급(繕給) 시행케 ᄒᆞ기로 준비중이라더라[29]

약국영업의 계속 여부를 판정할 수 있는 권한이 대한의원에 있는 상황에서 그 기관이 갖는 권위는 상승할 수밖에 없었다. 자사 약품이 대한의원 위생시험부가 실시한 검사를 통과했다는 사실을 강조하게 된 배경에는 강화된 대한의원의 권위를 이용하고자 하는 제약업자의 의도가 있었다. 그들은 대한의원을 그동안 일정한 기준 없이 제조 · 판매되던 각종 약품을 선별하고 공신력을 부여하는, 그 결과 자사 약품의 신용을 결정하는 중요 기관으로 간주하기 시작한 것이다. 조선의 대표적 한약 거리인 서울 구리개의 한약상들이 대한의원의 의료진과 친분관계를 유지하고자 한 이유도 거기에 있었다고 할 수 있다.[30]

2) 특허국 등록과 독점 판매

대한의원 위생시험부가 약품 검사의 실질적 권한을 갖고 있었다고 해서 그 검사가 약품의 독점적 판매까지 인정하는 것은 아니었다. 독점 판매를 위해서는 별도의 법률적 조치가 필요했다. 당시 하나의 약품이 인기를 끌 경우 유사 약품이 성행하는 것은 보편적 현상이었던 듯하다. 동화약방에서 개발한 활명수의 경우 보명수(保命水), 회생수(回生水), 통명수(通命水), 약수(藥水), 낙천약수(樂天藥水), 소생수(蘇生水), 활명회생수(活命回生水) 등

29) 「합격 연후 인가」, 《大韓每日申報》(1909. 5. 23).

30) "銅峴 일반 藥商들이 재작일 명월관에 연회를 設ᄒᆞ고 대한의원의 일반 의사를 請邀宴待ᄒᆞ얏다더라"〔「藥商宴會」, 《皇城新聞》(1908. 7. 7)〕.

유사 제품이 10여 가지에 이르렀다고 한다.[31] 나아가 약품명의 도용 역시 큰 제한 없이 이루어지고 있었다. 제생당의 경우가 그것이다. 제생당에서는 자혜약방이 판매하는 각종 약품이 '보통 약명'을 사용한다는 이유를 들어 누구든지 그 약품을 제조·판매할 수 있다고 주장했고, 청심보명단이 일본 약품의 이름을 도용했다는 비판에 대해서는 그 뜻을 채용했을 뿐이라고 변명하고 있었다.[32] 대한의원 위생시험부의 검사가 약품의 성질이나 반응을 조사하여 그 진위 여부를 판단하고 유통의 적법성을 인정하는 것이라면,[33] 상품 판매와 관련하여 독점권이 인정되기 위해서는 별도의 조치가 필요했다. 그것이 바로 상품특허와 등록제가 추진된 배경이다.

특허에 대한 제도화는 갑오개혁 때 이루어졌다. 중앙관제가 개편되면서 농상아문이 설립되었고, 그 아래 부속된 장려국에서 전매특허를 관장하기 시작한 것이다. 장려국 설치 이후에도 신기술 발달을 위해 특허제도가 실시될 필요가 있다는 주장은 지속적으로 제기되었다. 1903년에는 서울에 거주하는 기술자들을 모아 대회를 개최하고 우수제품에는 특허권을 부여하기도 했다.[34]

그러나 특허와 관련된 구체적인 법률이 마련된 시기는 통감부가 행정을 장악한 후인 1908년 8월이었다. 이때 일본 정부는 자국에서 통용되는 특허, 상표, 의장에 관한 법률을 조선에도 통용한다는 내용의 '한국특허령', '한국의장령', '한국상표령'을 칙령으로 반포했다.[35] 이러한 법령이 반포된 배경에는 침해당하는 특허권을 보호해달라는 일본 내 특허권자와 미국의 요구가 있었다.

31) 『同和藥品百年史』(同和藥品株式會社, 1998), 114쪽.

32) 「可付一笑」, 《大韓民報》(1909. 9. 11).

33) 일본에서는 약품의 진위 판명을 위한 검사의 기준을 정하기 위해 약국방을 제정하였다. 『日本藥局方五十年史』(日本藥局方公布五十年記念祝賀會, 1936), 24~26쪽.

34) 『韓國特許制度史』(特許廳, 1988), 107~108쪽.

35) 「勅令」, 《(統監府)公報》(1908. 8. 16).

러일전쟁 이후 대거 조선으로 유입된 일본인들이 조선에 특허권에 대한 특별한 규정이 없는 것을 악용하여 미국인이나 다른 일본인의 특허권을 침해하고 있었다. 그 결과 일본 본국에서는 특허권자들이 특허권을 보호해달라는 대회를 개최하기도 했다. 미국 역시 조선에서 특허권을 인정해달라는 요청을 일본에 하고 있었다. 미국과 본국 특허권자 양쪽에서 압력을 받던 일본 정부는 칙령을 통해 특허, 상표, 의장 등을 규정하는 법률을 조선에 적용하는 칙령을 반포했다.[36)]

특허와 관련된 제반 법령이 반포되었지만 그 배경에서도 알 수 있듯이 법령의 주요한 이용자는 일본인과 미국인이었다. 특히 특허의 경우 1908년 특허령 반포 이후 병합이 이루어진 3년 동안 승인된 총 275건의 특허 중 조선인이 제출한 것은 말총모자를 신청한 2건뿐이었다. 상표의 경우는 특허보다 많았지만 조선인 비율은 여전히 작아 총 509건 중에서 24건이었다. 이 중 대부분은 한약제제와 지권연초(紙卷煙草)였다.[37)] 아직 본격적인 공업화가 진행되지 않은 상황에서 주요 상표권이 수공업 제품에 집중되었음을 알 수 있다.

제생당의 이경봉이 특허국에서 받은 청심보명단에 대한 상표 역시 24건 중 하나였을 것이다.[38)] 하지만 현재 청심보명단이 정확히 언제, 몇 번으로 등록되었는지는 알 수 없다. 통감부에서 발행한 공보에 상표등록 사항들이 적시되기는 했지만, 구체적 상품명이 아닌 상품 형태나 재료 형식으로 표시되었기 때문이다. 약품의 경우 환약, 산약(散藥), 정약(錠藥), 약제 일체 등이 공보에 표기된 상품명이다.

36) 『韓國特許制度史』(特許廳, 1988), 107~118쪽.

37) 『韓國特許制度史』(特許廳, 1988), 114~115쪽.

38) 이경봉은 이미 1908년 10월 청심보명단에 대한 상표등록을 시도했다. 그러나 이경봉이 신청한 주표(蛛票)는 일본에서 이미 사용하고 있는 상표라는 이유로 특허국에 의해 반려되었다 [「蛛票否認」, 《皇城新聞》(1908. 10. 25)].

그러나 등록을 신청할 때는 판매하고자 하는 상품명을 구체적으로 적시한 것으로 보인다. 『동화약품백년사』에는 동화약방에서 통감부에 출원한 상품의 등록 상황이 제시되어 있는데, 등록번호와 함께 백응고(百應膏) 등 구체적 판매상품명이 나열되어 있다.[39] 자혜약방에서 청신보명단을 판매하고자 할 때 통감부 특허국에서 제생당의 청심보명단과 이름이 혼동될 수 있다는 이유로 판매를 금지한 것 역시 상표등록 신청 당시 구체적 상품명이 첨부되었을 것임을 짐작하게 한다.[40]

통감부가 행정을 장악하면서 종래 특별한 규제 없이 약품을 제조 · 판매하던 제약업자들은 각종 검사와 인허를 받아야 했다. 대한의원 위생시험부의 검사, 통감부 특허국의 인허 등이 그것이다. 그러한 조건들은 종래 무분별한 약재의 유통, 무자격한 의료인의 조제 등에 대한 비판이 나오는 상황을 극복할 수 있는 긍정적 측면을 지니고 있었다. 하지만 그 이면에서 검사와 인허를 담당하는 통감부의 권력은 강화되고 있었다. 그리고 청심보명단 논쟁 당사자들은 그 권력을 자사 약품의 신용과 권위 획득에 이용하고 있었다. 그들에게 중요한 것은 현실적으로 존재하는 권력이었다. 그들은 그 권력의 규제와 규정을 수용하면서 자사의 경영을 확대하고자 했다.

1912년 3월 총독부는 약품 취급 관련 사항을 총체적으로 정리한 '약품급약품영업취체령(藥品及藥品營業取締令)'을 반포했다. 이 취체령은 약품 관련 의료인의 범주 구분, 약품 · 매약 취급, 극독약 취급, 약품 관련 행위 감시, 무허가 약품 단속 등 포괄적인 내용을 담고 있었다. 그리고 경찰은 취체령이 기능을 하는 데 가장 핵심적인 요소로 상정되었다. 경찰은 의료

39) 『同和藥品百年史』, 117쪽.

40) 「淸神禁賣」, 《大韓每日申報》(1909. 9. 4). 상표법에 따르면 "타인의 등록상표와 동일하거나 유사한 상표를 사용한 상품을 교부 혹은 판매할 목적으로 수입한 자 또는 그 상품을 교부 · 판매하거나 교부 · 판매할 목적으로 소지한 자"에 대해서는 5년 이하의 징역이나 천원 이하의 벌금에 처할 수 있었다〔『統監府特許局法規類集』(統監府 特許局, 1909), 113쪽〕.

인의 활동 여부를 결정했고, 약품에 대한 실질적인 단속임무를 담당했다. 약품 검사와 같은 전문분야 역시 관련 기관이 부족하다는 이유로 경찰이 수행했다.[41)]

취체령 반포를 계기로 약품 취급과 관련하여 인허는 필수사항이 되었다. 일제는 약품 인허가제를 문명국가가 반드시 갖추어야 할 제도의 하나로 설명했다. 국가가 일정한 기준 아래 평가를 마친 후 약품 취급 허가를 내주는 것은 반드시 필요했다. 대한제국 역시 1900년 의료인 관련 규칙과 함께 약품순시규칙을 마련하여 약품 검사 의지를 밝힌 바 있다. 그러나 취체령은 근대화 과정에서 필요한 제도적 장치라는 의미 외에 부수적 효과를 거두고 있었다. 취체령 반포를 계기로 총독부의 허가는 기존의 의료인이 갖고 있던 명성이나 권위보다 더 우월한 것이 되었다. 아무리 명성이 높은 의료인일지라도 총독부의 공인이 없으면 활동할 수 없게 되었기 때문이다.[42)] 통감부 이래 조사와 인허를 통해 강화되어가던 약품 취급에 대한 일제의 권력은 '약품급약품영업취체령'의 반포를 계기로 제도적 틀로 완성되었다고 할 수 있다.

4. 맺음말

한말 소화제로 인기가 높던 청심보명단을 둘러싸고 전개된 논쟁은 1909년 당시 약업계가 통감부 권력을 어떻게 인식했는지를 그대로 보여준다. 청심보명단은 한말부터 대표적인 제약업체로 활동하던 제생당에서 조선인

41) 朴潤栽, 「日帝初 醫療人 關聯 法規의 頒布와 植民支配」, 『世界の日本研究 2002』(國際日本文化研究センター, 2003), 301~307쪽.
42) 같은 글, 305~306쪽.

들이 일반적으로 고통받고 있던 소화불량을 치료하기 위해 제조한 신약이었다. 청심보명단은 특유의 향취와 함께 복약의 편리함, 효험의 신속함으로 인해 민간에서 널리 소비되기 시작했다. 이 청심보명단과 이름이 유사한 청신보명단을 자혜약방에서 발매하려 하면서 두 제약업체 사이에 자사 약품의 신용과 권위 획득을 위한 논쟁이 전개되었다.

논쟁의 주체인 제생당과 자혜약방은 자사의 주장을 강화하는 근거로 대한의원 위생시험부의 검사와 통감부 특허국의 허가를 거론했다. 대한의원 역시 통감부 주도로 설립된 의료기관이라는 점에서 두 제약업체는 모두 통감부의 권력을 자사의 주장이 갖는 타당성의 근거로 삼고 있었다. 현실적으로 존재하는 권력으로 통감부를 인정하는 수준을 넘어 그 자체를 권위와 신용의 상징으로 간주한 것이다.

통감부가 주도하여 만든 각종 제도적 장치들은 이미 대한제국에서도 실시했거나 실시하고자 하던 것들이었다. 의료인에 대한 허가제, 약품 조제 및 판매에 대한 단속 등도 예외는 아니었다. 따라서 통감부가 시행한 약품에 대한 검사와 인허 역시 조선이 근대화되는 과정에서 반드시 거쳐야 할 단계 중 하나였다. 하지만 그 과정에서 통감부, 총독부로 상징되는 일제의 권력은 이전에 의료인들이 가지고 있던 명성이나 권위를 넘어서는 절대적인 것이 되어갔다. 청심보명단 논쟁은 그 권력이 일제 자신의 노력뿐 아니라 그 권력을 현실적으로 이용하려던 조선 약업계 자신에 의해서도 강화되어갔음을 보여주고 있다.

| 찾아보기 |

· ㄹ ·

· ㅁ ·

· ㅂ ·

·ㅇ·

· ㅍ ·

· ㅎ ·

Title : The Modernization of Korean Traditional Medicine during the Colonial Period

Editor : Institute of History of Medicine, Yonsei University

Chapter 1 Herbal Doctors after 1876: The Transformation of Traditional Medicine in Challenging Period (Yeo In-Sok, Yonsei University)

Korea, the hermit country, opened its gates to the outer world in 1876. This brought considerable changes to every segment of Korean society and medicine was no exception. The introduction of western medicine, as initiated by western missionaries and the Japanese, offered an opportunity for comparison between western medicine and traditional Korean medicine.

The Korean Government was active in introducing western medicine and adopted it while planning a new public health system. However, the Korean Government showed no predilection for western medicine, and tried to harmonize its implementation with traditional Korean medicine. The national health policy was carried out from the perspective that western medicine had proved itself effective in surgical treatment, and tradition Korean medicine was considered effective in internal medicine.

However, the Japanese annexation of Korea changed this policy. Western medicine was preferred by the Japanese Government in General and traditional Korean medicine was excluded from the public sector. While the Japanese Government in General issued licenses, called Eui–Sang, for herbal doctors who practiced traditional Korean medicine, they rendered it difficult to get a new license. This policy was aimed at reducing the number of traditional doctors through the course of time and eventually replacing them with doctors trained in western medicine. The policy was a partial success. The number of traditional doctors did decrease, but they were far from being replaced by the doctors of western medicine since was not enough western–trained physicians to cover the medical demands of Korea.

The herbal doctors tried to unite themselves to gain and retain rights to practice traditional Korean medicine. The first nation–wide society for herbal doctors was organized in 1915, but it suffered from internal conflicts and division soon followed. The efforts to unite herbal doctors continued, and new societies were organized, but these groups experienced similar problems of internal conflicts and division throughout Japanese occupation, these experience were not futile. They served for their development in next generation.

Chapter 2 Japan' s Oriental Medicine Policy in Colonial Korea (Park Yun-jae, Yonsei University)

The Japanese Empire used western medicine as a tool for advertising its advanced culture during its colonization of Korea. However, the medical workforce available in Korea was insufficient, and in 1913 the Japanese sought to supplement the medical workforce through the Rule for Uisaeng (practitioners of oriental medicine). This was an ordinance decreed that made oriental medicine practitioners members of the official medical workforce. The Japanese government in Korea could mobilize them in a health administration such as the prevention of epidemics. The Uisaengs also tried to adapt themselves to the colonial environment by studying western medicine. However, the distrust of the Japanese Empire in oriental medicine persisted until the 1920s.

The Manchurian Incident in 1931 brought a change. As the relationship with China aggravated, the provision of medical herb became unstable and the Japanese Empire began to encourage the use of oriental medical herbs following the movement to improve the economy of rural regions in Korea. This to utilize the medical herbs resulted in a plan to make the use of herbal medicines official. The goal was to organize and standardize the use oriental medical herbs as medicine through research conducted by the Medical Herb Investigation Committee. However, only the herbs verified by western medicine were reviewed, and these weren't the herbs used in accordance with the traditional theory of oriental medicine. There was a minority opinion arguing that they should study oriental medicine itself, but even this H argument was also based on the theory and principles of western medicine. Though the attempt to make full use of traditional herbs expanded as the war continued, the majority medical workforce under Japanese rule relied on western medicine.

Early in the 1930s, the colonial Japanese government selected a policy supporting the usage of oriental medical herbs. However, this does not mean the encouragement of traditional Korean medicine since supported herbs were organized and categorized according to the principles of western medicine.

Chapter 3 Traditional Medicine seen from the Perspective of western medicine during the Late 19th and Early 20th Century in Korea (Yeo In-sok, Yonsei University)

In the 18th century Korean intellectuals who learned western medicine through imported western science books criticized traditional Korean medicine, and in the early 20th century, doctors trained in western medicine generally had a critical attitude toward traditional medicine. Their opinions are typical of the debate that occurred in the 1930s, but doctors such as Chang Ki-moo and Bang Hap-shin had a special interest in traditional medicine though they were trained in the western medical tradition. Their clinical experience of the limitations of western medicine led them to study traditional medicine, and both doctors were attracted to the School of Old Prescriptions. This was a school of Japanese traditional medicine and it was founded on a simplification of the vague and complicated theory of oriental traditional medicine. The school taught that all diseases are caused by a poison (萬病一毒說), and consequently, treating any disease consists of eliminating the poison causing it. He also put forward the theory of one prescription for one disease, which states that the same remedy should be applied to a disease though it might manifest various symptoms. Chang Ki-moo and Bang Hap-shin were probably more familiar with the doctrine of the School of Old Prescriptions than the traditional medicine based on Yin Yang and Five-Phase theory, and it is understandable that they were attracted to the School of Old Prescriptions as its theory of disease is similar to that of western medicine.

Chapter 4 Coexistence and Eclecticism: Traditional Korean Medicine's Perception and Acceptance of Western Medicine under Japanese Colonial Rule (Sihn Kyu-hwan, Yonsei University)

Through the Student Doctor (Uisaeng) Ordinance promulgated in November 1913, traditional Korean doctors were relegated to an inferior status to that held by western doctors (teacher doctor, Ui-sa; traditional doctors; gentry doctor, Ui-sa). As the Government-General of Korea (GGK, Joseon Chongdokbu) reorganized the national health care system along the lines of WM, and without an institutional guarantee, such as medical doctor licensing or medical education, the survival of traditional Korean medicine was in doubt. The GGK was inclined to construct a national health care system focusing on western medicine, but there were few western doctors in the country. Therefore, the GGK hoped to increase the number of western doctors but there was little practical effect of the proliferation of western doctors. Therefore, the GGK's increased its efforts to mobilize student doctors in public health work through licensing exams.

Most of the questions on the Licensing Exam of Student Doctor were based principals of western medicine, and practitioners of traditional Korean medicine were forced to learn western medical traditions (at least, in part) in order to survive. Despite little change in the Licensing Exam of Student Doctor, there was no fundamental change in the necessity of learning WM, thus rendering that the Student Doctor's associations came in the end to accept WM. Despite the coercion of the GGK, traditional Korean medicine practitioners still focused on medical treatment and pharmacopeia. To control the prescription of western drugs, the GGK established a new examination in western pharmacology.

The 1920s are considered a decade of "East-West eclecticism," and the 1930s is a decade of the "recovery of traditional medicine." On the whole, the former researches place emphasis on traditional Korean medicine's eclecticism, taking only what is needed from the west by the under the coercion of the GGK. However, this author asserts that there was a coexistence of eastern and western elements in traditional Korean medicine. This coexistence was necessitated by the need to protect traditional Korean medicine's identity under Japanese occupation, and this coexistence and eclecticism is representative born from necessity.

Chapter 5 A Study on the General Public Understanding and Utilization of Traditional Korean Medicine in Colonial Period (Yi God-me, Sangji University)

The general public in the colonial period sought professional medical aid after home remedies failed. There were differences to get help from western or traditional medicine according to their economic status, living area, and educational status, the character of disease or injury. In general, the public used traditional medicine more frequently than western medicine because they had a strong belief in its effectiveness. Koreans at the time didn't believe that western medicine was more effective, nor more scientific than oriental medicine. Also, traditional medicine had better regional appeal and it was less expensive.

In spite of their general preference for traditional Korean medicine, the general public had some conflict in everyday choice on medicine. The belief of relatives, personal experience, economic status, the character of the disease made the conflict possible. Sometime the general public chose both traditional and western medicine with little conflict.

Chapter 6 The academic trend of Oriental Medicine during the Japanese colonial period as Observed through the Publication of Medical Books (Kim Nam-il, Kyounghee University)

This thesis examines the academic trend of oriental medicine as observed through medical books published during the Japanese colonial period. This is a period in which Western Medicine was introduced, and due to the lean-to-one-side policy of the Japanese, western medicine became mainstream medical science while oriental medicine was pushed to the outskirts of the medical establishment. Despite this marginalization, the academic study of traditional medicine flourishing during this period. This article is divided into various chapters, each with its own theme, in order to understand the academic trend of oriental medicine during the Japanese colonial period. Focusing on the publication of medical books, this article is divided and observed according to various themes such as the study of Dong-Eui-Bo-Gam (東醫寶鑑), the study of Bang-Yak-Hap-Pyeun (方藥合編), the study of Sang-Han-Ron (傷寒論), the study of Sa-sang (四象) constitutional medicine, the study of Eui-Hak-Ip-Mun (醫學入門), the study about Bu-Yang-Ron (扶陽論), On-Bo-Ron (溫補論), and pediatrics, compromise between western and oriental medicine, the study of experience medicine, the study of acupuncture and moxibustion, etc.

Chapter 7 Jo Heon-yeong's Understanding of and Vision for the Future of Traditional Korean Medicine in the 1930-40s (Park Yun-jae, Yonsei University)

Jo Heon-yeong's efforts to revive the debilitated state of traditional Korean medicine sought to highlight the fundamental characteristics of traditional medicine and offer his vision for its future. In so doing, he emphasized that traditional Korean medicine was not inferior, but even superior to, western medicine in its development of a comprehensive system of ideas and methods of treatment.

Jo Heon-yeong countered the argument that traditional Korean medicine was merely the accumulation of experience by asserting its base in systematic theory, namely that of Yin yang and the five elements. According to Jo, there could be no traditional Korean medicine without these theories, which was deployed in part even in western science. He advocated Yin yang and five elements theories as a key concept in demonstrating the value of the existence of traditional Korean medicine in comparison to western medicine.

In regards to diagnostics and therapeutics, Jo Heon-yeong highlighted the value of traditional Korean medicine, due to the Yin yang and five elements theory, in providing patients with fundamental and comprehensive treatment. He also added its popularity to a list of the advantages of traditional Korean medicine. Due to its use of natural rather than artificial treatments, traditional Korean medicine was less expensive than western treatment, which appealed to impoverished Koreans living in the colonial period.

Jo Heon-yeong was one of the most devoted advocates of traditional Korean medicine, and stressed that which distinguished it from western medicine. Paradoxically, these particularities contained elements that departed from tradition and could be likened to western medical elements. For example, Jo Heon-yeong explained that traditional Korean medicine employed language and concepts of western medicine.

For Jo Heon-yeong, western medicine was not to be rejected, but adopted because it had some advantages both systemically and in terms of treatment. As a result, he anticipated the new medicine, a fusion of traditional Korean medicine and western medicine rather than a strict adherence to traditional

Korean medicine. In short, Jo Heonyeong in the 1930s and 1940s not only stressed the particularities of traditional Korean medicine, but also hoped for a synergetic medicine system adopting the respective advantages of eastern and western medicine.

Chapter 8 Modern Medicine Environment and Adaptation of Korean Trader for Medicinal Herbs from the late 19th Century to the early 20th Century (Yang Jeong-pil, National Institute of Korean History)

The traditional Korean medicine trade has witnessed a steady growth since the late 18th century. There were plenty of stores which sold Korean medicinal herbs in Seoul, and every major town had at least one or more stores in Korea, which led to a subsequent growth of people involved in the trade. However, after the Opening of Ports and the execution of modern medicine policies Korean medicine merchants encountered a new environment with the influx of western medicines into the market, and this change of atmosphere led the merchants to seek new breakthroughs.

Some of the merchants found the answer in producing and selling patent medicine. The people in the industry had little knowledge of western medicine, and they had little choice but to combine their knowledge of Korean medicine with whatever information they had about the western analogues. This habit generated a new kind of medicine known as patent medicine.

Merchants of patent medicine observed the new medicine policies of Korea. Some visionaries eagerly utilized the trademark system to secure markets.

The Japanese colonial government strengthened its medicinal policies. It revised the legislature and mobilized administrative powers to manage and control the industry. However, such colonial policies in the 1910s implicated certain limits due to its lack of understanding of Korean medicine industry. Also, the colonial government built a strong foundation for the patent medicine industry by failing to introduce modern medicinal facilities and systems.

Patent medicine enjoyed a high turnover, and entrepreneurs promoted by any means necessary. The most basic form of advertisement was through the newspaper, but indirect promotion through newspaper articles, medicinal flyers, free gift draws, and drawing upon the reputation of an influential expert were also widely used.

Consequently, the patent medicine industry in the 1910s saw prosperity. One example of these golden days for the patent medicine industry was the case of Hwapyungdangyakbang (one of the biggest patent medicine companies), which won third place along in the advertisement design contest hosted by the classified department of Dong-ah Daily in 1926 with Kyungsungbangjik, which was the top Korean company at that time. Despite this success, Japanese medicine merchants led the industry, and so the prosperity of Korean merchants had its limits.

Chapter 9 The Controversy over Cheongsimbomyeongdan (A Digestive Tablet): the Japanese Residency-General towards Pharmaceutical Policy (Park Yun-jae, Yonsei University)

A controversy over the Cheongsimbomyeongdan, a popular digestive tablet in Daehan Jeguk(Great Han Empire) is a good example that shows a perception of pharmacy industry in 1909 toward the authority of Resident-General. Cheongsimbomyeongdan was a new drug that treated dyspepsia, a very common illness among people in Korea, developed by the Jeseng Pharmacy, which was one of the leading pharmacies (editor's note: unclear, what does "representative" mean?) on the market since late Joseon. Cheongsimbomyeongdan became a quick hit because of its convenient dosage, rapid efficiency and unique flavor. Jahye Pharmacy, a rival company, started a controversy when it tried to sell a product identical to Cheongsinbomyeongdan with almost the same name (the only difference being a single syllable). The two companies began wrangling for the claim of authenticity.

Jeseng Pharmacy and Jahye Pharmacy, presented certificates from the Department of Hygiene at Daehan Hospital, and proof of approval from the patent office of the Resident–General as evidence to their claims of authenticity. They regarded Resident–General as a symbol of authority and trust, rather than recognizing it as an organization that existed for practical reasons.

Various systematic regulations that the Resident–General made were already implemented under the Daehan Jeguk, or were soon to be implemented. The authorization of medical practitioners in the Daehan Empire and regulations of prescriptions and sales of drugs were no exceptions. Hence, a monitoring and authorization system of the medicines that were implemented under the Resident–General was an inevitable step that Korea faced in its modernization. However, in the course of this, the Japanese authority, which is represented by Resident–General and the Government–General, became absurdly strong. Its authority became an absolute value that transcends the reputations and authorities that the medical practitioners in Korea once had. The pharmaceutical industry of Korea deepened the controversy over Cheongsimbomyeongdan by attempting to take advantage of the Japanese colonial authorities.

| 필자 소개 |

김남일

경희대학교 한의과대학 의사학교실 교수. 경희대학교 한의과대학을 졸업하고, 동 대학원에서 박사학위를 받았다. 저서로 『한권으로 읽는 동의보감』(공저, 1999)이 있고, 역서로 『고대 중국의학의 재발견』(공역, 2000) 등이 있다.

박윤재

연세대학교 의과대학 의사학과 연구조교수. 연세대학교 사학과를 졸업하고, 동대학원에서 박사학위를 받았다. 저서로 『한국 근대의학의 기원』(2005)이 있다.

신규환

연세대학교 의과대학 의사학과 연구강사. 연세대학교 사학과를 졸업하고, 동대학원에서 박사학위를 받았다. 저서로 『질병의 사회사: 동아시아 의학의 재발견』(2006), 『국가, 도시, 위생: 1930년대 베이핑시정부의 위생행정과 국가의료』(2008) 등이 있다.

양정필

국사편찬위원회 편사연구사. 연세대학교 경제학과를 졸업하고, 사학과 대학원에서 박사과정을 수료하였다. 논문으로 「1930년대 개성지역 신진엘리트 연구」(2007)가 있다.

여인석

연세대학교 의과대학 의사학과 교수. 연세대학교 의과대학을 졸업하고, 동대학원에서 기생충학으로 박사학위를 받았으며, 파리 7대학에서 서양고대의학에 관한 연구로 박사학위를 받았다. 저서로 『의학사상사』(2006), 『한권으로 읽는 동의보감』(공저, 1999), 『의학오디세이』(공저, 2007) 등이 있다.

이꽃메

상지대학교 보건과학대학 간호학과 교수. 서울대학교 간호학과를 졸업하고, 서울대학교 보건대학원에서 박사학위를 받았다. 저서로 『한국근대간호사』(2002)가 있다.

한의학, 식민지를 앓다

1판 1쇄 찍음 2008년 6월 25일
1판 1쇄 펴냄 2008년 6월 30일

엮은이 • 연세대학교 의학사연구소
펴낸이 • 김정호
펴낸곳 • 아카넷

출판등록 2000년 1월 24일(제2-3009호)
100-802 서울 중구 남대문로 5가 526 대우재단빌딩 8층
대표전화 6366-0511 팩시밀리 6366-0515
편집장 오창남 / 편집팀 안덕희
www.acanet.co.kr

Printed in Seoul, Korea.

ISBN 978-89-5733-136-1 (세트)
ISBN 978-89-5733-137-8 94910